高等职业教育创新型系列教材

电子商务物流实务

主　编　阮伟卿
副主编　王雪宜　卫　玮
　　　　李雪菁　郭书波

北京理工大学出版社
BEIJING INSTITUTE OF TECHNOLOGY PRESS

内容简介

本教材基于国家电子商务类的专业标准，基于电子商务物流的知识逻辑和工作过程导向的要求，按照产教融合、服务于地方经济的理念，构建了三个学习项目：电子商务物流服务选择与应用、电子商务物流仓配作业与管理、电子商务物流规划与设计。

项目任务的选取和序化参考1+X证书中的《网店运营推广职业技能等级标准》《电子商务数据分析职业技能等级标准》，由简单到复杂、由实操到规划设计、由应用到管理，使新商科人才实现由动作技能向智力职能的转变和提高。

在课程思政方面，本教材结合课程内容和任务，分别引入了砥砺奋进、改革开放70年成就、抗击疫情、物流科技和发展历史等与电子商务物流有关的内容，培养学生的政治认同、家国情怀、开拓创新和工匠精神，使学生具有经世济民、诚信服务、德法兼修的职业素养。

本教材以培养电子商务物流的岗位技能为目的，通过"目标—任务—总结拓展"三个环节、"做中学、学知识、做任务"三个步骤，实现"教、学、做"一体化。让学生通过做任务构建电子商务物流的理论体系，养成职业意识、职业思维和职业行为，对电子商务物流的岗位职责、技能和工作流程有一个全面的认识，为自己的可持续发展奠定良好的基础。

版权专有　侵权必究

图书在版编目（CIP）数据

电子商务物流实务 / 阮伟卿主编. -- 北京：北京理工大学出版社，2022.1
ISBN 978-7-5763-0838-9

Ⅰ. ①电… Ⅱ. ①阮… Ⅲ. ①电子商务-物流管理-高等学校-教材 Ⅳ. ①F713.365.1

中国版本图书馆 CIP 数据核字（2022）第 010906 号

出版发行 / 北京理工大学出版社有限责任公司
社　　址 / 北京市海淀区中关村南大街5号
邮　　编 / 100081
电　　话 / （010）68914775（总编室）
　　　　　（010）82562903（教材售后服务热线）
　　　　　（010）68944723（其他图书服务热线）
网　　址 / http://www.bitpress.com.cn
经　　销 / 全国各地新华书店
印　　刷 / 河北盛世彩捷印刷有限公司
开　　本 / 787毫米×1092毫米　1/16
印　　张 / 18.75　　　　　　　　　　　　　责任编辑 / 王俊洁
字　　数 / 485千字　　　　　　　　　　　　文案编辑 / 王俊洁
版　　次 / 2022年1月第1版　2022年1月第1次印刷　责任校对 / 周瑞红
定　　价 / 58.00元　　　　　　　　　　　　责任印制 / 施胜娟

图书出现印装质量问题，请拨打售后服务热线，本社负责调换

前　言

为了提高职业院校人才培养的质量，满足产业转型升级对高素质复合型、创新型技术技能人才的需求，《国家职业教育改革实施方案》和教育部关于"双高"计划的文件中，提出了"教师、教材、教法"三教改革的系统性要求，其中对新型活页式、工作手册式教材的主要内涵要求是，按照"以学生为中心、以学习成果为导向、促进自主学习"的思路进行教材开发设计，将"以企业岗位（群）任职要求、职业标准、工作过程或产品"作为教材的主体内容，将"以德树人、课程思政"有机融合到教材中，提供丰富、适用和具有引领创新作用的多种类型的立体化、信息化课程资源，实现教材的多功能作用并构建深度学习的管理体系。

为此，我们按照"活页教材＋活页笔记＋工作训练＋功能插页"四位一体的模式策划、编写了本教材，本教材是专业理论与实践一体化的新型活页式教材。

本教材根据高职高专电子商务专业的培养目标，结合职业教育对象的特点，突破传统教材的编写模式，按照校企共建的思路，在充分调研和吸收企业调研人员意见的基础上，以突出实践能力为主线，以职业能力培养为目标，以任务为载体，以工作过程为指导，坚持"校企合作、工学结合"的人才培养模式，培养学生的职业性、专业性、技能性和思想性。

我们通过校企合作和广泛的行业企业调研，结合电子商务类 1＋X 证书考试中的《网店运营推广职业技能等级标准》《电子商务数据分析职业技能等级标准》和国家级电子商务职业技能大赛中与电子商务物流有关的内容，按照《高等职业学校电子商务专业教学标准》，对"电子商务物流实务"课程的培养目标、规格和内容进行了系统性的改革和模式创新。同时参考国赛《GZ—2019041 智慧物流作业方案设计与实施》的内容，对本教材内容进行了系统化、规范化和体系化的设计，按照"四位一体"的模式进行策划创新，并采取活页式装订方式。

本教材以多个学习性任务为载体，通过项目导向、任务驱动等多种情境化的表现形式，突出过程性知识，引导学生学习与岗位能力直接相关的知识和技能，获得经验、方法等，使其知道在实际岗位工作中"做什么""怎么做""做得如何""如何才能做得更好"。

本教材在编写结构、体例、内容等方面都进行了大胆的探索和创新，但由于时间仓促，经验有限，难免存在一些不足或错误，希望广大读者提出批评或改进建议。

编　者

目　录

项目一　电子商务物流服务选择与应用 …………………………………………（001）
项目导读 …………………………………………………………………………（001）
学习目标 …………………………………………………………………………（001）
项目组织 …………………………………………………………………………（002）
任务1　电子商务物流服务模式选择 …………………………………………（003）
学习目标 …………………………………………………………………………（003）
工作任务 …………………………………………………………………………（003）
做中学 ……………………………………………………………………………（004）
　　步骤一　美团外卖物流服务需求 ………………………………………………（004）
　　步骤二　美团外卖电子商务交易主体 …………………………………………（005）
　　步骤三　美团外卖平台电子商务物流服务 ……………………………………（005）
　　步骤四　美团外卖商户物流服务应用 …………………………………………（007）
　　步骤五　电子商务物流服务评价 ………………………………………………（007）
学中做 ……………………………………………………………………………（008）
做任务 ……………………………………………………………………………（023）
巩固与拓展 ………………………………………………………………………（025）
自我分析与总结 …………………………………………………………………（026）
任务2　快递服务选择与应用管理 ……………………………………………（027）
学习目标 …………………………………………………………………………（027）
工作任务 …………………………………………………………………………（027）
做中学 ……………………………………………………………………………（027）
　　步骤一　明确快递服务需求 ……………………………………………………（028）
　　步骤二　收集快递企业信息 ……………………………………………………（028）
　　步骤三　选择快递企业 …………………………………………………………（029）
　　步骤四　应用快递服务 …………………………………………………………（030）
　　步骤五　评价快递服务 …………………………………………………………（032）
学中做 ……………………………………………………………………………（033）
做任务 ……………………………………………………………………………（042）
巩固与拓展 ………………………………………………………………………（044）
自我分析与总结 …………………………………………………………………（045）
任务3　仓储服务选择与应用管理 ……………………………………………（047）

学习目标 …… (047)
工作任务 …… (047)
做中学 …… (047)
  步骤一 明确仓储服务需求 …… (048)
  步骤二 收集仓储企业信息 …… (049)
  步骤三 选择仓储企业 …… (049)
  步骤四 仓储服务应用管理 …… (050)
  步骤五 仓储服务评价 …… (051)
学中做 …… (052)
做任务 …… (061)
巩固与拓展 …… (064)
自我分析与总结 …… (065)
任务4 运输服务选择与应用管理 …… (067)
学习目标 …… (067)
工作任务 …… (067)
做中学 …… (067)
  步骤一 明确运输服务需求 …… (068)
  步骤二 收集运输服务商信息 …… (068)
  步骤三 选择运输服务商 …… (069)
  步骤四 运输货物发货 …… (071)
  步骤五 运输服务评价 …… (072)
学中做 …… (073)
做任务 …… (092)
巩固与拓展 …… (094)
自我分析与总结 …… (095)
任务5 跨境电商物流服务选择与应用管理 …… (097)
学习目标 …… (097)
工作任务 …… (097)
做中学 …… (098)
  步骤一 跨境电商快递服务选择和应用 …… (098)
  步骤二 跨境电商仓储服务选择与应用 …… (100)
  步骤三 跨境电商国际运输服务选择和应用 …… (102)
学中做 …… (106)
做任务 …… (129)
巩固与拓展 …… (131)
自我分析与总结 …… (132)
任务6 电子商务商品采购与管理 …… (133)
学习目标 …… (133)
工作任务 …… (133)
做中学 …… (133)

步骤一　确定采购需求 ····································· (134)
　　　步骤二　收集供应商信息 ··································· (135)
　　　步骤三　选择供应商 ······································· (135)
　　　步骤四　实施网上采购 ····································· (135)
　　　步骤五　供应商管理 ······································· (135)
　学中做 ·· (136)
　做任务 ·· (150)
　巩固与拓展 ·· (152)
　自我分析与总结 ·· (153)
　项目任务 ·· (153)

项目二　电子商务物流仓配作业与管理 ······················· (155)

　项目导读 ·· (155)
　学习目标 ·· (155)
　项目组织 ·· (156)
　任务1　电子商务仓配中心作业与管理 ······················· (157)
　学习目标 ·· (157)
　工作任务 ·· (157)
　做中学 ·· (158)
　　　步骤一　入库作业 ··· (160)
　　　步骤二　在库作业 ··· (161)
　　　步骤三　出库作业 ··· (161)
　　　步骤四　仓配服务评价 ····································· (163)
　学中做 ·· (163)
　做任务 ·· (194)
　巩固与拓展 ·· (196)
　自我分析与总结 ·· (197)
　任务2　电子商务配送作业与管理 ··························· (199)
　学习目标 ·· (199)
　工作任务 ·· (199)
　做中学 ·· (199)
　　　步骤一　确定配送需求 ····································· (200)
　　　步骤二　规划配送线路 ····································· (201)
　　　步骤三　配载 ··· (203)
　　　步骤四　配送签收与评价 ··································· (205)
　学中做 ·· (206)
　做任务 ·· (214)
　知识巩固与拓展 ·· (216)
　自我分析与总结 ·· (217)
　项目任务 ·· (218)

项目三　电子商务物流规划与设计 (219)

项目导读 (219)
学习目标 (219)
项目组织 (220)
任务1　商品条形码的申请与设计 (221)
　学习目标 (221)
　工作任务 (221)
　做中学 (222)
　　步骤一　零售商品条码查询 (222)
　　步骤二　非零售商品条码查询 (223)
　学中做 (223)
　做任务 (236)
　巩固与拓展 (238)
　自我分析与总结 (239)
任务2　电子商务仓配中心的规划与设计 (241)
　学习目标 (241)
　工作任务 (241)
　做中学 (241)
　　步骤一　仓配中心建设财务可行性 (242)
　　步骤二　仓配中心建设 (243)
　　步骤三　仓配中心组织架构建设 (244)
　学中做 (244)
　做任务 (257)
　知识巩固与拓展 (259)
　自我分析与总结 (260)
任务3　电子商务供应链的规划与设计 (261)
　学习目标 (261)
　工作任务 (261)
　做中学 (261)
　　步骤一　价值链 (262)
　　步骤二　供应链 (262)
　　步骤三　供应链管理 (263)
　学中做 (264)
　做任务 (285)
　知识巩固与拓展 (287)
　自我分析与总结 (288)
　项目任务 (289)

参考文献 (291)

项目一
电子商务物流服务选择与应用

项目导读

本项目通过电子商务物流服务模式、快递服务、仓储服务、运输服务、跨境电商物流服务、电子商务商品采购与管理6个任务的学习,培养学生结合企业经营现状和电商物流服务需求,选择电子商务物流服务模式、物流服务商和商品供应商,并能通过和服务商、供应商的合作,完成实物商品的采购和交付,本项目知识结构如图1-0-1所示。

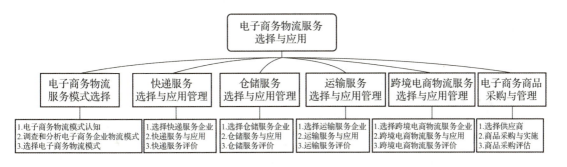

图1-0-1 知识结构

学习目标

一、知识目标
1. 理解电子商务与物流的关系。
2. 了解物流、物流模式的概念和物流企业的类型。
3. 了解电子商务物流发展现状和未来的发展趋势。
4. 掌握快递的功能和快递服务的选择、应用和管理。
5. 掌握仓储、海外仓的功能和仓储服务的选择、应用和管理。
6. 掌握运输的功能和运输服务的选择、应用和管理。
7. 掌握商品采购和供应商的管理。

二、能力目标
1. 能够收集为电子商务企业提供物流服务的服务商。
2. 能够分析电子商务企业的物流模式。
3. 能够根据电子商务企业的物流服务需求,规划电商企业的物流服务模式。
4. 能够为电商企业选择快递服务商,协作完成货物交付,并进行管理。
5. 能够为电商企业选择仓储服务商,协作完成货物仓储,并进行管理。

6. 能够为电商企业选择运输服务商，协作完成货物运输，并进行管理。
7. 能够为从事跨境电商企业选择物流服务商，协作完成货物交付，并进行管理。
8. 能够为电商企业选择商品供应商，协作完成商品的采购和管理。

三、思政目标
1. 培养爱岗敬业的职业素养。
2. 培养奋发有为、艰苦创新的职业精神。
3. 培养合作、竞争的团队精神。
4. 践行公平、法制、诚信、友善的社会主义核心价值观。

项目组织

一、时间安排
24个学时，4课时一个任务，共6个任务。

二、教学组织
本项目围绕拟选的电商企业，采取小组团队合作的形式，完成"电子商务物流模式选择"，具备为拟选的电商企业制定物流模式的能力。拟选电商企业，可以围绕区域电商企业展开，也可以是自己准备创立的电商企业。

结合企业物流服务需求，完成"快递服务选择与应用管理、仓储服务选择与应用管理、运输服务选择与应用管理、跨境电商物流服务选择与应用管理、电子商务商品采购与管理"五个任务。小组拟选服务商，需要结合拟选企业所处的区域展开。

三、学习成果
通过6个任务的学习，掌握收集电子商务物流服务商、商品供应商信息的资源、方法和工具，掌握快递服务选择与应用管理、仓储服务选择与应用管理、运输服务选择与应用管理、跨境电商物流服务选择与应用管理、电子商务商品采购与管理的方法和能力。认知电子商务行业和物流行业的实践发展和应用。

能够撰写一份针对电商大促活动的物流服务选择和应用管理的策划方案，包括大促期间对物流模式的分析和选择，对物流服务外包企业的选择、合作和管理。

任务 1　电子商务物流服务模式选择

学习目标

一、知识目标
1. 理解电子商务与物流的关系。
2. 掌握电子商务物流的特点和发展趋势。
3. 掌握电子商务物流仓配模式的特点和功能。
4. 理解物流模式、电子商务物流服务模式的选择。

二、能力目标
1. 能够为电子商务企业选择物流模式。
2. 能够为电子商务企业选择物流服务企业。

工作任务

一、任务描述
调查在 B2B、B2C、C2C、O2O 电子商务模式中，电子商务经营者如何选择物流模式，与电子商务物流服务商合作，应用和评估物流服务，完成商品的交付。为拟选电商企业规划电子商务物流模式。

二、任务分析
要完成本任务，需要解决以下问题：
1. 电子商务物流活动的主体有哪些？
2. 物流服务提供商有哪些？
3. 什么是物流模式？电子商务企业如何选择物流服务模式？
4. 电子商务交易主体间如何协同完成商品交付？如何评价电子商务物流活动？

三、任务实施
调查在不同电子商务交易模式和交易场景下，围绕着实物商品的交付，电子商务交易主体的物流服务建设模式和物流服务，以及对电子商务物流服务的评价。

电子商务物流服务模式选择任务实施框架如图 1-1-1 所示。

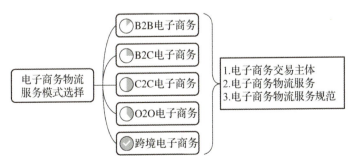

图 1-1-1　电子商务物流服务模式选择任务实施框架

做中学

• 任务引入

小王是一家餐饮企业经营者,计划在美团外卖平台开展外卖业务,现在需要了解外卖如何送达消费者。

以本地生活中的美团餐饮外卖①的电子商务活动为例,分析电子商务活动的参与者、电子商务物流服务模式、应用和评价。

步骤一 美团外卖物流服务需求

美团外卖商户服务规范(参考美团 2020 年服务规范)② 中对商户的物流服务要求如下:

(一) 基础服务规范(物流服务方面)

1. 库存

商户应合理设置并及时查看线上商品的库存情况,若库存不足,务必及时下线该商品。

2. 配送范围

美团配送商户应根据店铺实际出餐、配送能力,选择合理的配送服务。

自配送商户应根据店铺实际出餐、配送能力,设置合理的配送范围。

美团外卖
商户服务
规范

(二) 运营服务规范(物流服务方面)

1. 商品打包

(1) 商户应使用符合国家和行业标准的无毒清洁的食品容器、餐具和包装材料,保证餐盒的保温、冷鲜能力,对餐饮食品进行包装,为用户提供良好的用餐体验。

(2) 商户在出餐时务必查看包装的密封性,避免餐盒不严密造成商品撒漏的情况。

(3) 平台鼓励商户响应国家环保要求,使用可降解的食品容器、餐具和包装材料。

2. 按时备货

商户应根据向用户和平台承诺时长进行备货,避免由于备货延迟导致用户投诉等不利影响。

3. 自配送服务规范

(1) 配送要求。

自配送商户应加强对配送人员的食品安全培训和管理。根据系统预计送达时间准时为用户配送,确保用户准时收到商品。自配送商户安排的配送人员应当保持个人卫生,使用安全、无毒、无害的配送容器,保持容器清洁,并定期进行清洗消毒,保证配送过程商品不受污染。

(2) 配送地址。

商户在配送时应核实配送地址,避免发生送错地址的情况。

(三) 售后服务规范(物流服务方面)

1. 用户因配送原因退款(限美团配送商户)

商户应和配送站点沟通确认情况,确认为配送原因的,建议优先同意退款,然后在外卖商户客户端后台发起赔付申请。用户因配送原因申请退款的情况包含:送太慢了、等太久了、商品洒

---

① 美团外卖:https://waimai.meituan.com/。
② 美团商户服务规范:https://rules-center.meituan.com/rules-detail/37。

漏、骑手通知用户无法配送等。因配送原因退款的情况仅限于美团配送商户。

2. 用户因配送原因退款（限自配送商户）

商户自配送原因导致用户退款的，商户应负责解决纠纷并承担责任。商户应在预计送达时间内完成配送，因商户自配送超时30分钟（含本数）以上导致用户投诉要求立即退款的，经美团外卖平台核实情况属实，平台有权为用户立即办理退款。所退订单款项不与商家结算。

(四) 管控规则（物流服务方面）

为了加强物流服务管理，针对商户出餐慢制定了详细的管控规则；不同品类的商家制定了自配送管控规则。

步骤二　美团外卖电子商务交易主体

据艾瑞咨询《2017年中国本地生活O2O行业研究报告》显示，本地生活O2O电子商务活动参与者有本地服务商户、O2O电商平台、移动支付服务商、即时物流服务商和用户。

美团，作为中国领先的生活服务电子商务平台，拥有美团、大众点评、美团外卖、美团打车、摩拜单车等App。2018年全年，美团平台活跃商家总数达580万家、交易用户总数达4亿户，年度总交易金额5 156.4亿元人民币，其中美团外卖的年度交易金额2 828亿元人民币。美团外卖配送平台招募骑手、美团跑腿和配送商，共同完成外卖配送。

步骤三　美团外卖平台电子商务物流服务

本地生活电商，按照接受物流服务的地点，可分为到店自取和到家送货。

自取需要设置合适的取货窗口，方便用户随到随取。到家送货一般采取本地同城配送、即时物流的配送方式。

即时物流，是指货物不经过仓储和中转而直接性地端到端送达。如图1-1-2所示，为本地生活生鲜电商即时物流服务场景。

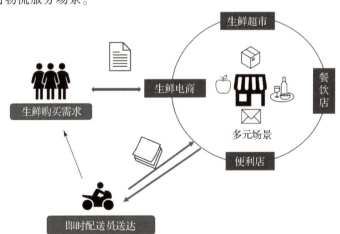

图1-1-2　本地生活生鲜电商即时物流服务场景

即时物流基于数据，通过实时全局调度的方式以匹配多点、单点间的实时需求与实时运力，优化路径，降低配送成本，提高配送绩效。如图1-1-3所示，即时配送物流服务供应商有商业平台运力、专业即时配送运力和传统物流等。

美团《2019年中国即时配送发展报告》

图 1-1-3 即时配送物流服务供应商

即时配送服务规范征求意见稿

美团配送[①]，主要为美团平台的餐饮、水果生鲜、快销品等各类型商家提供配送服务，有光速达、快速达、及时达、同城达。日送单量2 500单，日活跃骑手超60万，合作商家360万家。

美团配送智能物流平台拥有强大的实时配送网络，可以平均0.55毫秒为骑手规划1次路线，采用"点对点巡游""驻点+大网""仓配一体""配+末端"4种运力网络模式，为用户和商家提供灵活的即时配送、同城配送和跑腿配送服务。

美团配送服务商合作模式有加盟模式和众包模式。配送服务商已成为美团配送合作伙伴，共享智能配送，招募骑手作为配送员。

美团餐饮外卖配送服务流程如图1-1-4所示。

美团外卖即时配送超脑系统

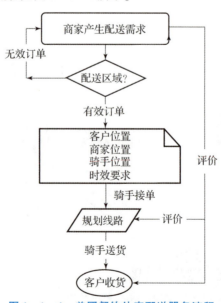

图 1-1-4 美团餐饮外卖配送服务流程

威海外卖小哥的匠心之路

---

① 美团配送：https://peisong.meituan.com/。

步骤四　美团外卖商户物流服务应用

外卖商家配送模式，主要分为平台专送、众包、快送、商家自配送。商家需要对配送模式进行筛选，选出最符合自己的配送模式进行配送。

1. 平台专送

平台专送是平台自建的，或者加盟人员承接商自家就有订单，骑手为全职人员，有固定的营业时间，配送范围以 3 公里①为主，且无条件配送。平台专送的平均时效是 35 分钟，最迟配送时长是 43 分钟，就是 43 分钟之内必须送到顾客手中。

2. 快送

快送是介于专送、众包之间的产物。配送人员为兼职配送人员，商家发单后，众包骑手抢单，有时会存在溢价，营业时间 24 小时，快送时效平均在 45~60 分钟，配送范围最大 5 公里左右。

3. 众包

众包是利用社会兼职人员的力量，帮助商家进行配送的形式。营业时间 24 小时，配送范围最大 5 公里左右。

4. 商家自配送

商家自配送是指商家依靠自有运力或者第三方众包运力进行产品配送的形式。自配送商户应根据店铺实际备货、配送能力，设置合理的配送范围。

步骤五　电子商务物流服务评价

外卖配送服务规范

美团用户收货后，对餐饮配送服务进行评价，包括配送员的配送速度、配送服务质量、性价比等，如表 1-1-1 所示。

表 1-1-1　美团物流服务评价

项目	评价评分/分
商家是否及时接单	1~5
商家是否及时反馈	1~5
配送人员衣着是否整洁	1~5
外卖配送人员证件是否配置齐全	1~5
配送人员的服务态度是否友好、交流是否无障碍	1~5
配送箱是否洁净	1~5
餐品接收时有无损坏	1~5
配送人员是否泄露顾客信息	1~5
物流配送信息是否及时更新	1~5
配送人员是否能准确地送达外卖	1~5

---

① 1 公里 = 1 千米。

续表

项目	评价评分/分
配送的餐品是否能准时送达	1~5
配送费支付方式是否合适	1~5
配送费是否合理	1~5

学中做

电子商务经营者如何结合业务场景和物流服务市场，选择物流服务模式，更好地完成电子商务活动？

电子商务物流服务模式选择知识要点如图1-1-5所示。

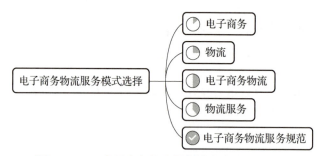

图1-1-5　电子商务物流服务模式选择知识要点

一、电子商务

电子商务经营者有哪些类型的企业？

（一）电子商务

2019年1月1日开始实施的《中华人民共和国电子商务法》（以下简称《电子商务法》）指出，电子商务是指通过互联网等信息网络销售商品或者提供服务的经营活动。

狭义的电子商务（EC），是指实现整个贸易过程中各阶段贸易活动的电子化。

广义的电子商务（EB），是指所有商务活动业务流程的电子化。业务流程不仅包括企业内部的业务流程，也包括企业之间、企业与家庭、社会组织之间的业务流程。电子商务活动的参与者如图1-1-6所示。

（二）电子商务经营者

《中华人民共和国电子商务法》指出，电子商务经营者，是指通过互联网等信息网络从事销售商品或者提供服务的经营活动的自然人、法人和非法人组织，包括电子商务平台经营者、平台内经营者以及通过自建网站、其他网络服务销售商品或者提供服务的电子商务经营者。

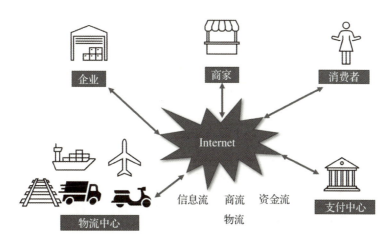

图 1-1-6 电子商务活动的参与者

1. 电子商务平台经营者

电子商务平台经营者,是指在电子商务中为交易双方或者多方提供网络经营场所、交易撮合、信息发布等服务,供交易双方或者多方独立开展交易活动的法人或者非法人组织。

2. 平台内经营者

平台内经营者,是指通过电子商务平台销售商品或者提供服务的电子商务经营者。

(三) 电子商务交易模式

按照不同的分类标准,电子商务交易模式有不同的类型。

1. B2B 电子商务

B2B 平台分为综合、垂直平台,也有企业自建 B2B 平台。

2. 网络零售电子商务

网络零售电子商务有综合、垂直、出口、进口、自建、社区等类型的电商企业平台。

3. 跨境电子商务

跨境电子商务按照货物的流向分为进口电子商务和出口电子商务;按照交易主体分为 B2B 电子商务和网络零售电子商务。

跨境电子商务与国内电子商务相比,增加了海关监管、检验检疫和纳税的环节,需要在海关、检验检疫局的监管下进行。

4. 本地生活 O2O 电子商务

本地生活 O2O 电子商务①,是指在同一个城市(或地区),为满足居民日常生活需求,提供商品或服务的商业模式。必须同时涉及线上线下流程(一般为线上购买支付,线下体验和消费),且商品交易与服务产生的场所必须在本地。

考一考

1. 举例说明,在不同电子商务交易模式中,电子商务活动中有哪些企业主体?
2. 举例说明,在不同类型的电子商务交易中,物流服务需求的主体和需求的特点有哪些?

---

① 艾瑞网:艾瑞咨询《2017 年中国本地生活 O2O 行业研究报告》。

二、物流

有哪些物流企业?

(一) 物流

亚当·史密斯在《国富论》中论述,社会分工的广度依存于市场的扩大,而市场的扩大又是以运输为中心的物流活动在支撑。

如图1-1-7所示,物流活动连接了商品生产和消费在时间、空间、社会(分工)上的割裂,将生产与消费的分离连接起来,支撑了市场的扩大和社会分工的广度,拓展了交易活动的空间,创造了空间价值、时间价值。

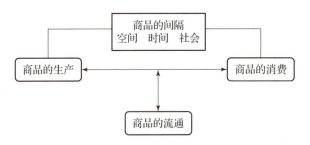

图1-1-7 物流的价值

随着生产力的发展,社会分工不断细化、产业部门日益分化、产业结构日趋复杂,企业类型也不断增多。物流作为商业的基础,其作用也越来越大。

1. 物流概念的产生和演变

物流概念的产生主要有两种观点,如表1-1-2所示,一种是经济的,一种是军事的。

表1-1-2 物流概念的产生

提出者	名词	物流内涵
美国人阿奇萧1915年在《市场流通中的若干问题》中提出	Physical Distribution (实物分配)	起源于人们对协调经济活动中物流及其相关活动(运输、储存、包装、装卸)的追求
美国少校琼西·贝克1905年在《军队和军需品运输》中提出	Logistics (后勤) (物流)	与军备移动与供应相关的战争物资的艺术分配就是物流

美国在1963年成立NCPDM (National Council of Physical Distribution Management——配送协会),1985年协会改名为CLM (Council of Logistics Management——物流协会),2005年1月1日更名为CSCMP (Council of Supply Chain Management Professional——供应链管理协会)。

从Physical Distribution到Logistics、Chain(链)的过渡,表明物流从狭小领域(具体的流通领域或者军事领域)向一个更广阔的空间(一般的供应链)的飞跃。

我国一直有物流活动，主要是储存和运输活动，但没有物流的概念。引入物流的概念主要有两条途径：一是 20 世纪 80 年代初随市场营销理论从欧美传入，主要是指 Physical Distribution；二是从欧美传入日本，日本人翻译为"物流"，并将其解释为"物的流通""实物流通"的简称，我国从日本直接引入"物流"的概念。

中国物流自古就这么牛

2. 物流

所谓物流（Logistics），是指物品从供应地向接收地的实体流动过程，根据实际需要，将运输、储存、装卸搬运、包装、流通加工、配送、信息处理等基本功能实施有机结合。

传统物流业中运输、存储、包装、装卸搬运等业务相互独立。

现代物流业中运输、存储、包装、装卸搬运、配送、流通加工、信息处理等功能要素系统化地整合，一体化地运营，协同完成货物的交付。

改革开放 40 年：中国物流业绚烂蝶变

物流是一个过程和系统，如图 1-1-8 所示，是通过物流的七大功能要素（运输、储存、装卸搬运、包装、流通加工、配送、信息处理）实现物流的三大价值（时间价值、场所价值和流通加工价值），完成物的流通过程。

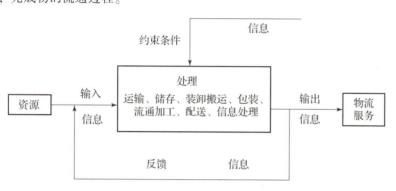

图 1-1-8　物流系统

3. 物流的分类

按照不同的分类标准，有不同的物流类别，如图 1-1-9 所示。

图 1-1-9　物流的分类

（1）供应物流（Supply Logistics）是指为下游客户提供原材料、零部件或其他物品时所发生的物流活动；

（2）生产物流（Production Logistics）是指企业生产过程发生的涉及原材料、在制品、半成品、产成品等所进行的物流活动；

（3）销售物流（Distribution Logistics）是指企业在出售商品过程中所发生的物流活动。

（4）企业物流（Internal Logistics）是指货主企业在生产经营活动中所发生的物流活动。

（5）社会物流（External Logistics）是指企业外部的物流活动的总称。

(二) 物流模式

如图 1-1-10 所示，物流模式有基于供方的第一方物流、基于需方的第二方物流、基于物流企业的第三方物流、第四方物流和第五方物流。

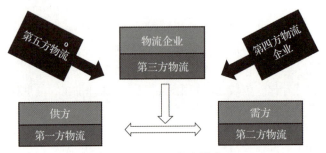

图 1-1-10　物流模式

(1) 第一方物流 (1PL) 指卖方、生产者或者供应方组织的物流活动。

(2) 第二方物流 (2PL) 是指买方、销售者或流通企业组织的物流活动。

例如产品经销商或代理商利用自备车队从上游厂家提货，在自家仓库储存，并根据需要对下游客户配送，即属于第二方物流。

(3) 第三方物流 (3PL) 指接受客户委托为其提供专项或全面的物流系统设计以及系统运营的物流服务模式，也称合同物流、契约物流。常见的第三方物流服务包括货物运输、仓储等。

(4) 第四方物流 (4PL) 是专门为第一方、第二方和第三方提供物流规划、咨询、物流信息系统、供应链管理等活动。第四方物流一般并不实际承担具体的物流运作活动。

(5) 第五方物流 (5PL) 是指基于电子商务的供应链信息服务，对供应链物流信息进行搜集、整理、分析、开发、集成和推广等，涵盖供应链中所有各方，并强调信息所有权。严格地讲，它属于电子商务或信息中介企业，也称数字物流。比如锦程网、中国物流交易网、陆运中国等。

 考一考

1. 简述物流概念的演化过程，回答现代物流有何种思想？
2. 简述 Physical Distribution、Logistics、SCM (供应链管理) 的区别和联系。
3. 结合自己的所见所闻，分别举出第一方、第二方、第三方、第四方、第五方物流实例。
4. 选择一个物流企业，分析其物流系统构成、所属的物流类别和物流模式？

三、电子商务物流

 想一想

有哪些为电子商务提供物流服务的企业？

学一学

(一) 电子商务物流

电子商务物流是指为电子商务提供运输、存储、装卸搬运、包装、流通加工、配送、代收货款、信息处理、退换货等服务的活动，具有时效性强、服务空间广、供应链条长等特点，是现代物流的重要组成部分。传统物流与电子商务物流的区别如表1-1-3所示。

表1-1-3 传统物流与电子商务物流的区别①

环节	细分环节	传统物流	电子商务物流
仓储	商品	大宗、大容量货物	小型、包裹
	客户	伙伴、重复客户、数量不多	经常未知、数量多
	在库管理	批量	单（SKU）（最小存货单位）
	订单	周期长、数量少	频繁、数量多
	拣货	批量	订单
	分拣	无	有
	出库	大批量、少品种	小批量、多品种
	条码管理	不是必须	必须
	包装	以工业包装为主	以商业包装为主
运输、配送	目的地	少数、一个地区集中	大量、高度分散
	物流服务	自建、少量外包	自建、外包、联盟、合作
	快递与配送	无	有，需选择、交接、跟踪
信息系统		重要	非常重要

《全国电子商务物流发展专项规划（2016—2020年）》

电子商务拓展了物流服务的范围，改变了传统的物流理念，形成了专业化、一体化、社会化的物流体系和网络化物流的运作方式，促进物流基础设施、物流技术、物流管理的改善和提高。"互联网+物流"带来的物流生态网的革新，移动互联网、大数据、云计算、物联网等新一代信息技术的广泛应用，正推动着中国智慧物流的变革。

（二）电子商务物流服务

1. 物流服务商

物流企业是指至少从事运输（含运输代理、货运快递）或仓储一种经营业务，并能够按照客户的物流需求对运输、储存、装卸、包装、流通加工、配送等业务进行基本的组织和管理，具有与自身业务相适应的信息管理系统，实行独立核算、独立承担民事责任的经济组织。

物流企业的类型主要有运输企业、仓储企业和综合服务企业。随着电子商务的发展给传统的物流企业带来的变化，也出现了一些新型的物流企业。如图1-1-11所示，是艾瑞咨询发布的《2019年中国物流服务行业研究报告》中的物流产业图谱。该图谱中包含仓储及综合服务商、快递、快运、即时车货匹配平台、班车零担运输、海运及江河运输、铁路运输、物流园区、国际快递、国际物流、国际邮政、冷链物流等不同类型的物流服务类型和企业。

---

① 发网 http://www.fineex.com/。

图 1-1-11 2019年中国物流产业图谱

艾瑞咨询《2019年中国物流服务行业研究报告》

　　随着电子商务的飞速发展，传统的物流服务商各环节、各自运营的线性结构无法满足高速增长的用户需求和更加复杂的仓储、运输和配送要求。于是围绕着仓储、运输、配送等物流要素的物流供应链逐渐融合，形成了网状的结构。仓与仓之间的物流和信息流可以快速进行交换和合理分配，订单管理和仓储管理可以将实体仓的利用率大大提升，零担和快递业务也不断协同合作，所有的服务围绕用户的需求和体验展开。

　　以百世为例，如图1-1-12所示，截至2019年3月底，百世快递的省市网络覆盖率为100%，区县覆盖率为99%；百世快运的省级网络覆盖率为100%，市级网络覆盖率为99%；再基于百世供应链的346个直营及加盟云仓，这种综合型的物流服务网络才能够为客户提供更复杂、更能适应市场变化的服务方案。

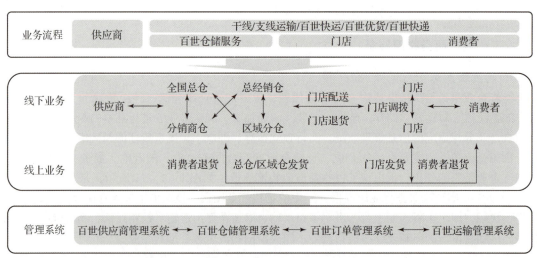

图 1-1-12 新兴综合物流服务模式分析——百世
（来源：综合企业及专家访谈，由艾瑞咨询研究院自主研究及绘制）

2. B2B 电子商务中的物流服务模式

B2B 间的物流具有货物批量大、品种少、计划性强,易达到规模效益的特点。

B2B 包含平台和企业自建两种模式。

1) B2B 平台的物流服务

B2B 平台的物流服务与传统的物流差别不大,多数采用第三方、第四方物流的形式。比如"1688"的菜鸟运输市场,通过整合全国公路运输资源,专注零担市场,为货主提供线上交易、服务保障、货物跟踪的运输服务。

2) B2B 企业自建的物流服务

B2B 企业自建的物流服务,比如海尔的日日顺物流,发展先后经历从企业物流→物流企业→平台企业→生态企业的四个转型阶段。主要是大件物流,为品牌商和用户提供"仓、干、配、装、揽、鉴、修、访"全链路、全流程的物流服务。

3. 网络零售中的物流服务模式

在传统的多层渠道分销商业模式之下,物品的流通是以一定"批量"的"仓到仓"形式,从厂商、分销商、零售商和消费者,通过运输、仓储和配送,实现逐级转移。

在电商模式下,分销渠道由"多层"变为"扁平",物品的流通形成了两种主要模式:网络快递模式和仓配模式,如图 1-1-13 所示。

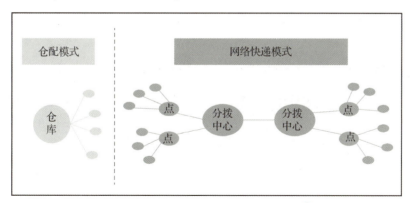

图 1-1-13 网络快递模式和仓配模式①

1) 网络快递模式

网络快递模式是指商品通过快递的揽件→中转→干线运输→中转→末端配送网络,以单件形式通过集散、分拨而实现的货物交付方式,无须仓储。

2) 仓配模式

仓配模式是指商品从仓库配送给用户的模式,主要包含了仓储和配送两大业务环节。

仓储环节主要是商品的采购、入库、在库和库存管理、订单处理、出库。配送环节主要是运输、配送和快递,完成货物的交付。仓配模式通过网络化分仓,缩短配送距离,大幅提高配送时效,尤其可以解决双十一、双十二等大促订单压力。仓配网络中的仓,有字母仓、平行仓、区域仓和前置仓等;仓仓之间,通过干线运输或者城市配送链接,进行仓间库存调拨。仓配模式因配送距离短、时效短而优于网络快递模式,但有库存成本。

京东·仓配模式 VS 菜鸟·网络型配送模式

4. 本地生活电子商务中的物流服务模式

本地生活电子商务中既有企业间的物流服务,也有企业和个人、个人和个人间的物流服务。

---

① 物流沙龙,深度:京东仓配模式 VS 菜鸟网络快递模式。

主要物流服务模式有同城配送、即时物流、同城快递等，如图 1-1-14 所示。

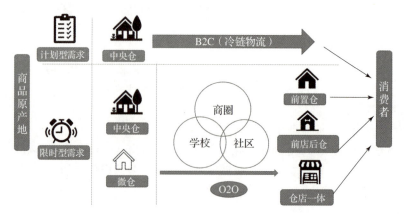

图 1-1-14　生鲜电商的仓配模式

5. 跨境电商中的物流服务

跨境电商物流，既有企业间的物流，也有企业和个人以及个人之间的物流，主要形式有国际物流、海外仓、邮政和快递。

跨境零售电商物流模式主要有两种：直邮模式和保税模式，如图 1-1-15 所示。

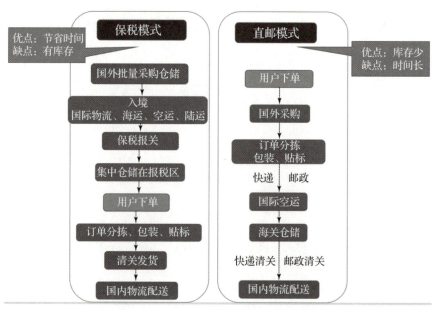

图 1-1-15　跨境电商的直邮模式和保税模式

1）直邮模式

直邮模式是在国外进行订单分拣、贴标，通过快递或者邮政入关、清关，到国内配送到客户手中。入关、清关，收取行邮税，按照个人使用物品进行监管。这种模式，物流运作时间较长，降低了客户体验，但仓储压力小，占用资金少。

2）保税模式

保税模式，是进口商品以国际物流运输的方式入境，向海关保税报关，商品集中存放于保税区；用户下单后，订单分拣、包装、贴标签，清关发货，再由国内物流配送到用户手中。保税模式是按照进口商品的模式监管,这种模式,降低了物流成本,缩短了客户收货时间,客户体验高,但需要增加仓储,资金占用大,对运营能力要求较高。

(三)电子商务企业物流服务建设模式

1. 物流服务建设模式

物流服务建设模式,以下简称物流服务模式或物流模式。电子商务企业物流服务建设模式一般有自营物流、物流服务外包、物流联盟等。

电子商务企业具体物流服务模式的应用,会因结合企业的发展历程、业务模式、物流在企业经营中的定位以及自身的能力,而有所不同。

1)自营物流

电子商务企业自营物流模式典型的代表是京东,其自建仓储中心、配送中心和快递企业,为客户提供物流服务。

自营物流的优缺点如表1-1-4所示。

表1-1-4 自营物流的优缺点

优点	缺点
有效控制物流业务运作,提供增值服务; 可以使服务更加快速灵活; 可以加强客户沟通、提升企业形象	一次性固定投入较高; 对物流管理能力要求高; 很难满足企业地域扩张的需要

2)物流服务外包

如果业务量达不到一定规模,自建物流运输系统就会有回程空驶、装载率低的缺点,自建仓储也会有空闲的人员、设施,进而导致物流成本高,影响到企业的整体经济利益。因此电商企业可以采用自建和外包相结合的方式,降低物流投入。

承接外包的物流企业可综合多个用户的需求,统筹安排仓储、配送时间、次数、路线和货物数量,共同配送,降低单个企业的配送成本。

【例题1-1-1】 某企业需要仓配中心,现有两种方案可供选择:一是自建,建设成本为300万元,可使用20年,预计残值率5%,运行成本为3元/件;二是租赁,每年支付租赁费为180 000元,另需支付1元/件的作业费用。如果自建仓配中心对外提供服务,每发1件货,收入1.2元/件,单位变动成本为0.3元/件。不考虑其他因素,试回答以下问题:

(1)计算两种方案成本无差别点的业务量。
(2)假设该企业未来的仓配数量大于2万件/年,该企业应该选择哪个方案?
(3)自建仓配中心,对外提供服务的盈亏平衡点是多少?

解:
(1)仓配中心的年成本=固定成本+运行成本,设定业务量为x。
自建仓配中心的年总成本为:
$$Y = (3\,000\,000/20) \times (1-5\%) + 3x$$
租赁仓配中心的年总成本为:
$$Y = 180\,000 + 1x$$
成本无差别,即两种方案总成本相等。
$$142\,500 + 3x = 180\,000 + 1x$$

可得：
$$x = 18\,750\ (件)$$
即两种方案成本无差别点的业务量为 18 750 件。

（2）年仓配数量 2 万件/年的总成本，分别为：

自建仓配中心的总成本为：
$$Y = (3\,000\,000/20) \times (1 - 5\%) + 3 \times 20\,000 = 202\,500\ (元)$$

租赁仓配中心的总成本为：
$$Y = 180\,000 + 1 \times 20\,000 = 200\,000\ (元)$$

租赁仓配中心的总成本较低。

（3）计算自建仓配中心，对外提供服务的盈亏平衡点。

盈亏平衡点 = 固定成本/（单件收入 − 单件变动成本）
$$= [(3\,000\,000/20) \times (1 - 5\%)]/(1.2 - 0.3) = 15.8\ (万件)$$

即盈亏平衡点是 15.8 万件/年。

3）物流联盟

物流联盟是指两个或两个以上的经济组织为实现特定的物流目标，通过协议而采取的长期联合与合作。物流联盟的建立方式，有纵向一体化物流战略联盟、横向一体化物流战略联盟、混合型物流战略联盟。

联盟制让企业实现了资源互换、优势互补、风险共担、成本共享，降低了直营中的资金压力和管理难度，扩展了物流服务范围，协同管理达到了互利共生的目的。中小型物流企业通过联盟的方式实现了资源互换和共享，从而实现了迅速规模化和资源集约化，增加了市场竞争力。比如菜鸟网络联合仓储、快递、软件等物流企业组成服务联盟，为企业提供了一站式电子商务物流外包服务。

联盟企业之间如果缺少协同性的管理和战略目标，一旦资源匹配不合理或利润分配不合理，联盟就迅速走向衰亡。通过构建联盟核心资源，借助于互联网技术，增加联盟成员的协调，降低运营成本，有助于联盟的稳定和发展。

2. 物流服务建设模式的选择

影响企业对物流服务建设模式的选择，有企业自身的物流管理能力、物流对企业成功的重要性等因素，如图 1-1-16 所示。

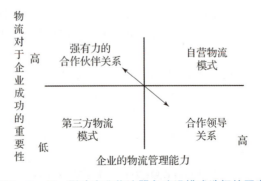

图 1-1-16 影响企业物流服务建设模式选择的因素

（1）电子商务经营者选择物流服务模式，需要结合电子商务经营者的定位、业务场景，自建物流系统的成本与收益等因素，综合考虑，选择将部分或全部物流功能要素外包，如图 1-1-17 所示。

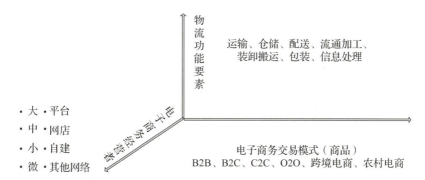

图1-1-17 电子商务经营者物流服务模式选择

（2）网店经营者选择物流服务模式，需要结合平台特性、物流服务市场、自身业务模式、范围、经营品类、业务量等因素，选择自营或者外包运输、仓储、配送、流通加工、包装、信息处理等，完成商品的交付。

对于准备进行长期合作的物流企业，首先要考虑其提供物流服务的能力，包括物流设施设备、物流信息化的水平、内部管理；其次要考虑物流服务的质量，包括稳定性、安全性、应急性、时效性，以及服务质量和服务收费是否合理等；最后结合客户的需求、物流企业的商业模式和经营模式等，选择合适的物流合作伙伴，进行合作。

（四）淘宝、天猫电子商务物流服务模式

1. 阿里平台电子商务物流服务模式

阿里巴巴构建了以淘宝、天猫为核心，连接买家、卖家的电子商务交易平台，以支付宝、菜鸟网络为支撑的电商生态系统，贯通了电子商务中的信息流、商流、资金流和物流，实现了网络零售的闭环。如图1-1-18所示。

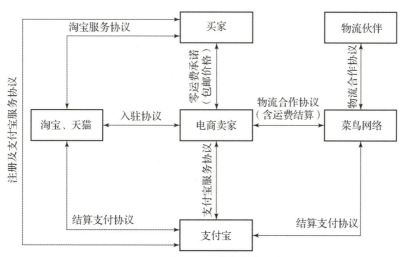

图1-1-18 淘宝、天猫的电商生态系统

菜鸟网络通过自建、合作、联盟、资本入股等方式进行资源整合，形成一套开放的社会化物流网络。搭建四通八达的物流网络，打通物流骨干网和毛细血管。应用大数据和云计算，赋能物流相关方，优化和匹配物流资源，为电商企业提供智慧供应链服务，如图1-1-19所示。

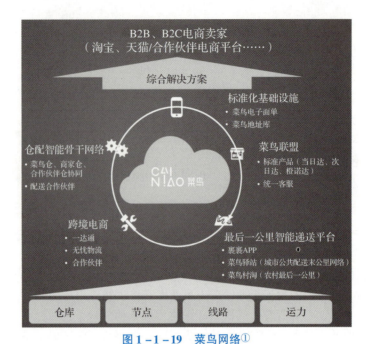

图1-1-19 菜鸟网络①

当货物觉醒——新零售环境下智慧物流报告

为商家提供具有行业特色、电商特色的电子商务物流服务解决方案,如图1-1-20所示,是菜鸟为快消品商家提供的供应链解决方案。

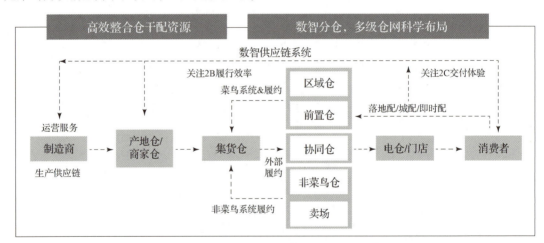

图1-1-20 菜鸟快消品物流解决方案②

2. 阿里巴巴平台内经营者物流模式的选择

淘宝卖家中的中小卖家,售卖的非标品,品类多,单量小,主要采用网络快递。

一些规模较大的卖家采取全国分仓的仓配模式。通过分仓可以分担自营仓库的管理压力、订单处理压力和发货压力,尤其是在电商大促等高峰时段效果明显。通过平台协助,提前预测销量和区域,商品先发到分仓,再由区域配送公司将货物较快地送到客户手中。通过仓配模式缩短了平均配送距离,提高配送时效,提升客户满意度。

---

① 罗克博物流研究院,《2017中国合同物流发展报告》。
② 菜鸟:https://www.cainiao.com/countrylian.html?spm=cainiao.15079173.0.0.21102ee0DRf4ab。

天猫超市采用的是与菜鸟联盟构架起的"仓+落地配"模式,将货物交由专业仓储企业进行库存管理,由其负责储存、打包、出库,然后通过各地服务能力强的落地配企业进行城市配送,从仓储到分拣再配送,需要多家不同的公司主体和网点进行分包。

1. 结合实践,谈谈电子商务物流服务与传统的物流服务有何不同?
2. 电子商务如何促进了物流的发展?出现了哪些新的物流形态和企业?
3. 有哪些物流服务建设模式?各自有哪些优势和劣势?
4. 电子商务平台如何选择物流模式?需要考虑哪些因素?试举例说明。
5. 电子商务平台内经营者,如何选择适合自身的物流模式?试举例说明。

四、电子商务物流服务评价

作为一个消费者,你如何评价网店的物流服务?

(一) 电子商务物流服务评价

此处的物流服务是指电子商务企业接受客户的委托,按照客户的要求,为客户或客户指定方提供的物流服务,以完成运输、仓储、管理等单个或多个物流环节。

1. 电子商务物流服务是效率与效果的统一

物流具有服务性强的特征,其目标是保质保量、完成商品的交易,支持销售、扩大市场,提高服务质量、提高客户满意度;降低物流成本、提高物流效率,提高企业竞争力。

为了达到以上目标,物流企业采取的方法是战略匹配策略,即根据顾客的偏好和服务水平,采取不同的策略,如图 1-1-21 所示的 7R 策略。

2. 电子商务物流服务评价指标

1) 物流服务与成本

物流服务与成本的效益背反关系(如图 1-1-22 所示),要求企业量力而行,制定合适的物流服务水平。

图 1-1-21 7R 策略

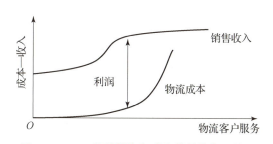

图 1-1-22 物流服务与成本的效益背反关系

【例题 1-1-2】 某公司向 100 名客户询问他们遇到缺货时的态度,发现其中 10 名会推迟购买,70 名客户会购买其他生产商的商品,但下次有货时,还会再购买该公司的商品,而另外 20 名客户将会永远地转向其他供应商。

经测算，三种情况下的缺货成本分别是 0 元、50 元和 1 200 元，那么缺货成本是多少？

解：

$$缺货成本 = 0 \times 10\% + 50 \times 70\% + 1\,200 \times 20\% = 275 \text{（元/次）}$$

2）服务损失函数

服务损失函数是指随着服务偏离目标值，损失会递增，公式如下：

$$L = k(y - m)^2$$

如图 1-1-23 所示，其中 L 是单位损失（惩罚成本），m 是服务质量的目标值，y 是服务质量的变量值，k 是常数，取决于服务质量在财务上的重要性。

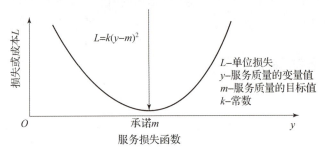

图 1-1-23 服务损失函数

【例题 1-1-3】 某外卖平台承诺在接到订单 30 分钟内送货。如果超过承诺时间 10 分钟，那么将赔偿金额 3 元。按时送货的成本为 2 元，随着送货时间的推迟，送货成本将以 0.15 元/分钟的速度下降。应用服务损失函数，计算实际送货时间应偏离目标送货时间多长，才能使总成本最低？

解：

$$总成本(N) = 送货成本(J) + 赔偿成本(L)$$

设实际送货时间为 y，则

$$送货成本\ J = 2 - 0.15 \times (y - 30)$$

$$赔偿成本\ L = k(y - 30)^2$$

$$总成本\ N = L + J = k(y - 30)^2 + [2 - 0.15 \times (y - 30)]$$

首先求出 k，再求出 $\text{Min}(N)$。

$$L = k(y - 30)^2$$

即

$$3 = k(10 - 0)^2$$

则

$$k = 3/100 = 0.03$$

$$\text{Min}(N) = \text{Min}\{0.03 \times (y - 30)^2 + [2 - 0.15 \times (y - 30)]\}$$

得出：

$$y - 30 = 2.5 \text{（分钟）}$$

即实际送货时间不偏离目标时间 2.5 分钟以上，送货总成本最低。

电子商务物流服务规范

【例题 1-1-4】 某包裹递送公司承诺在取货后第二天早晨 10：00 送货。送货时间超过承诺时间会造成损失。超过 2 小时，客户就会难以接受，公司承诺给客户 20 元的赔偿。公司经过测算，服务成本函数为：$C = 20 - 5 \times (y - m)$。其中，$y$ 为实际送货时间值，m 为目标值。

解：

求服务损失函数中的 k 值：

则
$$20 = k(2-0)^2$$
$$k = 5$$

服务成本函数为：
$$C = 20 - 5 \times (y - m)$$

则总成本函数为：
$$TC = L + C = 5 \times (y-0)^2 + 20 - 5 \times (y-0) = 5y^2 - 5y + 20$$

求微分，得到总成本最小的 y 点：
$$y = 0.5 \text{（小时）}$$

因此，考虑到客户的需要，应该使其实际送货时间不偏离目标送货时间 0.5 小时以上，即 10：30 前送到。

3. 电子商务物流服务规范

2016 年 9 月实施的我国电子商务物流领域的第一个行业标准《电子商务物流服务规范》（以下简称《规范》），规定了电子商务物流服务的服务能力、服务要求和作业要求。

针对该《规范》，中国电子商务物流企业联盟（http：//www.56ec.org.cn）和中国标准化研究院共同制定了《全国电子商务物流服务等级评定管理办法》，分别针对仓储型、运输配送型、综合型电子商务物流企业的服务能力、设施设备、信息化、内部管理和服务水平等制定了服务标准。

电子商务物流服务企业质量等级评定管理办法

1. 在制定电子商务物流服务水平时，如何考虑成本的影响？
2. 评价电子商务物流服务有哪些指标？

做任务

一、任务指导书

在掌握任务实施方法和相关知识技能的基础上，按照表 1-1-5 电子商务物流服务模式选择任务单的要求，完成任务。

表 1-1-5　电子商务物流服务模式选择任务单

任务名称	电子商务物流服务模式选择		任务编号	1.1.1
任务说明	任务： 　　分析和借鉴不同类型电子商务平台经营者的物流服务模式，比如阿里、京东、亚马逊、海尔、苏宁，规划网店的物流服务模式。 一、任务要求 　　在掌握电子商务和物流关系的基础上，通过电子商务产业链，了解围绕着商品的交付，有哪些经营主体？如何开展和评价电子商务物流活动？ 二、任务实施所需的知识 　　重点：物流、电子商务物流、电子商务产业链。 　　难点：电子商务物流服务活动与评价。 三、小组成员分工 　　按照收集资讯、计划、决策、实施、检查、评价的过程，完成每一个任务步骤			
任务内容	收集电子商务物流资料，了解电子商务经营者如何和物流企业合作，完成商品的交付			

续表

任务名称	电子商务物流服务模式选择	任务编号	1.1.1
任务资源	通过艾瑞咨询、易观国际、网经社等网络资源，收集电子商务产业分析报告，分析电子商务经营者的物流服务建设和应用		
任务实施	一、电子商务物流服务需求 提示：电子商务平台物流服务规范 二、电子商务交易物流活动参与者 提示：电子商务的主要交易模式有 B2B、B2C、C2C、O2O 和跨境电商等。收集和分析围绕实物商品的交付，电子商务活动的参与者有哪些 三、电子商务平台物流服务模式 提示：电子商务平台选择的物流服务模式 四、电子商务平台商户的物流服务模式 提示：围绕商品的交付，电子商务平台网店选择的物流服务模式 五、电子商务物流服务评价 提示：收集不同电子商务平台对电子商务物流服务的评价指标体系		

二、任务评价

小组提交 Word 文档的任务单，以 PPT 汇报。

自我、组内、组间、教师主要从团队协作、任务单完成的数量和质量、任务的逻辑性、专业知识的掌握和应用、方法和能力的提升几个方面进行评价，如表 1-1-6 所示。

表 1-1-6　任务考核表

任务名称：_____　专业_____　班级_____　第_____小组
小组成员（学号、姓名）_____

成员分工				
任务评价	自我评价	组内评价	组间评价	教师评价
评价维度	评价内容		分值/分	得分/分
知识	物流		10	
	电子商务物流		10	
	电子商务物流模式		10	
能力	具备收集电子商务产业链的能力		10	
	具备收集物流企业信息的能力		10	
	具备分析电商企业物流模式的能力		10	
	具备分析物流企业物流模式的能力		10	
	具备选择电子商务物流模式的能力		10	
职业素养	团队协作		5	
	语言表达		5	
	工作态度		5	
	是否遵守课堂纪律、实训室规章制度		5	

巩固与拓展

一、知识巩固

1. 请选择 3~5 个核心关键词，表达本任务的主要知识点。

_____

2. 归纳整理本任务的知识点，与任务相结合，进一步理解相关知识，提高专业技能。

_____

3. 完成在线测试题。

在线测试题

二、拓展

1. 有哪些新型的电子商务产业链？有哪些新型的电子商务物流服务企业？

_____

2. 梳理自己所掌握的知识体系，并与同学相互交流、研讨，以逻辑思维导图的形式，归纳整理电子商务企业、物流企业如何协同完成商品的交付，并进行评价和优化。

3. 围绕着电子商务物流活动，有哪些物流岗位、岗位职责和能力要求？

自我分析与总结

自我分析
学习中的难点和困惑点

总结提高
完成本任务需要掌握的核心知识点和技能点

完成本任务的典型过程

继续深入学习提高
需要继续深入学习的知识与技能内容清单

任务 2 快递服务选择与应用管理

学习目标

一、知识目标
1. 掌握快递的特点和快递服务流程。
2. 掌握快递费用计算的方法。
3. 掌握快递商业模式分析、电子商务快递服务选择与应用管理的方法。

二、能力目标
1. 通过网络搜集快递的服务价格,选择快递服务。
2. 合作完成货物的交付,评价快递服务质量。

工作任务

一、任务描述
小王新在淘宝开设了一个网店,选择应用快递服务完成货物的交付。
1. 选择快递企业、设置物流模板,完成商品的交付。
2. 与快递企业建立长期合作关系,选择和管理快递服务商。

70年,中国快递从零到全球第一

二、任务分析
要完成本任务,需要解决以下问题:
1. 有哪些快递服务商?各快递服务商提供的快递服务有哪些?
2. 如何选择快递服务?
3. 如何应用和管理快递服务企业?

三、任务实施
作为平台内的经营者,商家选择快递服务,会受到平台的影响。自建平台选择快递服务商,是为了满足平台内的经营者或者消费者的快递服务需求。

快递服务选择与应用管理任务实施框架如图 1-2-1 所示。

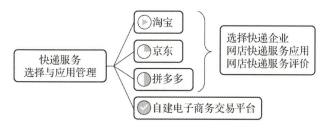

图 1-2-1 快递服务选择与应用管理任务实施框架

做中学

- **任务引入**

小王有一个成都的客户,20××年10月23日在其淘宝网店订购了一套服装,留言要求10月26日到货。小王查询了库存,发现北京仓有货,商品包装后的重量为1.6 kg,体积为20 cm ×

20 cm×40 cm。现在请你为其选择快递企业，以最低的快递成本，完成商品的交付，并制定快递服务评价标准。

步骤一　明确快递服务需求

（一）快递作业对象

商品为服装，包装后的重量为1.6 kg，体积为20 cm×20 cm×40 cm。

（二）客户快递服务需求

发货地：北京。目的地：成都。到货时间：20××年10月26日。

（三）平台快递服务要求

在满足客户物流服务需求的前提下，保质保量、低成本高效率地完成货物的交付。淘宝平台规定发货时间需要满足买家、平台规则要求，如果买卖双方无约定，买家付款后卖家须在48小时内发货。卖家违背发货时间承诺，需要赔付违约金。

习近平总书记春节贺词点赞行行出状元

步骤二　收集快递企业信息

淘宝网店商家发货可以选择平台推荐的物流（物流服务提供商或物流企业或快递企业的简称），也可以自己联系物流。

（一）通过平台推荐的物流信息，收集快递企业

淘宝平台推荐的物流，可以通过卖家中心—物流管理—物流工具中的服务商设置，收集快递企业（物流服务提供商），如图1-2-2所示。"四通一达"是申通快递、圆通速递、中通快递、百世汇通、韵达快递五家民营快递公司的合称，它们也是淘宝平台推荐的物流公司。

图1-2-2　收集物流服务提供商信息

(二) 通过国家邮政局发布的快递企业目录，收集快递企业

快递企业经营需要获得国家邮政局发布的经营许可证，所以，通过国家邮政局，可以查询具有快递业务经营许可证的企业信息，如图1-2-3所示。

图1-2-3　国家邮政局发布的快递企业名录[①]

当然通过百度查询，也可以查询到国家邮政局发布的快递企业名录，比如通过百度查询"山东省快递企业许可名录"。

(三) 调查本地区域的快递企业

调查网店所在地的快递企业。快递企业的网点布局和服务区域，决定了某平台网店能否获得快递服务，能否获得上门揽收的服务等。

比如，登录顺丰官网，查询某区域物流服务网点、联系方式和提供的服务，如图1-2-4所示。

图1-2-4　收集区域快递服务商信息

顺丰优选店是顺丰商业旗下社区店，提供快件自寄自取。

顺丰外部合作点是顺丰授权部分便利店、洗衣店、高校、物业为带"SF"标识的代办点，可提供免费寄件及代收件服务。

顺丰自营服务网点提供自寄自取服务，大部分网点自寄自取可享优惠。

顺丰自助投递柜，寄件无须下单、无须等收派员，随时寄件、随时投递。

步骤三　选择快递企业

选择快递企业，主要从收费标准、服务能力和服务质量几个方面进行综合比较。

---

① http://www.spb.gov.cn/。

(一)试算运费和时效

登录快递企业官网,试算运费和时效。比如登录韵达官网,试算运费和时效,如图1-2-5所示。

图1-2-5 快递运费试算

淘宝平台提供了合作物流企业的运费和时效试算工具。在运费计算器中,输入发货地址、收货地址、商品的重量和体积,能够试算出不同推荐物流服务商的运费和时效。

(二)选择快递企业

网店通过比较各个快递企业的优势和劣势,结合自身网店的定位和客户需求,从成本、时间的角度,选择快递企业。快递企业比较如表1-2-1所示。

表1-2-1 快递企业比较

序号	快递企业	优势	劣势
1	中通快递	网点加盟、价格适中、速度较快	价格上没有明显优势、偏远地区价格高
2	顺丰快递	直营、速度快、服务稳定、客户口碑好、网点分布广	价格较高
……			

联邦华为快递事件(外交部发言人)

联邦华为快递包裹运转事件(法律法规)

联邦快递回应华为事件

步骤四 应用快递服务

(一)运费模板设置

商家在发布商品的时候,选择"新增运费模板",如图1-2-6所示。

图 1-2-6 运费模板设置①

其中"模板名称""宝贝地址""发货时间""是否包邮""计价方式""运送方式"都是必填项。部分用户可以为指定地区城市设置运费,选择包邮的城市和不包邮的城市。包邮的城市"首费""续费"填"0",不包邮的城市,"首费""续费"要填写相应的运费。

模板设置完之后,单击保存。在商品发布页面,在宝贝物流信息页中,直接选择已建好的运费模板即可。注意以下两点:

(1) 如需要选择卖家承担运费,也需要到运费模板中设置"卖家承担运费"。
(2) 如果运费模板是按重量或体积计费的,需要在运费模板属性中填写重量或体积属性。

以上为一般运费模板设置的方法和步骤,淘宝网同时也为商家提供了配送安装运费模板和货到付款运费模板设置的方法和步骤。

(二) 淘宝指定物流商选择

指定快递企业是交易约定服务中的一种类型,指卖家向买家提供的、按照买家指定的快递企业发货的一种增值物流服务。如卖家未按订单指定的快递企业发货,则需向买家支付与该订单买家实际支付运费等值的违约金,最少不低于 5 元/单,最高不超过 30 元/单(同一交易号订单)。

指定快递企业服务是将选择商品配送快递的权利交还给买家,通过买家的选择和反馈反推快递企业提升服务质量和配送速度,同时提升买家的购物体验。

(三) 发货操作

淘宝平台后台线上发货,如图 1-2-7 所示。

也可以应用第三方软件进行发货,比如交易助手、速卖打单宝、平台 ERP(企业资源计划)、对接线上 API(应用程序接口),以及自有 ERP 进行线上发货。

---

① 发货物流模板设置 https://market.m.taobao.com/app/qn/toutiao-new/index-pc.html?spm=a2177.7231205.0.0.d09817eaWQMYCu#/detail/10581170?_k=eysj5w。

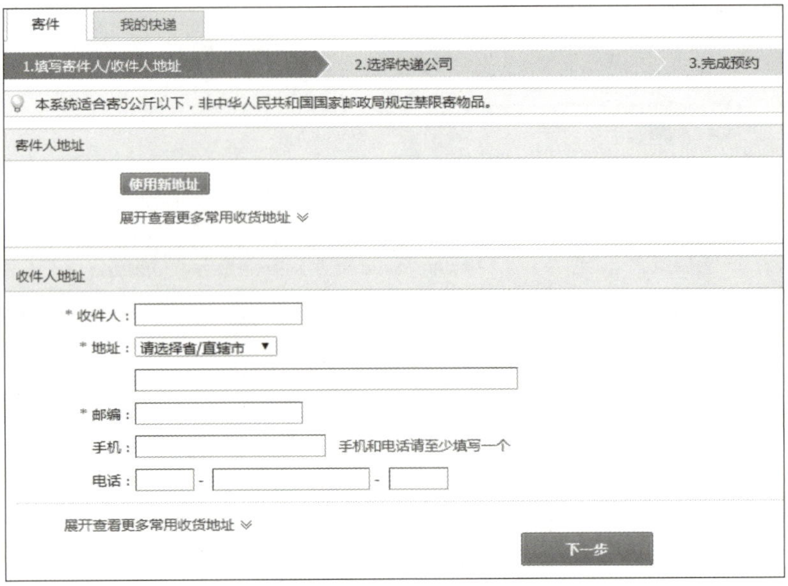

图 1-2-7　寄件操作

步骤五　评价快递服务

淘宝网店 DSR（卖家服务评价系统）中的物流服务指标，反映了客户对网店物流服务的评价，包括发货速度、到货时长、物流人员的服务能力和服务态度等，如表 1-2-2 所示。

表 1-2-2　淘宝快递服务评价

评价指标	详细说明
平均发货—揽收时长	统计时间内，发生揽收动作的包裹：（揽收时间－发货时间）×总时长/揽收包裹数
平均发货—签收时长	统计时间内，同时有揽收、签收信息的签收成功包裹：（签收时间－揽收时间）×总时长/揽签信息完整的签收成功包裹数
物流差评率	统计时间内，通过对买家评价内容文案的解析，计算出的物流评价数中，物流差评率＝物流差评数/（物流好评数＋物流差评数）
签收成功率	统计时间内，签收成功率＝签收成功包裹数/（签收成功包裹数＋拒签包裹数）
拒签率	统计时间内，拒签率＝拒签包裹数/（签收成功包裹数＋拒签包裹数）
DSR 差评量	统计周期内，物流评分低于 5 分的评价量
异常包裹	指运输超时的包裹，异常包裹包含三类，分别为： （1）派签超时包裹：指当日发货的包裹，在次日还没有被签收掉的包裹； （2）揽收超时包裹：指发货 24 小时后还未揽收的包裹； （3）物流未更新包裹：指处在发货节点之后、派件节点之前的包裹中，物流信息停滞在某一节点超过 24 小时的包裹

续表

评价指标	详细说明
快递员差评率	统计周期内（30天），消费者评价差评的包裹量/发货包裹量
破损/少件/空包	破损/少件/空包包含的退款原因有"包装/商品破损/污渍""卖家发错货""商品错发、漏发""少件/漏发""收到商品少件/破损/污渍等""收到商品破损""空包裹""货物破损已拒签"

学中做

在网络零售中，快递是电商企业完成货物交付的主要手段，也是和客户直接接触的途径。快递服务的质量，直接影响到对电商企业的评价。

快递服务选择与应用管理知识要点如图1-2-8所示。

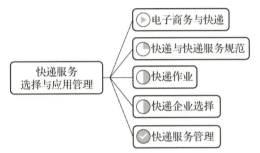

图1-2-8　快递服务选择与应用管理知识要点

一、快递

结合自己的网购经历，谈谈货物是如何通过快递交给客户的。

（一）电子商务与快递

在电子商务环境下，不管是消费者购置商品、在线支付，还是商家接受订单、确认收款，都可以通过虚拟网络来实现，唯一不能实现的就是实物商品的传送，因而在整个电子商务生态系统中，起衔接作用的快递服务就显得尤为重要。

电子商务企业交付货物，既可选择物流服务也可选择快递服务，二者的比较如表1-2-3所示，各有不同的适用商品范围、服务特点和要求。

表1-2-3　物流服务和快递服务的比较

序号	类别	快递服务	物流服务
1	服务形式	门到门	不限
2	封装要求	带有本企业专用标识的封装，每件必须单独封装	无特殊要求，符合运输要求即可

续表

序号	类别	快递服务	物流服务
3	内件性质	严格执行禁限品规定	无特殊要求，符合运输要求即可
4	受理方式	填写、确认快递运单	签订运输合同
5	重量要求	每件重量不宜超过 50 kg	重量不限，不超载即可
6	规格要求	单件包装任何一边长度不超过 150 cm，长宽高三边之和不宜超过 300 cm	规格不限，不超高、不超宽即可
7	资费标准	价格较高	价格适中
8	作业方式	收寄、运输、分拣、投递，不需要存储	运输（储存）等
9	时限要求	快速、及时	双方约定
10	市场进入	属于经营邮政通信业务许可	属于经营道路运输业务许可
11	名址要求	每件都要填写收件人和寄件人特定名址	不需要每件填写

与普通快递涉及寄件人、快递企业、收件人三方关系相比，电子商务快递服务另外增加了电子商务网站。

(二) 快递与快递服务规范

1. 快递

我国《邮政法》第 9 章对快递的定义是："快递是指在承诺的时限内快速完成的寄递活动。"

1）寄递

寄递是指将信件、包裹、印刷品等物品按照封装上的名址递送给特定人或者单位的活动，包括收寄、分拣、运输、投递等环节。寄递活动是邮政业独有的一种服务方式，体现了便利性特点，它要求无论是寄或递都要贴近客户，为客户提供最方便的服务。一件封装后署有名址，且重量、体积在规定范围的物品，可以根据需要"流"向任何地方，实现快递"门到门，桌到桌，手到手"的服务，这是运输、托运、交运等方式不具备的。

2）快递

在承诺的时限内快速完成，体现了快递业务的时效性。

快递服务属于邮政业，但不同于邮政业务中的普遍服务业务。

邮政业务中的普遍服务业务，属于公共服务，是非竞争性的产品。业务范围内的服务标准和资费标准，由政府主导。《中华人民共和国邮政法》第 15 条规定，邮政企业应当对信件、单件重量不超过 5 kg 的印刷品、单件重量不超过 10 kg 的包裹的寄递提供邮政普遍服务。

快递属于邮政业的增值服务，是商业化、个性化的服务，属于竞争性商业服务，主要由市场主导，业务范围内的服务标准和资费标准，由市场决定。

在国内，快递的归口管理部门是邮政局。

经营快递业务须依法申请经营许可。《邮政法》规定经营快递业务必须具备相应的条件并申请许可,"未经许可,任何单位和个人不得经营快递业务"。①

与快递有关的法律法规有《邮政普遍服务监督管理办法》《快递市场管理办法》《快递服务》《快递业务经营许可管理办法》。

快递企业按服务区域分为国际快递、国内快递(同城快递、国内异地快递服务、港澳地区快递服务、台湾地区快递服务)。

2. 快递服务规范

1)快递服务时限

快递服务时限,指快递服务组织从收寄开始,到第一次投递的时间间隔。

除了与客户有特殊约定外(如偏远地区),同城快递应不超过 24 小时,国内异地不超过 72 小时,港澳台地区不超过 6 个工作日,亚洲和北美洲不超过 6 个工作日,欧洲不超过 8 个工作日,大洋洲不超过 9 个工作日(排除海关清关障碍因素)。

2)彻底延误时限

《快递服务》对邮政行业标准专列了一项"彻底延误时限",达到"彻底延误时限"标准,视递送物品为丢失,物品丢失即可依法获得赔偿。

根据快递服务的类型,"彻底延误时限"主要包括同城快件为 3 个日历天,国内异地快件为 7 个日历天,港澳地区快件为 7 个日历天,台湾地区快件为 10 个日历天,国际快件为 10 个日历天。

3)快递投递次数

根据《快递服务》的规定,快递服务组织应对快件提供至少 2 次免费投递。

4)快件赔偿

赔偿条件:在寄递过程中,发生延误、丢失、损毁、内件不符时,快递服务组织应予以赔偿。

赔付对象:快件赔付的对象应为寄件人或寄件人指定的受益人。

赔偿标准:《中华人民共和国邮政法》第 47 条规定,保价的邮件丢失或者全部损毁的,按照保价额赔偿;部分损毁或者内件短少的,按照保价额与邮件全部价值的比例对邮件的实际损失予以赔偿。未保价的邮件丢失、损毁或者内件短少的,按照实际损失赔偿,但最高赔偿额不超过所收取资费的三倍。挂号信件丢失、损毁的,按照所收取资费的三倍予以赔偿。

5)快递增值服务

代收货款业务:快递服务组织接受委托,在投递快件的同时,向收件人收取货款的业务。

签单返还业务:快递服务组织在投递快件后,将收件人签收或盖章后的回单返回寄件人的业务。

限时快递业务:快递服务组织在限定时间段内将快件送达用户的快递业务。

专差快递业务:快递服务组织指派专人以随身行李的方式寄递快件的快递业务。

(三)快递作业

快递作业流程如表 1-2-4 所示,包括收寄、处理(分拣、封发、运输等)、派送、查询、赔偿等。

国际快递与国内相比,增加了进口和出口清关环节,对于没有本地服务网点的国际快递企业,跨境快件需要异地集中。

---

① 获得快递业务经营许可证企业信息:http://www.spb.gov.cn/fw/kdqyml/201611/t20161101_894620.html。

央视新闻
《小康时代
新青年》
快递高层
次人才李
百万

表 1-2-4 快递作业

作业流程	作业内容
快件收寄	收件员的工作要点：寄递物验视，寄递物包装，快件资费计算，新业务推介
快件处理	快递企业，进行快件处理，包括内部快件交接、分拣、封发、中转和运输
快件派送	快递企业进行快件的派送、签收。在寄递过程中，发生延误、丢失、损毁、内件不符时，快递服务组织应予以赔偿
快件查询	……
快件赔偿	客户投诉，如投诉成立，进行赔付。快递服务组织受理投诉有效期应为收寄快件之日起 1 年内。投诉处理时限应指从快递服务组织记录投诉人投诉信息开始，到快递服务组织提出投诉处理方案的时间间隔。 快递服务组织除了与投诉人有特殊约定外，投诉处理时限应不超过以下规定：同城和国内异地快件为 30 个日历天，港澳和台湾地区快件为 30 个日历天，国际快件为 60 个日历天

快递岗位与作业内容如表 1-2-5 所示。

表 1-2-5 快递岗位与工作内容

作业岗位	工作内容
接单员	接到客户请求、记录信息、通知收件员揽货
收件员	上门收件、验货、称重、计费、填写运单、扫描信息传回公司
入库员	检验、交运单、入仓、打包入袋、发件
输单员	输入运单资料、扫描运单图像
中转	收件扫描、中转分拨、发件（出口、省内、航空）
营业部	到件扫描、出仓扫描、滞留件入仓
派件员	派件、派件成功交回单、不成功返件入仓
客服	客户查询、投诉、赔偿
输单员	回单输入

【例题1-2-1】 某快递员下午 2 点从 A 地出发，有 9 个派向 A、B、C、D、E、F、G、H、I 不同地段的快件。分别是 B 为即日达件；C 为较重件；D 为二次派送件；I 为客户预约二小时内派送件；A、E、F、G、H 为普通快件。请设计出派送顺序。

解：
考虑到要保证派送时限，优先派送 I 和 B；考虑到先重后轻、先大后小、减少空白里程等，再派送 C。

1. 简述快递的作业对象。
2. 简述快递的服务标准。

3. 简述快递的作业流程。
4. 简述新技术在快递中的应用。

二、选择快递企业

作为网店店主，选择快递企业的标准有哪些？

(一) 选择快递企业

电子商务企业选择快递企业，即选择快递服务，主要考虑快递企业商业模式、市场定位与竞争、服务能力、服务质量和收费标准等。

1. 快递企业商业模式

1) 快递企业按照资本所有制分为国有企业、民营企业和外资企业

国有快递企业有 EMS、中铁快运、民航快递、中外运速递；民营快递企业有顺丰快递、申通快递、圆通快递、百世快递等。外商独资的快递企业有联合包裹公司（UPS）、联邦快递（FedEx）、DHL（敦豪全球货运公司）。

2) 快递企业按照运营模式分为直营模式、联盟模式和仓配一体化模式

中国邮政、顺丰、外商独资的快递企业，大多采用的是直营模式。

"四通一达"等快递企业采取的是加盟模式。

京东、当当采用的是仓配一体化模式，为平台内的电子商务企业提供分仓、配送和代收货款等增值服务。

三种模式的对比如图 1-2-9 所示。

图 1-2-9 三种模式的对比

3）快递企业的发展

过去的快递企业高度依赖电商发展，配件多为国内的普通小型快件，随着电商发展增速减缓，快递企业需要寻找其他的业务增长点。比如顺丰速运，一是拓展新业务，布局国际、同城配、冷运、重货等新兴细分市场；二是进行基础网络建设，干线网络、航空机队、信息平台、冷链项目等建设，构筑竞争壁垒，提高物流综合解决能力，如图1-2-10所示。

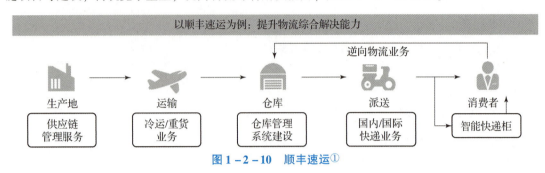

图1-2-10 顺丰速运①

2. 快递企业服务定位

快递企业服务定位，表明了企业的目标客户、服务的特点和与市场竞争对手的差别。

比如，顺丰定位于中高端市场，价格较高、时效高、服务好。"四通一达"主要定位阿里电商平台，价格中端，运营稳定。京东物流主要定位于京东平台。外资公司如FedEx、UPS、DHL主要定位市场高端商务件，价格高。

3. 快递企业市场竞争力

快递服务商选择快递企业360度分析

从市场竞争力来看②，无论从营收、盈利能力、科技能力、服务能力还是综合布局来看，顺丰依然是国内快递行业的老大。从营收、净利润、业务量几个指标来看，"四通一达"中综合表现最好的是中通，发展速度快中带稳。

1）市场规模

中通＞圆通＞申通＞韵达＞顺丰。

2）企业规模

顺丰＞中通＞圆通＞申通＞韵达。

截至2019年，快递市场格局基本已定，头部企业市占率的不断提升；中部企业中德邦快递已上市、天天得到苏宁输血、优速被壹米收购；还有一部分企业避开与龙头企业的直面竞争，转而去做其他细分市场，比如依靠独特的资源，做国际空运；也有陆续退出历史舞台的（如国通、风达、快捷、全峰、亚马逊、安能快递、全一快递）。企业数量已从2016年的30家快递到截至2019年9月的23家。目前快递市场的格局分类③如表1-2-6所示。

表1-2-6 快递市场格局分类

一线快递	二线快递	三线快递	淘汰出局
中通快递	天天快递	DHL	全一快递
韵达快递	德邦快递	UPS	国通快递

---

① 艾瑞咨询《2019年中国物流服务行业研究报告》。
② https://baijiahao.baidu.com/s?id=1566733437888210&wfr=spider&for=pc。
③ 物流一圈。

续表

一线快递	二线快递	三线快递	淘汰出局
圆通快递	品骏快递	FedEx	如风达
申通快递	优速快递	TNT	快捷速递
百世快递	苏宁易购	民航快递	全峰快递
顺丰速运	宅急送	递四方	卓越亚马逊
邮政（EMS）	跨境速运	中外运—空运	安能快递
京东快递	速尔快递		

4. 服务能力

通过快递企业服务的方便性、可感知性、反应性、保证性和网络，人们可以判断快递企业的服务能力和水平，如表1-2-7所示。

表1-2-7　快递企业服务水平评价指标

指标	评价指标
方便性	网点分布、收件寄件的流程、付款方式、追踪查询、平均每天揽收和投递的次数、平均等待时间
可感知性	营业场所、有无封闭安全监控的作业场所、服务承诺、收寄封装验视、着装、价目表、服务态度、出具凭证、电子秤的合格性
反应性	揽收及时性、客服应答及时性、查询及时性、抱怨的处理态度、应急能力
保证性	业务素质、投递落实、破损验视、投诉处理、赔偿、损毁处理
网络	快递网络规模、快递网络的协同性、整体功能的发挥

1）转运中心数量

快递一般需要中转网络，中转中心的位置、能力和组网情况，与快递的分拣速度、投递的时效性密切相关。

2）加盟商数量、质量

加盟商的数量、质量和合作模式，直接影响到派件、收件的时效性和服务质量。

3）服务时效

国家邮政局于2017年1月20日公布了2016年快递服务时限准时率测试结果，结果显示，顺丰、EMS、中通排名前三位，如表1-2-8所示。

表1-2-8　快递企业服务时效评价①

时限	全程时限	寄出地处理时限	运输时限	寄达地处理时限	投递时限	72小时准确率
顺丰	1	1	1	1	1	1
EMS	2	2	2	2	3	2
中通	3	8	3	4	4	3

① http://www.sohu.com/a/125012662_468951。

5. 快件收费

不同快递企业提供的快递服务，在商品（重量要求、尺寸要求）、服务区域、时效性和运费成本方面，有所不同。

【例题1-2-2】 一单由上海到西安的快件实际重量为5 kg，外包装长宽高尺寸分别为50 cm、30 cm、25 cm，体积重量计算公式为[长(cm)×宽(cm)×高(cm)]/5 000。运费的重量是按实际重量和体积重量两者之中较高的计算，A和B快递企业的资费标准如表1-2-9所示，试计算快递费用。

表1-2-9 快递资费标准

快递企业	首重1 kg	10 kg以下	10 kg以上
A	7元	2元/kg	2元/kg
B	8元	1元/kg	3元/kg

解：

（1）体积重量=(50×30×25)/5 000=7.5（kg）。

（2）实际重量<体积重量，快递资费按照实际重量计费。

（3）A快递企业资费=7+(7.5-1)×2=20（元）；B快递企业资费=8+(7.5-1)×1=14.5（元）。

（4）从成本的角度看，可以选择B快递企业。

6. 客户评价

为持续改进快递企业的服务质量，促进快递业健康有序发展，国家邮政局委托专业第三方于2018年对快递企业服务满意度进行了调查。[①]

调查由2018年使用过快递服务的用户对受理、揽收、投递、售后和信息服务5个快递服务环节及22项基本指标进行满意度评价，如表1-2-10所示。

表1-2-10 快递服务满意度评价指标

服务环节	评价指标
受理	电话下单、统一客服下单、网络下单、公共服务站下单满意度指标
揽收	上门时限、封装质量、揽收员服务满意度指标
投递	时限感知、送达质量、送达范围感知、智能快件箱投递、派件员服务、住宅投递满意度指标
售后	投诉服务、发票服务、问题件处理、损失赔偿服务满意度指标
信息服务	物流信息及时性和准确性、全程信息推送、个人信息安全保护满意度指标

调查结果显示，2018年快递企业总体满意度排名依次为顺丰速运、邮政EMS、京东物流、中通快递、韵达速递、圆通速递、百世快递、申通快递、德邦快递、优速快递。

[①] http://www.spb.gov.cn/xw/dtxx_15079/201812/t20181218_1719537.html。

（二）电子商务企业选择快递企业的策略

1. 起步阶段

首先要看一下自己店铺周边有多少家快递企业、报价和服务区域。然后根据自己的产品重量、体积，预估一下自己的目标客户的地域范围与快递企业的优势区域是否吻合，选择一家快递企业合作。

2. 成长阶段

业务稳定，快递量稍微多一些之后，可以增加一两家快递企业，选择一个口碑较好的快递企业，为后期快递企业的比较、鉴别和管理做好准备。此时，要重点比较综合成本，包括价格、服务质量、优势区域等。快递企业是否提供货到付款等增值服务以及快递企业对本企业大促活动支持的力度等也是要考虑的因素。

3. 稳步阶段

根据前期积累的数据，包括客户对物流的反馈、双方合作的效果，选择几个重点的快递企业，进行长期合作。

 考一考

1. 如何收集快递企业资费表？
2. 如何选择快递企业？

三、评价快递企业

 想一想

你如何评价一个快递企业的服务？

 学一学

（一）评价快递企业

电子商务企业通过时效性、准确性、安全性、多样性、经济性和服务性几个方面的指标，评价快递企业，如表1-2-11所示。

表1-2-11 评价快递企业

指标	评价指标
时效性	递送时限、延误率、延误时间
准确性	差错率
安全性	遗失率、损毁率
多样性	快递产品与服务的种类
经济性	收费与计价的合理性和弹性
服务性	异常包裹监控及时率、客户投诉处理及时率、包裹差错处理及时率

(二) 管理快递企业

通过网店的 DSR 和客户的评价，优化和管理快递企业。

收集同行网店 DSR 评价，与本店比较，分析、优化和管理快递企业。

对于物流的负面评价，要寻找原因，提出改建措施，提高客户的体验。

对于本店客户的评价，收集详细的数据，分类、整理、归纳到快递企业，方便网店对快递企业的评价。

对于优质快递企业，通过增加包裹发送量、快速运费结算等激励措施，加大合作力度。对于不合格的快递企业，减少发货量，直至淘汰。

 考一考

1. 制定一个评价快递企业的指标体系。
2. 如何管理一个快递企业？

做任务

一、任务指导书

在掌握快递服务选择方法、技能和快递相关知识的基础上，按照表 1-2-12 快递服务选择与应用管理任务单的要求，完成任务。

表 1-2-12　快递服务选择与应用管理任务单

任务名称	快递服务选择与应用管理	任务编号	1.2
任务说明	一、任务要求 　　在掌握快递相关知识、技能的基础上，选择与应用快递服务，完成货物的交付，管理快递企业。 二、任务实施所需的知识 　　重点：快递、快递作业流程、快递网络、快递服务与服务评价。 　　难点：制定选择和管理快递企业的评价指标体系。 三、小组成员分工 　　按照收集资讯、计划、决策、实施、检查、评价的过程，完成每一个任务实施步骤		
任务内容	围绕拟选的电子商务企业，选择快递企业，设置物流模板，完成商品发布、发货以及快递物流服务评价和管理		
任务资源	淘宝网店、EMS、申通、圆通、韵达、百世、顺丰快递官网以及中国邮政管理局官网		
任务实施	一、明确快递服务需求和选择标准 　　提示：电子商务企业所处的阶段、品类、业务规模、客户分布，影响快递服务的选择		

续表

任务名称	快递服务选择与应用管理		任务编号	1.2
任务实施	二、快递企业信息收集 提示：收集能够提供企业所在地的快递企业信息			
	三、选择快递企业 提示：制定选择快递企业的标准，收集快递企业的运营模式、收费标准、服务时效和服务能力，选择快递企业			
	四、快递服务应用 提示：设置运费模板，完成发货			
	五、快递服务评价和管理 提示：建立快递服务评价指标体系，对快递企业进行管理			

二、任务评价

小组提交 Word 文档的任务单,以 PPT 汇报。

自我、组内、组间、教师,主要从团队协作、任务单完成的数量和质量、任务的逻辑性、专业知识的掌握和应用、方法和能力的提升几个方面进行评价,如表 1-2-13 所示。

表 1-2-13 任务考核表

任务名称:_____ 专业_____ 班级_____ 第_____ 小组
小组成员(学号、姓名)_____

成员分工				
任务评价	自我评价	组内评价	组间评价	教师评价
评价维度	评价内容		分值/分	得分/分
知识	快递		5	
	快递分类		5	
	快递作业		10	
	快递服务评价指标		10	
能力	快递企业信息收集		5	
	快递企业服务能力收集		20	
	快递企业选择		15	
	快递服务应用		5	
	快递服务评价		5	
职业素养	团队协作		5	
	语言表达		5	
	工作态度		5	
	是否遵守课堂纪律、实训室规章制度		5	

巩固与拓展

一、知识巩固

1. 快递服务与物流服务相比,优势和劣势分别是什么?

_____

2. 请选择 3~5 个核心关键词,表达本任务的主要知识点。请以逻辑思维导图的形式,归纳整理本任务的知识体系。

_____

3. 完成在线测试题。

二、拓展

1. 快递如何和电商协同发展？

2. 以逻辑思维导图的形式，归纳整理影响选择快递服务的因素。

3. 梳理自己所掌握的知识体系，并与同学相互交流、研讨，以逻辑思维导图的形式，归纳整理快递服务选择、应用、评价和管理的基本步骤和方法。

4. 作为一个网店，如何更好地选择和评价快递企业的物流服务？

在线测试题

自我分析与总结

自我分析 学习中的难点和困惑点	总结提高 完成本任务需要掌握的核心知识点和技能点
	完成本任务的典型过程

继续深入学习提高

需要继续深入学习的知识与技能内容清单

任务3　仓储服务选择与应用管理

学习目标

一、知识目标
1. 掌握仓储企业选择和管理的方法。
2. 掌握仓储企业服务的流程。

二、能力目标
1. 能够收集仓储服务商信息。
2. 选择、应用和管理仓储服务商。

工作任务

一、任务描述

随着业务的增长,某电商企业运营部门测算发现,如果在异地建立分仓,能够降低物流成本、提高服务质量,那么,如何选择和应用仓储服务,更好地为客户提供服务呢?
1. 大促期间,如何选择和应用仓储服务。
2. 日常运营期间,如何选择和管理长期合作的服务商。

二、任务分析

要完成本任务,需要解决以下问题:
1. 有哪些仓储服务商?提供哪些服务?
2. 如何选择仓储服务商?有哪些因素和指标影响仓储服务商的选择?
3. 如何应用和管理仓储服务商?

三、任务实施

仓储服务选择与应用管理任务实施框架如图1-3-1所示。

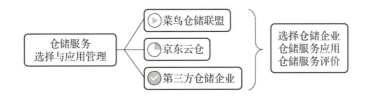

图1-3-1　仓储服务选择与应用管理任务实施框架

壮丽70年奋斗新时代——仓储自动化

华为业务流程的僵化、优化、固化

做中学

● **任务引入**

某电商企业主营服装,公司坐落在上海。去年双十一集中在上海发货,因发货不及时,引起部分客户投诉。为了提高今年双十一的发货速度,为客户提供更好的购物体验,拟在成都租赁一个仓储企业,完成双十一部分区域的发货。

步骤一 明确仓储服务需求

某电商企业,今年预计双十一产品销售区域分布如表 1-3-1 所示。经测算,如果在成都设立一个分仓,负责部分区域的发货,由上海发往成都的货物平均分摊到每个订单,增加 1 元的物流成本。试计算,经济上是否可行?

表 1-3-1 某电商企业商品销售区域分布

客户所在地	订单量/件	客户所在地	订单量/件	上海快递费/元	成都快递费/元
浙江	230	福建	122	6	不发货
江苏	227	安徽	74	6	
湖北	124	江西	62	6	
上海	189	湖南	98	5	
山东	174	辽宁	65	8	6
北京	103	吉林	24	7	6
黑龙江	40	山西	48	9	9
天津	181	内蒙古	43	7	7
河南	90	河北	83	7	6
陕西	72	云南	45	9	6
广东	232	四川	45	7	6
重庆	48	广西	52	7	6
新疆	21	宁夏	7	12	7
贵州	24	青海	29	12	7
甘肃	14	西藏	24	12	7

解:

(1) 只有一个上海主仓的发货成本为:

发货总成本 = 上海至各地的订单量运费之和 = 17 961 (元)

(2) 有上海主仓和成都分仓,发货成本为:

发货总成本 = 上海发快递成本 + 上海发成都的运费 + 成都发快递的费用
= 6 469 + 1 464 × 1 + 9 391 = 17 324 (元)

(3) 建立分仓,成本节约为:

节约成本 = 只有一个上海主仓发货成本 - 上海主仓和成都分仓的发货成本
= 17 961 - 17 324 = 637 (元)

因此,建立分仓,经济上具有可行性。同时分担了一个货仓的发货压力,有助于提高物流服务。

步骤二 收集仓储企业信息

菜鸟仓储联盟提供一站式仓储、作业、配送方案,支持所有当前主流的零售平台发货需求仓储服务。菜鸟联盟的全国性仓网布局,支持多地快速分仓、货品下沉等业务需求,仓网协同,提升整体物流效率。截至 2019 年 10 月,菜鸟仓储联盟已接入 21 个省份、72 个城市、351 仓库数,建筑面积 608 万平方米。

登录菜鸟仓储联盟网站,收集四川成都的仓储企业信息,如图 1-3-2 所示。

探秘菜鸟网络智能仓储基地作业流程

图 1-3-2 菜鸟仓储联盟成都仓储企业信息

步骤三 选择仓储企业

选择仓储企业主要从网络与服务能力、服务内容与质量、收费几个方面考虑。

(一)菜鸟仓储的网络与服务能力

菜鸟依托阿里平台和大数据,为商家提供丰富的仓储配送资源,预测和优化链路、降低库存,提供大促服务和供应链解决方案。

菜鸟服饰供应链解决方案如图 1-3-3 所示。

(二)菜鸟仓储的服务内容与质量

菜鸟仓储服务内容及服务标准

1. 仓储服务

提供货品入库服务、发货服务、取消订单返回货架服务、非销售出库服务、退货入仓服务和包装整理等其他的增值服务。

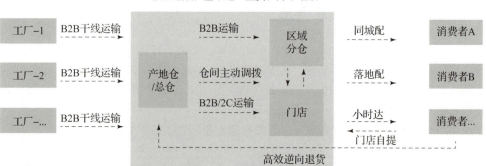

图1-3-3 菜鸟服饰供应链解决方案

2. 运输配送服务

根据配送所辐射的范围及服务时效的承诺，将卖家销售（申请出库）的货品配送到指定地点。对配送环节进行管理和信息披露，根据卖家指令，将已出库但未签收货品退回。菜鸟承诺每个货品免第二次配送费。

3. 系统及硬件使用服务

菜鸟对卖家系统进行评估，确定对接方案，完成系统对接。其物流服务平台系统模块包括仓储管理系统、配送追踪系统。使用WMS（即具体服务商的仓库操作系统）系统平台进行订单管理、单据处理、库存管理等，同时开发并提供数据报表系统。

4. 培训服务

菜鸟对卖家进行相关业务流程培训服务，对卖家提供每个流程的操作文档说明书，定期对卖家相应人员进行培训考核和业务技能考核。

5. 咨询响应、投诉介入及赔付服务

菜鸟承诺自有客服在线服务时间为9：00—21：00。

菜鸟客服或菜鸟授权具体物流服务商客服对卖家提出的投诉，先行与卖家沟通和进行处理。如判定卖家投诉成立，则菜鸟将根据投诉赔付标准执行赔付。

如菜鸟提供的服务未达到协议约定的要求，导致卖家损失的，菜鸟将赔偿卖家因此遭受的直接损失，但赔偿金额不超过菜鸟因该订单/货品向卖家收取的物流服务费用。

如果有库存差异、货品破损、货品丢失（配送）、非正常签收、发货错误、入库延迟、发货延迟、配送延迟、服务态度差等情况，按照已制定好的赔付标准进行赔付。

菜鸟仓储服务项目报价表

（三）仓储收费

菜鸟仓储服务收费项目主要由仓储服务费、订单处理费、配送费和增值服务费构成。

步骤四 仓储服务应用管理

菜鸟、商家共同协作，完成送货入仓、在仓管理、出仓、费用结算等操作。

（一）送货入仓

1. 入库预约

商家通过菜鸟的BMS（建筑设备管理系统），进行入库预约。

菜鸟仓储接收到预约后，做入库计划，安排调度库位、人员、设备、站台等资源，做好接货准备，并向货主企业反馈入库安排。

入库预约成功，可以开始运输送货。

2. 送货入仓

选择运输方式，按预约时间准时送货到仓库。

货物到达仓库后，运货司机首先将运单交给收货人员。如果是整车并有铅封，收货人员检查货车封条，确认行车状况。用条码数据采集器扫描运单上的条码，核对运单、入库单、送货单、作业计划单是否有误。

进行卸载作业，核对商品外包装、品类、数量等无误后，与货运司机办理交接手续。

仓库对来货进行签收、检验、收货，将货物信息上传信息系统，货物上架。

菜鸟 BMS 培训如图 1-3-4 所示，通过 BMS 培训，商家可以了解菜鸟如何进行库存管理、订单管理、客服结算，如何实现供应链上的进、销、存、退等物流环节的在线操作。

菜鸟仓储商家 BMS 培训小电版

菜鸟双十一入库准点专场培训

图 1-3-4 菜鸟 BMS 培训

（二）在仓管理

菜鸟仓储根据商家的授权和指令，进行库存划转、相关物权转移和仓储间的调拨。

对于仓间调拨的货品，要确认货品运输信息，方便进行干线调拨运费结算。调拨中的货品如有丢失、破损，需要确定责任，按要求进行赔偿。

菜鸟还提供代贴条码、包装、理货和退换货等增值服务。

（三）出仓

菜鸟仓储根据商家的授权和指令，进行商品的发货、配送和退货操作。

（四）费用结算

菜鸟仓储根据与商家签订的合同，结算费用。费用类型有固定费、增值费和非固定费。

固定费有订单处理费、正向配送费、退货入仓费。

增值费有代贴条码费、二次理货费、装卸搬运费等，根据商家需求而产生。

非固定费有仓储费、包装物料费等。

步骤五 仓储服务评价

结合菜鸟仓储制定的关键业务指标（KPI），如表 1-3-2 所示，制定仓储服务评价指标。

表 1-3-2 菜鸟仓储服务关键业务指标

考核项	指标	计算方法
入库及时率	98%	当月及时入库上架的货品件数/当月应入库货品总件数×100%

续表

考核项	指标	计算方法
库存差异率	≤0.05%	（当周期盘盈货品数＋当周期盘亏货品数）/当周期平均库存数 当周期库存平均数＝当周期每天0：00库存总数/当周期天数 当周期＝卖家货品入库之日起至卖家发起盘点的期间或上次盘点结束的次日起至卖家再次发起盘点的期限
发货准确率	≥99.5%	发货准确率＝当月准确发货订单数/当月应发货订单总数×100%
发货及时率	≥98%	发货及时率＝当月及时发货订单数/当月应发货订单总数×100%
配送及时率	≥90%	当月按照双方所约定时间完成签收订单总数/当月应配送订单总数
破损率	≤0.4%	货物破损率＝当月货品破损数/当月卖家交由菜鸟配送的货品总数×100%
成本标准	预算	仓储服务支付的成本，包括运费、仓储费、库存费、增值费等

学中做

随着企业的发展、业务的拓展，分仓成为电商企业提高服务质量、降低物流服务成本的重要途径。仓储服务的选择和管理，对电商企业经营的重要性，也日益重要。

仓储服务选择与应用管理知识要点如图1-3-5所示。

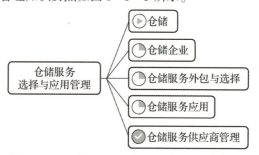

图1-3-5　仓储服务选择与应用管理知识要点

一、仓储

说一说，你在网购中接受了仓储企业的哪些服务？

（一）仓储的定义

我国国家标准《物流术语》指出，仓储是指利用仓库及相关设施设备进行物品的进库、存贮、出库的作业。现代仓储是以满足供应链上下的需求而进行的活动，包括入库、在库、出库、配送与交付。入库作业有接运、验收和入库。在库作业有保管、包装、流通加工、装卸搬运。出库作业有拣选、出库、配载。

物流系统是由点和线构成的，如果运输是线，创造空间价值，那么仓储就是点，创造时间价值。仓储作为物流的点，使物流的主要功能储存、保管、流通加工、包装、装卸搬运，均可在仓储中进行。

通过仓储，企业平衡生产，保证供货，提高产供销的协调与合作。在仓储中对产品进行检验和流通加工（分拣、产品组合、包装），提高物流系统绩效。在仓储中进行集货、分货、整合运输（不同的运输方式、运输时间的整合），提高运输绩效。比如，坐落在物流园区的物流中心仓库，通过整批进分批出、分批进整批出，货物的倒装和运输工具方式的转换，达到运输的规模经济。

传统的物流模式是由商品从工厂出来，整车运输到总仓库，再到各级代理，然后到门店，最终消费者上门店消费，整个过程是一个简单的整车加零担的运输过程。随着电商消费模式的兴起，零担慢慢被整车、快递和仓储所取代。从供应链上看，商品依然由工厂整车配送到总仓，但是这时候零担起到的作用只是把商品送到各级分仓，而最终将商品送到消费者手中的则是快递。现代的分仓模式比传统的整车+零担模式的时效性高，服务效果好。

(二) 仓储的类型

1. 按仓储的经营主体不同，仓储分为企业自建仓储、第三方仓储

（1）自建仓储。货主自建仓储的优势是易控、灵活性高、长期成本低、提高竞争力。劣势是建设周期长、固定投入高、存在位置结构的局限性。

（2）第三方仓储。仓储企业为货主提供储存、装卸、拼箱、订货分类、在途混合、存货控制、运输安排等物流服务。货主租赁仓储，优势是无固定资产投入、降低仓储成本、降低运输成本、满足高峰时的额外需求、仓储管理难度降低、经营活动灵活、准确掌握控制仓储成本、有效利用资源、扩大市场范围、缩短进入市场的时间；劣势是增加包装维护成本、增加库存管理的难度和风险、易失去直接控制物流、泄露商业秘密。

2. 按照仓储的功能和服务不同，仓储也有不同的类型

按照仓储的功能和服务不同，仓储也有不同的类型，具体如表1-3-3所示。

表1-3-3 仓储的分类

按保管货物的种类分			
综合库	专业库	普通仓	特殊仓
按仓库保管条件分			
普通库	保温库	冷藏库	危险品库	气调库
按仓储物的处理方式分			
保管式	加工式	消费式
按仓库的用途分			
生产企业储存仓库	物流中心	配送中心	运输转换仓库	国家储备库
按商业应用分			
采购供应仓库	批发仓库	零售仓库	储备仓库	中转仓库	口岸仓库	加工仓库	保税仓库

(三) 仓储企业

1. 仓储企业的类型

随着电子商务的发展，仓储行业得到快速发展。目前，提供仓储业务的企业主要分为四大类型：资源整合类、快递+仓库类、传统第三方类、企业物流类，如表1-3-4所示。

表1-3-4 仓配企业分类①

类型	仓库运作方式	运输模式	优势	劣势	竞争壁垒
资源整合类	自营+第三方	整合资源	灵活、价格低、轻资产	对服务商管控低、服务质量无法把控	仓储业务经验丰富、适合所有业务类型
快递+仓库类	自营	自有运输	网点覆盖范围广、商机来源广、运输有保障	仓储部分基本是亏本运作	网点覆盖全国、最后一公里优势
传统第三方类	自营	整合资源	某类行业仓储业务专业、以优势行业为基础拓展其他行业	重资产运作	某行业的专业运作能力
企业物流类	自营	自有运输+整合资源	掌握货权、垂直行业专业仓储	灵活度低、价格偏高、拓展其他行业非常困难	掌握货权

2. 仓储企业的发展方向

(1) 传统物流类型转电商仓储配送，有全国性的仓储企业，如中外运、中远、嘉里大通、科捷等，也有地方性的仓储企业。

(2) 电商平台类型转电商仓储配送，如京东物流、苏宁物流、菜鸟物流等。

京东仓是京东与各地符合京东物流服务要求的第三方仓储资源商联手，整合资源商的仓储及人力资源，京东提供库内管理系统和库内操作标准，推出的仓储服务。京东仓为商家提供更多的仓储资源选择和一体化的物流解决方案。截至2017年6月30日，京东物流已经在全国运营335个大型仓库，总面积约710万平方米。

(3) 第三方电商仓储配送公司类型，如发网、网仓、标杆、快仓、牧星智能，等等。

发网②基于全国近130多个仓库仓网、配网系统及项目服务为企业提供B2C+B2B的一体化仓配服务。工厂生产完，可以就近入仓，由发网完成库内操作+配送管理+系统服务，是真正的仓配全托管。具有鞋服、美妆、母婴、食品、3C等全品类的操作经验，为1 000家知名品牌提供服务。自主研发WMS系统，完成和所有ERP软件的对接。发网提供一对一的项目服务制、10分钟处理机制和7×24小时的头等舱服务。

(4) 快递体系类型做仓储配送服务，如圆通、韵达、申通、百世，等等。

(四) 仓储租赁服务平台

仓储租赁服务平台是集成交易、共享的仓储平台，提供线上线下、多平台、多渠道的仓储物流解决方案。比如，仓储在线、仓宝等。

---

① 来源，物联云仓。
② http://www.fineex.com/。

1. 简述仓储的作用及仓储的作业流程。
2. 简述仓储企业的类型。
3. 如何收集仓储企业信息？

二、仓储服务外包与选择

如何选择仓储服务？

（一）仓储服务外包

电子商务仓储外包的一般步骤是，首先要确定是否进行外包；其次要确定企业物流外包目标、仓储服务需求，制定选择标准；然后收集、分析、比较、选择合作伙伴，签订并执行合同；最后，制定对仓储服务商运营合作的考核方案，对仓储服务商进行评价、考核和管理。

企业是否进行仓储外包，可以通过对客户服务水平的影响、客户满意度、成本、风险、内部管理、仓储服务市场等方面进行仔细评估，确定是否选择仓储外包。

对于电商公司来说，通过使用第三方仓储服务，可以降低自身运营的管理成本和资产投入，同时，利用第三方仓储的服务能力，提高服务效率，提升消费者的体验。比如，在大促期间，采用分仓模式，可以减轻总仓的压力，提高仓储服务时效。

1. 仓储费用

国家标准《物流术语》中指出，仓储费用是指货主委托仓库进行保管时，仓库收取货主的服务费用，包括保管和装卸等各项费用或企业内部仓储活动所发生的保管费、装卸费以及管理费等各项费用。

【例题1-3-1】 某服装电商企业经过测算，建设一个满足40 000件/月业务量的仓储需要投入240万元，使用10年，平均每月成本2万元，建设周期1年，自营与外包仓储成本比较如表1-3-5所示。请从成本的角度分析是否外包，如果考虑其他因素，如何选择？

表1-3-5 自营与外包仓储成本比较

自营仓储成本	第三方仓储物流服务公司收费
仓库成本：20 000元 人员工资（8名员工和1名主管）：8×3 500（工人）+5 500（主管）=33 500（元） 系统分摊：约2 300元/月 行政费用：约2 500元/月 管理成本：3 350元/月	仓库租金（按40 000件/月的业务量，租金为每件0.42元）：0.42×40 000=16 800（元） 正常操作费用（按400单/天的出库量，每单收费3.31元）：3.31×400×30=39 720（元） 逆向操作费用（按6%的退货率，每单收费3.5元）：3.5×400×30×6%=2 520（元）
总计成本：61 650元	总体成本：59 040元
节约成本=自营仓储总成本-外包仓储总成本=61 650-59 040=2 610（元）	

《2019年中国仓配行业市场研究报告》

总体成本减少相差 2 610 元，使用第三方仓储可以降低仓储成本的幅度为 4.2%。

2. 企业自营和外包仓储成本的构成

企业自营和外包仓储成本的构成如表 1-3-6 所示。

表 1-3-6 企业自营和外包仓储成本的构成

一级科目	二级科目	三级科目	备注
自营仓储成本	库存费	折旧费、人力费、管理费、维护费、保险费、税费及利息	重点考虑库存货物和原材料占用资金的利息
	运输费	卡车运输费、其他运输费、设备维修费、其他运输相关费用	运输相关的汽油费、修理费等，还包括汽车等运输工具的折旧费
	仓储管理费	差旅费、交通费、会议费、交际费、培训费和其他杂费	专指为仓储活动发生的管理费
	仓储信息费	信息系统维护费、电子和纸制信息传递费	核算企业为仓储管理而发生的财务和信息管理费用
	包装费	人工成本、材料费以及机器折旧费等其他相关费用	核算企业自营包装业务的支出
外包仓储成本	仓储费	核算企业对外支付的仓储费	
	运输费	核算企业对外支付的运输费	
	包装费	核算企业对外支付的包装费	
	装卸费	核算企业对外支付的装卸费	
	手续费	核算企业对外支付的仓储服务费和手续费	
	管理费	核算企业办理外包事项发生的管理费	

如果考虑库存，存货相关成本是指企业在物流活动过程中所发生的与存货有关的资金占用成本、物品损耗成本、保险和税收成本，如表 1-3-7 所示。

表 1-3-7 存货相关成本

项目	内容
流动资金占用成本	存货占用银行贷款所支付的利息和存货占用自有资金所发生的机会成本
存货的风险成本	物品的跌价、损耗、毁损、盘亏等损失
存货保险成本	为预防和减少因为物品的丢失、损毁造成的损失，而给社会保险部门支付的物品财产保险费用

（二）仓储服务选择

电子商务企业选择仓储服务（即选择仓储企业），主要从服务能力、服务质量和收费标准等方面考虑。

1. 仓储服务品类

不同种类的商品，仓储的要求不同，比如医药仓储和家电、服装的仓储条件、仓库管理和作业流程不同。

2. 第三方仓储企业的服务能力

（1）仓储企业服务能力，包括仓储的位置、仓储面积、仓储服务范围、仓储设施水平和仓配一体化的能力。

（2）仓储网络调拨能力，包括网络覆盖范围、多仓网络布局、分仓能力和分仓间的调拨和干线运输能力。

（3）供应链服务能力，包括客户大数据服务、销售预测能力。

（4）仓储企业的大促服务能力。

服务质量包括发货的准确率、错漏发率、发货的效率和速度、仓库处理数据准确性和系统的稳定性、客服响应速度等。

具体来讲，电子商务企业选择仓储服务关心的内容如图1-3-6所示。

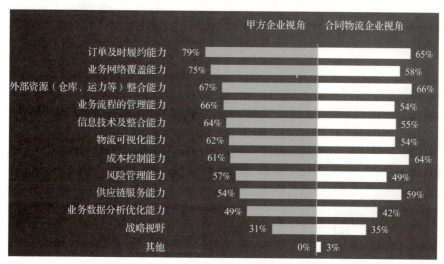

图1-3-6　电子商务企业选择仓储服务关心的内容①

考一考

选择仓储服务外包的标准是什么？

_____

_____

_____

_____

三、仓储服务

想一想

电商企业如何和仓储企业合作，完成货品的入仓？

---

① 数据来源：罗克博物流研究院。

学一学

仓储服务是指仓储企业为客户提供包括收货、清点、入库、装卸、保管、定期盘点、整理、发货、出库等多种库内服务，如图1-3-7所示。

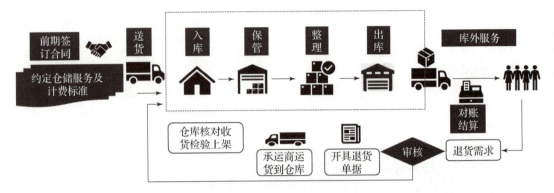

图1-3-7　消费品仓储服务流程①

电子商务物流中的仓储服务，实质上是指在互联网下的仓储网络与配送网络的无缝结合，为客户提供一站式的仓储与配送一体化服务。圆通的仓配一体化服务如图1-3-8所示。

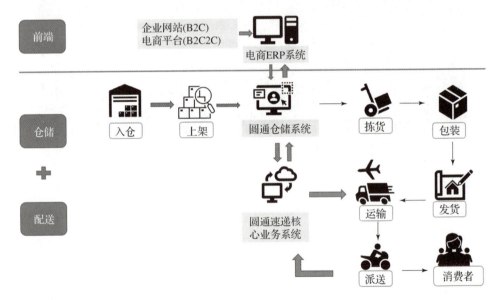

图1-3-8　圆通的仓配一体化服务

（一）入仓操作

1. 双方签订合同

约定仓储服务方式及特殊需求等。

2. 入库预约

入库前，商家要进行入库预约，方便仓储企业做入库计划，安排调度库位、人员、设备、站

---

① 艾瑞网：艾瑞咨询《2019年中国物流服务行业研究报告》。

台等资源，做好接货准备。

入库预约信息应包括存货人信息、入库日期计划、存入货品信息、运输信息（包括承运人、运输工具等）和储存条件要求。

3. 运输送货

按照入库预约，承运商运输货物到仓库。

货物到达仓库后，运送司机首先将运单交给收货人员。如果是整车，有铅封，收货人员检查货车封条，确认行车状况。用条码数据采集器扫描运单上的条码，核对运单、入库单、送货单、作业计划单是否有误。

核对商品外包装、品类、数量等无误后，与货运司机办理交接手续，进行卸载作业、交接签单和搬运作业。

需要进一步检验的货物，搬入待检区或临时储存区待检。

4. 入库验收、收货抽检和信息反馈

检验数量、质量、产品规格、型号是否一致，要求单证相符并齐全。如果数量不符、单证不符或不全，有质量问题、包装问题，需及时反馈、确定责任，进行处理。

如需要抽检，按规程进行检验。

当货物验收无误后，将收货信息反馈给货主。

货品入仓，储存货位有上架和堆码的形式。货物放置到位后，进行库位、货物绑定，及时更新入库信息。

（二）库内服务

库内服务主要是按照企业的要求，进行在库管理和流通加工。

在库管理，主要保证货物的数量、物理属性和化学属性不变。具体工作有保管作业、盘点作业、移库作业。

流通加工为一种增值服务，主要是分拆、包装和贴标等。

（三）出库与配送服务

出库作业，主要是按照用户的要求进行拣货作业、包装作业和发货。

通过配送或者快递，进行派送。当用户收到货物后，把收货信息及时向商家反馈。

（四）退换货服务

如果按照双方的约定，仓储企业提供退换货服务，则基本流程如下：

货主确认退件，仓储企业首先做好退货响应，其次对退回货品的外观完好度进行检查，看外观是否发生破损、变形等情况；再者，对货品进行质检，确认退货货物的状态；最后让商品重新入库、上架，做好入库关联，反馈信息给货主。

（五）费用结算

按照仓储服务协议，进行货物对账结算，支付服务费用。

考一考

1. 入第三方仓储的基本步骤是什么？
2. 大促期间，如何提高入库准点？

四、仓储服务管理

想一想

如何评价仓储企业的服务质量？

学一学

GB/T 21071—2007《仓储服务质量要求》

与仓储服务质量有关的标准有国家标准 GB/T 21071—2007《仓储服务质量要求》和浙江省质量技术监督局 2015 年出台的《电子商务仓储管理与服务规范（浙江）》。

评价仓储企业服务质量的主要指标有收货及时率、收货准确率、各种费用、物流实际运作效率、库存准确率、顾客满意度、出库及时率、出货准确率、交货准时率、包装破损率、货物丢失率、条码上传率、出库差错率、责任货损率、账货相符率、订单按时完成率、数据与信息传输准确率、数据与信息传输准时率等。

（一）仓储服务质量标准

根据 GB/T 21071—2007《仓储服务质量要求》，仓储服务质量应满足以下要求：

出库差错率 =（累计差错件数/发货总件数）×100% ≤0.1%

责任货损率 =（期内残损件数/期内库存总件数）×100% ≤0.05%

账货相符率 =（账货相符的笔数/储存物品总笔数）×100% ≥99.5%

订单按时完成率 =（按时完成订单数/订单总数）×100% ≥95%

数据与信息传输准确率 =（传递准确次数/传输总次数）×100% ≤0.05%

数据与信息传输准时率 =（传递准时次数/传输总次数）×100% ≤0.05%

（二）电子商务仓储服务质量标准

《电子商务仓储管理与服务规范（浙江）》

在《电子商务仓储管理与服务规范（浙江）》中，与电子商务仓储管理与服务有关的评价指标如表 1-3-8 所示。

表 1-3-8　电子商务仓储管理与服务评价指标

考核分项	考核指标	备注
订单及时完成率	95% 以上	24 小时内
差错率	库存差错率 0.05% 以下，发货差错率 0.01% 以下	

（三）仓储服务管理

对仓储企业的服务，按照评价指标进行考核管理，作为奖励、惩罚和淘汰的依据。某企业制定的仓储服务评价指标如表 1-3-9 所示。

在提供仓储服务期内，如果由于仓储企业的责任，提供的服务不能达到标准，可以通过调整服务费、业务量的方式进行管理。

表1-3-9　某企业仓储服务评价指标

考核项	指标
收货及时率	（约定时间内实际收货的商品数量/实际到货的商品数量）×100%≥95%
库存损耗率	（商品损耗量/库存总商品量）×100%≤0.1%
库存准确率	十万分之五
发货及时率	（约定时间内及时发货订单量/总订单数量）×100%≥98%
发货错误率	十万分之五
配送延误率	万分之二单内（T+3的反馈统计）
服务成本	服务收费的合理性和透明性
服务质量	双方沟通、客户投诉的服务质量
大促响应能力	大促期间，仓储企业的响应能力

对于不合格的仓储企业，采取淘汰机制。

对于优质的仓储企业，在管理、信息系统、业务量、培训方面，加大合作力度。有了问题，双方积极沟通协调，保证合作的顺利进行。

考一考

1. 仓储服务评价的指标体系有哪些？
2. 对仓储服务商（仓储企业）的激励措施有哪些？

做任务

一、任务指导书

在掌握仓储服务选择与应用管理相关知识的基础上，按照表1-3-10仓储服务选择与应用管理任务单的要求，完成任务。

表1-3-10　仓储服务选择与应用管理任务单

任务名称	仓储服务选择与应用管理	任务编号	1.3
任务说明	一、任务要求 　　在掌握仓储服务选择相关知识和技能的基础上，选择仓储企业、完成货物的入仓，并能够对仓储企业的服务进行评价和管理。 二、任务实施所需的知识 　　重点：仓储企业信息收集、入仓流程、仓储服务评价和管理。 　　难点：制定选择和管理仓储企业的评价指标体系。 三、小组成员分工 　　按照收集资讯、计划、决策、实施、检查、评价的过程，完成每一个任务实施步骤		

续表

任务名称	仓储服务选择与应用管理	任务编号	1.3
任务内容	围绕拟选的电子商务企业，收集仓储企业信息，选择仓储服务，按要求协同完成商品的入仓、移仓、出库，并能对仓储企业的服务进行评价和管理。		
任务资源	菜鸟仓、京东仓、物联云仓、《中国仓配行业市场研究报告》、仓储服务规范		
任务实施	一、仓储服务外包需求 提示：仓储外包的原因、优势和劣势分析 二、仓储企业信息收集 提示：收集仓储企业信息、计费标准、服务能力和服务内容 三、选择仓储企业 提示：制定仓储企业选择标准，评价和选择仓储服务商 四、仓储服务应用 提示：货物交付入仓、货物管理与发货、退换货工作流程		

续表

任务名称	仓储服务选择与应用管理	任务编号	1.3
任务实施	五、仓储服务评价和管理 提示：建立仓储服务评价指标体系，对仓储企业进行评价和管理		

二、任务评价

小组提交 Word 文档的任务单，以 PPT 汇报。

自我、组内、组间、教师，主要从团队协作、任务单完成的数量和质量、任务的逻辑性、专业知识的掌握和应用、方法和能力的提升几个方面进行评价，如表 1-3-11 所示。

表 1-3-11 任务考核表

任务名称：_____ 专业_____ 班级_____ 第_____小组
小组成员（学号、姓名）_____

成员分工	任务汇报			
任务评价	自我评价	组内评价	组间评价	教师评价

评价维度	评价内容	分值/分	得分/分
知识	仓储	5	
	仓储分类	5	
	仓储服务评价	10	
	仓配服务能力	10	
能力	仓储企业信息收集	5	
	仓储企业服务能力收集	20	
	仓储企业选择	15	
	仓储服务应用	5	
	仓储服务评价	5	
职业素养	团队协作	5	
	语言表达	5	
	工作态度	5	
	是否遵守课堂纪律、实训室规章制度	5	

巩固与拓展

一、知识巩固

1. 仓储服务外包与自营，优势和劣势分别是什么？

2. 请选择 3~5 个核心关键词，表达本任务的主要知识点。请以逻辑思维导图的形式，归纳整理本任务的知识体系。

3. 完成在线测试题。

二、拓展

1. 电子商务仓储服务与传统的仓储配送有何不同？有哪些新型的仓储企业？

2. 以逻辑思维导图的形式，归纳整理选择仓储企业的要素。

3. 梳理自己所掌握的知识体系，并与同学相互交流、研讨，以逻辑思维导图的形式，归纳整理仓储服务选择、评价和管理的基本步骤和方法。

4. 仓配行业中的仓储和配送智能化、信息化关键技术有哪些？作为一个网店，如何才能更好地选择和管理仓储服务外包企业？

自我分析与总结

自我分析
学习中的难点和困惑点

总结提高
完成本任务需要掌握的核心知识点和技能点

完成本任务的典型过程

继续深入学习提高
需要继续深入学习的知识与技能内容清单

任务 4　运输服务选择与应用管理

学习目标

一、知识目标
1. 掌握运输的功能、方式和特点。
2. 掌握公路运输服务的选择与应用管理。
3. 掌握运费计算的方法。

二、能力目标
1. 能够收集公路运输服务商信息。
2. 能够选择公路运输服务商，共同合作，完成货物的运输。

工作任务

一、任务描述
本地某电商企业主营服装、皮具，随着业务规模的扩大，在全国设立 10 个分仓，每个月至少向各个分仓运输一次货物。
1. 选择运输服务商，完成货物的运输和交付作业。
2. 选择长期合作的运输服务商，完成货物的运输。

二、任务分析
要完成本任务，需要解决以下问题：
1. 需要收集能够提供发货地到目的地的运输方式和运输服务的企业；
2. 了解运输服务商的运输能力、产品、服务和收费；
3. 根据货物运输要求，选择运输服务商的产品与服务，完成货物运输，并能够对运输服务作出评价和优化。
4. 选择和管理合同运输服务商。

三、任务实施
运输服务选择与应用管理任务实施框架如图 1-4-1 所示。

图 1-4-1　运输服务选择与应用管理任务实施框架

谱写加快建设交通强国新篇章

建设交通强国，满足人民需求

做中学

● 任务引入

双十一大促，企业需从本地运输一批货物到成都的第三方仓储企业。按照双方的约定，送货时间为 11 月 5 日，如果当天到货，仓储企业将在 24 小时内完成收货上架；晚一天或者超过 1 天，将在 48 小时内完成收货上架；晚 2 天到，仓储企业会拒收。该批货物为 120 个纸箱包装，包装箱尺寸为 60 cm × 50 cm × 50 cm，单箱重量 20 kg。

请选择运输服务商，尽可能低成本、按时、保质保量地完成货物的运输。

步骤一　明确运输服务需求

运输货物：服装、皮具；120 个纸箱包装，包装箱尺寸为 60 cm×50 cm×50 cm，单箱重量 20 kg。
运输区间：本地→成都；
收货人：第三方仓储企业；
到货时间：11 月 5 日，当天到货的，仓储企业将在 24 小时内完成收货上架；晚一天或者超过 1 天，将在 48 小时内完成收货上架；晚 2 天到，仓储企业拒收货物。

步骤二　收集运输服务商信息

2010 年阿里巴巴为满足 1688 和淘宝线上用户发货需求，成立了 56.1688.com 物流服务平台。平台的宗旨是为货主提供可靠的商品交付和满意的运输服务、为物流商提供稳定优质的货源。目前该平台由菜鸟运营，并正式更名为菜鸟运输市场。

应用菜鸟运输市场（https://56.1688.com/），收集物流服务商信息过程如下：

应用查询网点功能，查询本地区域内的物流服务商，如图 1-4-2 所示，可以得到该区域内 115 个物流服务商的信息。

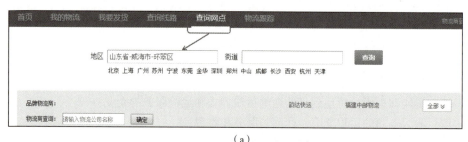

(a)

(b)

图 1-4-2　区域物流服务商网点查询

应用查询线路功能，输入发货地和收货地，查询货运、快递、整车的运输服务商、产品、时效和运费报价，如图 1-4-3 所示。比如，德邦快递（以下简称德邦）的产品有"精准卡航""精准汽运"，时效分别为 3 天和 5 天，"精准汽运"的报价为重货 1.94 元/公斤[①]，轻货 407 元/

网络平台道路货物运输经营管理暂行办法

2020 年中国网络货运平台运营和发展报告

---

① 1 公斤 =1 kg。

立方米,最低一票①30元。

进一步查询某个运输服务商,发货地和接收地的网点分布。比如,选择"德邦快递",单击"威海"后的"查看网点",查询到本区域内德邦快递的网点分布有32个,如图1-4-4所示。

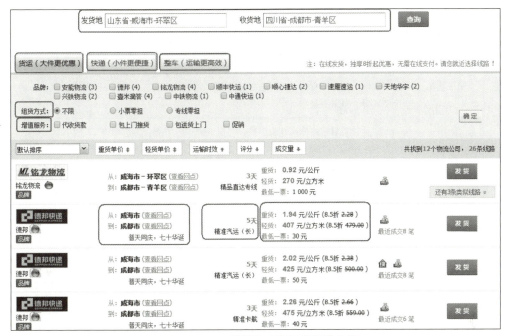

图1-4-3 运输服务商和运费报价查询

图1-4-4 区域内德邦快递网点分布

步骤三 选择运输服务商

登录拟选的运输服务商官网,进一步了解运输服务商的产品、服务和收费。

---

① 一票即一单。

（一）登录德邦官网（www.deppon.com）

德邦运输产品信息收集如表 1-4-1 所示。

表 1-4-1　德邦运输产品信息收集

方式		货物、服务、时效、计费
整车	精准整车	门对门整车运输的一种标准服务产品。 即装即走，专车直发，高时效保障，随叫随到，支持全天 24 小时装车发货；车源充足，价格实惠，覆盖各类车型
	大票直达	大票货物实惠运输的高性价产品。 为 500 kg 以上大票货物设计，有独立的大票运输网络提供服务支持；主打价格优势，散货拼车，整车直发；专业团队全程跟踪对接，运输轨迹实时查询，服务品质有保障
零担	精准卡航	汽运快时效产品。 货物信息全程监控；准时发出，准时送达；超过 10 225 家门店覆盖全国 87% 以上乡镇；自由选择代收、货到付款、签单返回等多项增值服务
	精准空运	精准空运为德邦时效最快的零担产品。 干线通过航空运输满足长距离线路客户的快时效需求；1~2 天内送达；覆盖全国 322 个城市；较其他货代提供更多增值服务，例如自由选择代收、货到付款、签单返回等多项增值服务等；东航股东，拥有南航、国航等多家航空公司代理权，保障走货稳定性
	精准汽运	普通时效产品。 性价比更高，全网覆盖，8 大增值服务满足各类客户需求
快递	大件快递 3.60①	单件 3~30 kg：发 3.60 特惠件；单件 30~60 kg：发 3.60 特重件，上楼无忧、包接包送，大小件齐发、件数不限、计价简单、旺季不限收。下载报价单，了解服务区域、时效和收费标准
	特准快递	
	标准快递	
	电商尊享	

（二）物流服务时效和运费预估

应用德邦价格时效查询功能，试算时效、报价和运费，如图 1-4-5 所示。

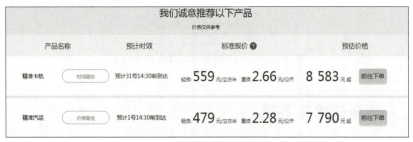

图 1-4-5　德邦运费试算

---

① 3.60 即德邦大件快递为 3~60 kg。

步骤四　运输货物发货

菜鸟运输平台发货方式有，在线货运、在线快递、自己联系物流、无须物流和同城货运五种发货方式，如图 1–4–6 所示。

图 1–4–6　发货

（一）1688 商家的在线发货流程

1688 商家的在线发货流程如表 1–4–2 所示。

表 1–4–2　1688 商家的在线发货流程

发货流程	内容
（1）账号注册—账号登录	如果没有 1688 账号（分为企业账号注册、个人账号注册），需要进入菜鸟运输市场网站的首页，免费注册
（2）发货	进入 1688 后台，找到需要发货的订单，单击【发货】，确认订单，单击【下一步】，选择合适的物流商，单击【选择】，填写发货单后，单击【提交发货单】，即可下单成功
（3）物流公司受理、揽收	揽收受理后，网点联系约定上门取货时间，也可上网点投递
（4）运输	通过菜鸟运输平台，查看运输时效，跟踪物流全程
（5）签收、投诉	如果签收异常，有货物破损、毁损、遗失，进行赔付。也可以申请线上投诉，菜鸟客服介入处理，保障商家的权益
（6）评价	评价运输公司的服务
（7）支付运费	支付运输服务商运费

填写运单信息如图 1–4–7 所示。

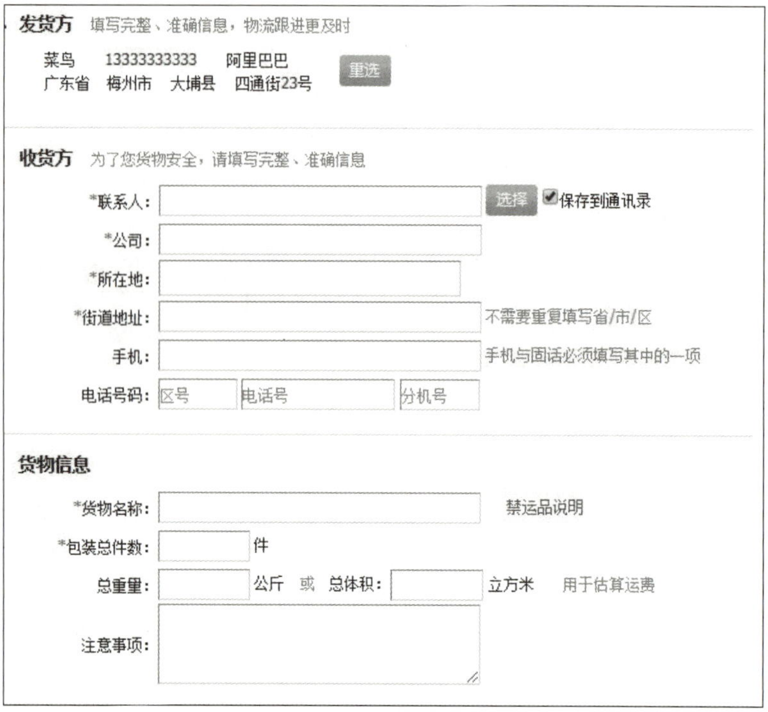

图 1-4-7 填写运单信息

（二）非 1688 订单，在线发货流程

进入 1688 后台，单击【交易】—【物流服务】—【现在发货】，填写收发货人信息后，单击【选择合适的物流商发货】，填写发货单后，提交运单即可。

详见"非 1688 订单如何使用在线货运"①

步骤五　运输服务评价

为了给货主营造一个真实可靠、服务品质高、可持续发展的运输服务市场，为用户提供可靠、有保障的物流服务体验，菜鸟运输平台对运输商制定了一周一次的考核评价指标，如表 1-4-3 所示。

表 1-4-3　考核评价指标

名称	衡量标准/%	说明	类别
订单响应率	100	客户下订单后 1 小时内响应订单，及时接单及安排调度；超出订单下达后的 1 小时，则视为超时响应	质量指标
价格真实率	100	客户下单后，非客户原因，提高平台约定价格的，则视为价格不真实	质量指标

---

① https://club.1688.com/threadview/50759037.htm。

续表

名称	衡量标准/%	说明	类别
提货及时率	95	根据双方确认好的上门提货时间,按约定时间前后30分钟提货,属准时,超出,则认为不准时	速度指标
到货及时率	95	根据双方确认好的到港时间或约定送货上门时间;按约定时间前后30分钟送到,属准时,超出,则认为不准时	速度指标
客户投诉率	1	降低投诉现象的发生,提升服务满意度	质量指标
投诉响应率	100	产生工单投诉后的24小时内,联系客户,反馈书面投诉情况说明,超过24小时,则认定为超时	质量指标
投诉完结率	95	有效投诉产生后的72小时内,完成投诉处理	质量指标
货损货差率	0.1	发生货损货差的订单执行状况统计,反馈至平台,提升运作质量	质量指标

学中做

运输是物流最重要的职能之一,影响着仓储、包装、装卸搬运等物流的各个环节。运输也是物流成本的重要组成部分,各种运输方式,在时效性、成本方面各有特点。

运输服务选择与应用管理知识要点如图1-4-8所示。

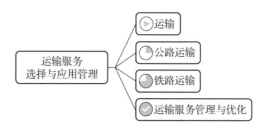

图1-4-8 运输服务选择与应用管理知识要点

一、运输

 想一想

你喜欢坐直达车吗?为什么?

 学一学

(一)运输概述

物流系统是由点和线构成的,如果仓储是点,创造时间价值;运输就是线,创造空间价值。

运输是指用专用运输设备将物品从一地点向另一地点运送,其中包括集货、分配、搬运、中转、装入、卸下、分散等一系列操作。

运输是连接生产和消费的纽带,是现代物流中最核心的功能和最重要的物流增值活动。

运输影响包装、装卸搬运、仓储、配送、信息等物流功能要素。运输费用在物流中占很大比重,是"第三利润源"的主要来源。

运输具有规模经济和距离经济的特点,如图1-4-9所示。规模经济是随装运规模的增长,使单位重量的运输成本降低。距离经济本质上也是规模经济。

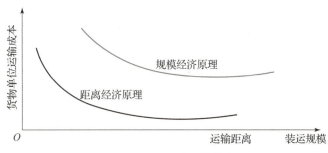

图 1-4-9 运输规模效应

1. 运输工具

运输工具有汽车、火车、轮船、飞机,每种运输工具有不同的速度,各种运输方式的运输速度如表 1-4-4 所示。

表 1-4-4 各种运输方式的运输速度　　　　千米

铁路	海运	河运	航空	公路
80~120	10~25(节)	8~20	900~1 000	80~120

不同的运输工具有不同的特点和适用的场景,如表 1-4-5 所示。

表 1-4-5 运输工具

运输工具	特点和应用场景
铁路运输	准确性高、连续性强、速度快、运输量大、运输成本低、安全可靠
公路运输	机动性、灵活性强,门到门运输、中短途运输,速度快、运量小、运输成本高、安全性低,持续性较差,衔接各种运输工具
水路运输	天然航道、运输成本低、运量大、速度慢、国际贸易的主要方式、受自然条件影响大、依赖于其他运输方式
航空运输	速度快、运量小、运输成本高、安全性好、破损率低、节约包装、加快资金周转、国际快递的主要方式、依赖于其他运输方式、受天气影响大
管道运输	运输量大、安全可靠、专用性强、适用于稳定的液体和气体货物运输

各种运输工具的载具,具有不同的重量和空间(长宽高)限制。某型货车车厢尺寸及载重量如表 1-4-6 所示。

表 1-4-6 某型货车车厢尺寸及载重量

车型	尺寸	实际载重量
2.5 t 货车(厢式/板车)	长4.2 m×宽1.9 m×高1.8 m	3 t/12 m³
3.5 t 货车(厢式/板车)	长6.2 m×宽2.0 m×高2 m	5 t/30 m³
35 t 货车(厢式/板车)	长9.6 m×宽2.3 m×高2.7 m	25 t/60 m³

2. 运输货物

运输提供的是不改变对象性质的服务，包括物理和化学特性。

在公路和铁路运输中，货物分为一般货物和特种货物。公路运输中的特种货物是指对运输、装卸、搬运有特殊要求的货物，铁路运输中的特种货物是指危险货物、鲜活货物、阔大货物。

航空运输中把货物分为不同的等级，不同货物的运输方式和计费标准不同。

运输的规模经济的特点，要求车辆满载，包括空间满载和重量满载，即运输对象和运输载具匹配，才能降低成本，提高效率和效益。根据运输对象的重量、体积和运输工具载重、容积的关系，货物分为轻泡货物和重泡货物。

轻泡货物是指体积大而自重轻的货物。运输工具装载轻泡货物时，虽其容积充分利用，但载重能力却有虚耗，因此，对轻泡货物收取运费不能按其实际重量计算，一般按一定的标准将体积折算成重量计算，如表1-4-7所示。

表1-4-7 轻泡货物计费重量

运输方式	轻泡货物判断标准	轻泡货物计费重量的计算
公路	每 m^3 小于 333 kg	（长×宽×高）× 333 kg/m^3
铁路	每 m^3 小于 300 kg	（长×宽×高）× 300 kg/m^3
航空	每 m^3 不满 167 kg	（长×宽×高）× 167 kg/m^3
水路	每 m^3 小于 1 t	（长×宽×高）× 1 t/m^3
国际航运	体积为 1.133 m^3 而总重小于 1 t	海运运价表中有 W/M 计费标准

运输企业根据货物的重量和体积，提供不同的服务和收费标准。如图1-4-10所示，为百世快运的四大产品。

图1-4-10 百世快运的四大产品①

3. 运输方式

为了在运输服务和成本间取得平衡，提高运输系统的效率和效益，出现了不同的运输方式。这些运输方式有各自的特点和应用场景，如表1-4-8所示。

4. 运输网络与路由

运输网络是指在一定空间范围（国家或地区）内，由一种或多种运输方式的运输线路和运输枢纽等固定设施，按照一定的原则和要求所构成的运输网络。

运输路由是为实现货物点到点交换、运输而建立的运输路径体系。合理布局网络及路由，可以减少中间环节，降低空载率，从而降低单票路桥费、油费等运输成本。

① http://www.800best.com/freight/。

表 1-4-8　运输方式

运输方式	特点和应用场景
零担运输	主要是单一客户某一目的地货物的数量、体积、重量不足以装载整车进行运输，或整车运输经济上不可行，通过整合客户与整合运力，降低成本，提高灵活性。按零散货物办理承托手续、组织运送和计费，需要多张货运单共同承载装满一辆车。 公路零担分为零担物流和快递，一般快递为（0~30 kg）/票，快运为（30~60 kg）/票，小票零担为（30~500 kg）/票，大票零担为（500~3 000 kg）/票
整车运输	需要一辆以上货车，公路是指 3 t 以上的货物，铁路是指一节车皮的货物。某些货物需要整车运输，不能采用零担运输，比如特种货物。 按整车办理承托手续、组织运送和计费，一车一张货票、一个发货人，计费按额定载重量计费
直达运输	直达运输是指客货在某一运输工具上从始发站（始发港）直接运至到达站（终到港），中途不换装（铁路整车货物中途无改编作业）的运送方法。 其优点是减少客货运输的中转环节，可避免中途换装引起的速度转慢、货损、费用增加，减少在途时间。在水运、民航部门又称直航运输，简称直航
中转运输	物品由生产地运达最终使用地，中途经过一次以上落地并换装的一种运输方式。有效衔接干线和支线，化整为零或化零为整，提高运输系统的绩效，方便用户
干线运输	是利用铁路、公路的干线，大型船舶的固定航线进行的长距离、大数量的运输，是进行远距离空间位置转移的重要运输形式
支线运输	是相对于干线运输来说的，对干线运输起辅助作用的运输形式
专线运输	又称货运专线，指物流公司用自己的货车、专车或者航空资源，从某个城市运送货物到另一城市的直达运输。专线公司一般走的时间不确定，货满车走，客户的运输成本会随之降低。根据经营模式的划分，专线运输也可以按零担专线和整车专线运输划分
集装箱运输	以集装箱为载体，将货物集合组装成集装单元，以便在现代流通领域中运用大型装卸机械和大型载运车辆进行装卸、搬运作业和完成运输任务，是一种新型、高效率和高效益的运输方式
联合运输	简称联运，是使用同一凭证，由不同运输方式或不同运输企业联合运输货物，发挥了不同运输手段的优势，提高运输效率，使货主能够按一个统一的运输规章或制度，办理一次托运手续，使用同一个运输凭证，一票到达目的地，享受不同运输方式综合优势的一种运输形式。分为国内联运和国际联运
多式联运	是指货物由一种运载单元装载，通过两种或两种以上运输方式连续运输，并进行相关运输物流辅助作业的运输活动
班列运输	又称五定运输，即定线路、定沿线停靠点、定班期、定车辆、定时间
集货运输	是指将分散、短距离、小批量的货物集聚起来形成批量，方便利用干线进行大批量、远距离的运输，所以集货运输是干线运输的一种补充性运输
甩挂运输	用牵引车拖带挂车至目的地，将挂车甩下后，牵引另一挂车继续作业的运输
配送运输	按用户要求配好货，分送用户，是干线运输、支线运输的补充

目前有两种典型的运输网络结构,即点对点的直通式运输网络和轴辐式运输网络。如图1-4-11和图1-4-12所示。

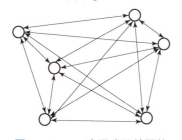

图1-4-11 直通式运输网络

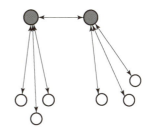

图1-4-12 轴辐式运输网络

直通式运输网络是各物流运输节点之间开行直达运送车辆,没有明确的主次之分,且各节点的所在区域都可以称作物流枢纽站、分拨中心。

轴辐式运输网络是一种基于大型物流枢纽中心站的集中运输系统,即货物先由各节点运至枢纽中心站集中,再依据目的地进行分拨运输。该网络将物流中一个或多个节点设立成为枢纽中心站,而非中心站的节点都由中心站彼此相连。非中心站适合不同托运人的零星货物,根据货物的数量、体积、形态等整合成一车运往指定中转地。中心站之间的干线形成规模效应,降低单位运输成本,提高资源利用率,同时产生集群效益,提高仓库利用率,降低库存积压。

快递以轴辐式运输网络为主,整车以直通式运输网络为主,满足不同的服务特点,如表1-4-9所示。

表1-4-9 运输类别与运输网络

类别	服务对象	服务类型	服务特点	网络形态	运输工具	后台设备
快递	企业与个人	B2B、B2C、C2C	快速、高效、标准化、门到门	以轴辐式为主	飞机、货车	自动半自动分拣
零担	企业客户为主	B2B、B2C	经济、集约、点到点	轴辐式或直通式	货车、火车	叉车+托盘人工分拣
整车	企业客户为主	B2B	个性化定制、门到门	以直通式为主	货车、火车	专业装卸设备

如果某些节点间运量较大,其余节点运量较小,此时可采用轴辐式与点对点组合的网络结构,即在轴辐式网络的基础上,运输量大的节点间直达运送。既发挥点对点直通式运输网络较低运输成本的优势,也充分利用轴辐式网络降低分拣成本的优势,达到两种典型网络的最佳匹配。

干线枢纽比主要用于衡量网络连通度,干线枢纽比越高,表明网络连通度越高。比如,韵达股份干线枢纽比为73.7,远高于"四通"系其他企业,转运路由结构最扁平,其采取的是区域集散和点对点相结合的路由网络;圆通和中通干线枢纽比较低,其采用的是轴辐式网络。顺丰的干线枢纽比较高,主要是因为商务件的定位,决定了其业务网络必须以时效性为重点,因此采用的是轴辐式和直通式相结合的模式。

5. 运输的参与者

完成货物的运输,一般有发货人、承运人、收货人,以及运输中介服务商共同协作,完成货物的转移和交付。

发货人有时也称为托运人，就是委托承运人运送货物的人。托运人未必是货主，也可以是代理人，比如货代公司。

承运人就是实际运送货物的人，比如运输公司、船公司、航空公司等。无车承运人是无船承运人在陆地的延伸，指的是不拥有车辆而从事货物运输的个人或单位。

无车承运人具有双重身份，对于真正的托运人，其是承运人；但是对于实际承运人，其又是托运人。交通运输部规定，2020年1月1日起，无车承运人试点企业可申请经营范围为网络货运的道路运输经营许可。网络货运经营，是指经营者依托互联网平台整合配置运输资源，以承运人身份与托运人签订运输合同，委托实际承运人完成道路货物运输，承担承运人责任的道路货物运输经营活动。网络货运经营不包括仅为托运人和实际承运人提供信息中介和交易撮合等服务的行为。

收货人就是货物是发给谁的，一般填写在发货单被通知人一栏里。

运输中介服务商，一般不拥有运输设备，通过为发货人、承运人、收货人提供运输中介服务而获得收入，比如货运代理人、运输经纪人。货运代理人，将不同客户的小批量的货运业务合并，形成大批量的业务，交付承运人进行运输，这样小批量货物的客户能够获得比单独与运输企业打交道更优惠的费率和服务。有的货运代理人提供目的地的配送，当货物到达目的后，再将大批量的货物拆分，通过本地配送，交付收货人。运输经纪人是指替托运人、承运人和收货人协调装运装载、费率谈判、跟踪服务等运输安排的中间商，不参与运输作业。

6. 运输作业

对于提供运输服务的物流企业而言，其基本作业流程如图1-4-13所示。物流企业接收客户的委托，制定运输计划，按合同的要求，调度运输工具，开展运输作业，保质保量、按要求交付货物给收货人，并经过签收，进行业务结算，获得收入。

图1-4-13　运输作业流程

（二）货物运输工具的选择

货物运输工具的选择，要从货物的特性、可选择的工具、运输成本、时间、安全性等方面综合考虑，如表1-4-10所示。

表1-4-10　影响货物运输工具选择的因素

影响因素	详述
货物的特性	货物的价值、形状、单件的重量、容积、危险性、变质性等都是影响运输方式选择的重要因素
可选择的运输工具	对于运输工具的选择，前提是有相应的运输基础设施，其次考虑运输货物、时效、成本和客户需求
运输总成本	是指为两个地理位置间的运输所支付的费用以及与运输管理费、保管费、储存费、装卸搬费、保险费等

续表

影响因素	详述
运输时间	是指从货源地发货到目的地接受货物之间的时间。运输时间的度量是货物如何快速地实现发货人和收货人之间门到门的时间，而不仅仅是运输工具如何快速移动、货物从运输起点到终点的时间
运输的安全性	运输的安全性包括所运输货物的安全和运输人员的安全，以及公共安全。对运输人员和公共安全的考虑也会影响到货物的安全措施，进而影响到运输方式的选择
其他因素	经济环境或社会环境的变化也制约着托运人对运输方式的选择

◎ 考一考

1. 运输在物流系统中的作用、运输的分类和特点是什么？
2. 运输的参与者有哪些？运输的基本作业流程有哪些？
3. 如何选择运输方式？

二、公路运输

（一）公路运输概述

1. 公路运输车辆

我国车型的分类标准，根据《中华人民共和国机动车登记》管理办法的规定，载货汽车可分为重型、中型、轻型、微型四个种类。重型和中型载货汽车核发大型货车牌照（黄牌）、轻型和微型载货汽车核发小型货车号牌（蓝牌），如图1-4-14所示。

蓝牌（2 T轻型厢式货车）

黄牌（30 T重型货车）　　　黄牌（10 T中型货车）

图1-4-14　公路运输车辆

2. 公路运输类别

公路运输类别有整车、零担、集装箱运输。

1）整车运输

整车运输计费按额定载重量计费。

整车运输的形式有两种：一是整车直达，二是整车分卸。

（1）整车直达，按货车载重标准吨数和运输里程向托运单位收费。

(2) 整车分卸，即起运站和运输方面要求相同，到达站不同的货物拼凑成整车，依次到达站不同，分别卸货。

2）零担运输

商家运输货物时，货物重量 0~30 kg，一般选择快递；30~3 000 kg，一般选择零担运输；其中，30~500 kg，一般选择小票零担，500~3 000 kg，一般选择大票零担。

零担需要多张货运单共同承载装满一辆车。

零担车有固定式零担车和非固定式零担车。固定式零担车也称汽车零担货运班车"五定运输"，是指车辆运行采用定线路、定沿线停靠点、定班期、定车辆、定时间的一种组织形式。非固定式零担车，是指"五定"不定，比如班期、时间不固定的零担运输。

固定式零担车，分为直达、中转和沿途。直达固定式零担车，货物在中途无须倒装，因此经济性最好，是零担班车的基本形式，但它受到货源数量、货流及行政区域的限制。中转和沿途固定式零担车，可使那些运量较小、流向分散的货物通过中转和沿途的装卸及时运送。中转和沿途固定式零担车耗费的人力、物力较多，作业环节也比较复杂。

3）集装箱运输

集装箱运输是指以集装箱作为运输单位进行货物运输的一种现代化运输方式。

3. 公路运输费用的计算

首先根据货物特性，确定运输方式（整车、零担、集装箱）；其次，确定运价、计费里程、货物计费重量（重泡货物、轻泡货物）、有无杂费，计算运费总费用。

1）整车运费的计算

整车运输费用 = 吨次数 × 计费重量 + 整批货物运价 × 计费重量 × 计费里程 + 其他费用

【例题1-4-1】 某货主托运一批瓷砖，重 4 538 kg，承运人公布的一级普货费率为1.2 元/t，吨次费为 16 元/t，该批货物运输距离为 36 km，瓷砖为普货三级，计价加成30%，途中通行收费35 元。计算货主应支付运费多少？

解：

瓷砖重 4 538 kg，超过 3 t，按整车办理。

计费重量为 4.5 t。

瓷砖为三级普货，基价加价 30%。

运价 = 1.2 × (1 + 30%) = 1.56（元/t）

运费 = 16 × 4.5 + 1.56 × 4.5 × 36 + 35 = 359.72（元）

2）包车运费的计算

包车运费的计算 = 包车运价 × 车辆吨位 × 计费时间 + 其他费用

【例题1-4-2】 某人包用运输公司一辆 5 t 货车 5 小时 40 分钟，包车运价为 12 元/t，应包用人要求对车辆进行了改装，发生工料费 120 元，包用期间运输玻璃 3 箱、食盐 3 t，发生通行费 70 元，行驶里程总计 136 km。油费另计，请计算包用人应支付多少运费？

解：

包车时间 6 小时。

包车费用 = 12 × 5 × 6 + 120 + 70 = 550（元）

3）零担货物运费计算

零担货物运费计算 = 运价 × 计费重量 × 里程 + 其他费用

【例题1-4-3】 现有甲、乙两种货物，实际重量为 100 kg，甲货物长、宽、高分别为 0.5 m、0.3 m、0.4 m，乙货物长、宽、高为 0.8 cm、0.6 m、0.8 m，请判断哪一个是轻泡货物？（假如某企业规定，每立方米低于 300 kg 的货物为轻泡货物）

解：
首先计算体积重量，将体积重量和实际重量比较，体积重量大的货物即为轻泡货物。
甲货物：
$$M = 100 \div (0.5 \times 0.3 \times 0.4) = 100 \div 0.06 = 1\,666\,(\text{kg/m}^3)$$
甲货物是一般货物。
乙货物：
$$M = 100 \div (0.8 \times 0.6 \times 0.8) = 100 \div 0.384 = 260\,(\text{kg/m}^3)$$
乙货物是轻泡货物。

【例题 1-4-4】 某物流公司以零担运输方式承运李先生的某批货物，货物体积为（300×200×100）cm³，毛重为 150 kg，运输距离为 200 km，单位运价为 0.02 元/kg，请计算运费？计费重量取体积重量与实际重量两者之间的较大值，体积重量的计算方法为：体积重量 = 长(cm) × 宽(cm) × 高(cm) ÷ 4 800(cm³)。

计算：
货物体积重量为：
$$(300 \times 200 \times 100)/4\,800 = 1\,250\,(\text{kg})$$
比货物实际重量大，计费重量为 1 250 kg。
$$运费 = 0.02 \times 1\,250 \times 200 = 5\,000\,(元)$$

4）公路集装箱运费计算
集装箱货物公路运费由基本运价、箱次费和其他收费构成。
　重箱运费 = 重箱运价 × 计费箱数 × 计费里程 + 箱次费 × 计费箱数 + 货物运输其他费用
　空箱运费 = 空箱运价 × 计费箱数 × 计费里程 + 箱次费 × 计费箱数 + 货物运输其他费用

（二） 收集与选择公路运输服务商信息

通过区域运输电子商务交易平台、物流企业电子商务网站、物流配货 APP，收集运输服务商信息。

1. 企业自建电子商务平台
比如，德邦物流、传化物流、天地华宇、佳吉快运等。

2. 公路物流第三方电子商务交易平台
比如中国物通网（http://www.chinawutong.com/）、阿里巴巴物流服务平台（https://56.1688.com/）、慧聪网物流服务（http://56.hc360.com/wlorder/index.html）等。

3. 公路运输移动电子商务[①]
为货主、司机提供配货服务的 APP 有干线物流、同城物流和众包物流。
干线运输 APP 有运满满、货车帮、陆鲸，如表 1-4-11 所示。

表 1-4-11　干线运输 APP 市场竞争力[②]

APP 名称	认证会员车辆/万辆	认证货主/会员/万人	司机端月活跃用户数/万人	货主端月活跃用户数/万人	服务城市数/个
运满满	390	85	209.5	62.0	300 多
货车帮	370	63	156.7	23.0	300 多
陆鲸	100	20	36.6	2.8	60 多

---

① 微信号物流沙龙。
② 数据来源：Quest Mobile Truth 数据库，2017 年 6 月及网络公开数据。

同城运输 APP 有货拉拉（C 端）、58 速运（C 端）、云鸟、易货嘀（B+C）。

4. 招投标

招投标就是线下招投标和线上招投标平台。通过招投标，能够收集到更多的运输服务商，方便比较不同运输服务商的价格、服务。

（三）选择运输服务商

选择运输服务商，主要从物流业态、运输网络（网络服务范围、组网方式、直营加盟商、运行方式）与服务区域，以及运输服务商提供的产品、服务、价格、时效等方面考虑。

1. 物流业态

近两年来，市场上出现多种物流整合业态（业务形态），其整合方式与途径各不相同，如表 1-4-12 所示。

表 1-4-12 物流整合业态

物流特征	业务形态	整合路径	典型企业	特点
整合物流	平台	公路港型	传化	货运停车场和交易大厅的升级版，做综合配套服务
		园区型	天地汇	园区专业化运营，打造 O2O 物流交易模式
		专线型	卡行天下	提供物理上和网络上的双重交易场所
		配货型	运满满、骡迹、运东西	货运行业的"滴滴打车"模式，线上撮合交易
		同城型	神盾、一号货车	同城货源与货车在线撮合交易
	联盟	专线联盟	好友汇、万众	专线联网和联营，统一标准化，管理信息化
		三方加盟	安能、商桥	快递加盟模式在快运领域的运用，高速复制

物流服务运输合同

平台模式是通过网络平台，物流相关方互联互通，从而发生更简单、更直接的信息交换或产品服务交易，具有开放性、互动性（或社交性）、交易性的特点。平台模式的物流企业有以下特点，是以提供场所或虚拟空间为物流相关方的交易提供服务为主要价值点，但不直接对交易结果承担责任，不以交易差价为收入来源。

我国公路物流业态浅析，谈"平台"和"联盟"之困

联盟模式是由众多小物流公司基于资源共享和区域互补的原则，通过一定的制度和契约关系而形成的组织形态，构成联盟的众多小物流公司都是独立的经营主体，存在独立的市场开发和交易行为。

加盟是一个大型物流公司凭借其品牌号召力广泛招募代理商，并通过一定的利润分配规则进行长久代理关系维护和业务管理的组织形态，各代理商以加盟主体的名义在各区域进行品牌宣传和市场开拓活动，并不具备独立经营主体的特点。

2. 运输网络

物流企业构建的运输网络由线路、分拨中心和营业网点构成，如图 1-4-15 所示。线路、分拨中心和网点的覆盖面，直接影响了提供运输服务的范围。

快运企业的网络模式主要是轴辐中转网络模式，如图 1-4-16 所示。货物经过分拨中心中转，才能分发配送，此时会产生运输线路的绕道成本。多级分拨中心的装卸、搬运过程会产生相应的成本，并且也会增加破损率。线路拉直，则可以减少中转频次、降低搬运次数、减少货物留仓和破损风险，但如果货量不足，则满载率会低，甚至会出现空车返回的情况，提高物流成本。

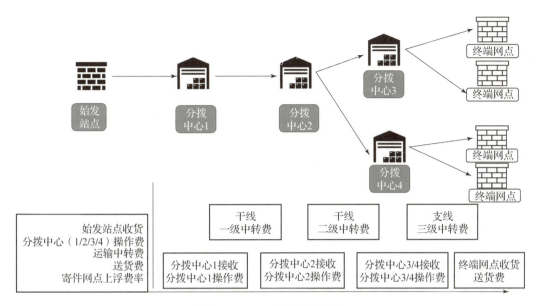

图1-4-15 公路运输网络

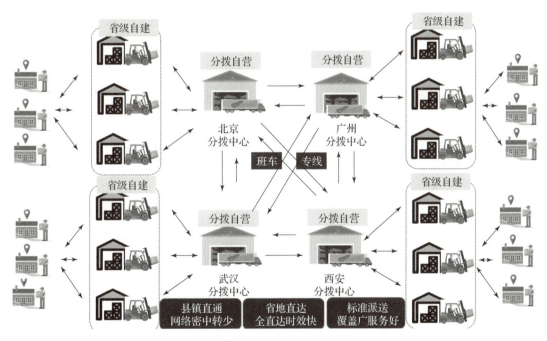

图1-4-16 快运网络运营模式

在运输网络中,分拨中心和终端网点的建设方式,主要有直营和联盟两种方式。目前,快运企业采取较多的是中心直营、网点加盟的方式。比如,德邦主要为直营模式,安能为加盟制。

混合轴辐式网络兼具直通式网络的点点直达、最短线路,以及原轴辐式网络规模效应的优势。比如安吉快运在西安组建的混合轴辐式运输网络,如图1-4-17所示,以枢纽直营网点为干,以网点和线路合伙人加盟网点为枝,同时以各市城区直营门店或营业所为二级转运中心,辅助各区县加盟商转运对接,核心区 30 公里是直营配送的模式,城市 50 公里是自有车辆全覆盖的混合轴辐式快运网络。

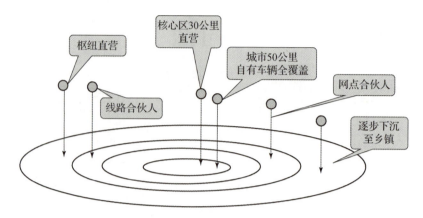

图 1-4-17 安吉的混合轴辐式运输网络

3. 服务区域(略)
4. 产品

快递零担正在相互渗透。零担企业的快递产品基本覆盖了 30 kg 以下的货物。快递企业的零担产品大多定位在 10~200 kg 不等,以小零担业务为主。比如壹米滴答的产品线覆盖 5 kg 到整车的货物,产品包括壹米小件(5~60 kg)、滴答到门(60~150 kg)、小票快运(150~500 kg)、大票零担(500 kg~3 t)以及整车业务。

目前,快递产品正趋于重件化,零担产品趋于快运化,大票逐渐整车化,快递和零担市场的边界在逐渐模糊,两业融合是一个趋势。零担企业产品分类如表 1-4-13 所示。

快运领域变革将至,最终还是产品为王!

表 1-4-13 零担企业产品分类

企业	快递产品	快运产品	小票产品	大票产品	整车产品
德邦	标准快件(0~3 kg) 大件快递(3~60 kg)	精准卡航 精准城运	精准汽运	—	整车业务
安能	迷你小件 (5~70 kg)	定时达 标准快运	小票零担 (70~500 kg)	大票零担(50 kg 以上) 普惠达(800 kg 以上)	整车业务
壹米滴答	壹米小件 (5~60 kg)	滴答到门 (60~150 kg)	小票快运 (150~500 kg)	大票零担 (500 kg~3 t)	整车业务
百世快运	惠心件 (5~60 kg)	S3 电商大件 (60~150 kg)	S10 标准小零担 (180~600 kg)	托盘运输 (600 kg 以上)	整车业务
远成快运	便利达 (0~30 kg)	特惠件(30~300 kg)		物流件(1 t 以上)	整车业务
天地华宇	易到家 (0~3 kg)	定日达	经济快运 (30 kg 以上)	—	专车达

续表

企业	快递产品	快运产品	小票产品	大票产品	整车产品
龙邦快运	龙邦次日	龙邦隔日	小货通（10~300 kg）	大快运（300~3 t）	整车业务
佳吉快运	小包裹（0~30 kg）	定时达	零担快运（30~500 kg）	—	整车业务

表1-4-14为上海浦东到深圳福田零担企业的报价和时效。

表1-4-14 零担企业产品的价格、时效（上海-深圳）

企业	产品	重货/(元·kg^{-1})	轻货/(元·m^{-3})	最低一票/元	时效/天
壹米滴答	壹米小件	0.7	140	4	3
壹米滴答	滴答到门	0.69	138	4	3
壹米滴答	标准快运	0.66	132	4	3
百世快运	标准快件	1.41~1.18	229~235	105	3
百世快运	惠心件	1.26~1.3	252~259	59	3
天地华宇	经济快运	1.4~1.48	308~326	30~50	4~5
天地华宇	定日达	1.68~1.76	370~387	35~55	3
新邦物流	新邦专线	1.49	320	50	3~4
新邦物流	新邦快线	1.85	392	60	2
卡行天下	小票直通车	1.7	380	210	6
中通快运	标准快运	1.75	350	50	3~4
安能	标准快运	1.75	372	60	4
安能	迷你小包	1.87	390	50	2
安能	定时达	1.7	390	50	2
安能	标准快件	1.87	372	60	4
德邦	精准汽运	1.73~1.81	362~380	30~50	3~4
德邦	精准卡航	2.09~2.18	439~457	40~60	2

选择快运产品，从运输商品的重量和时效来比较选择，如图1-4-18所示。

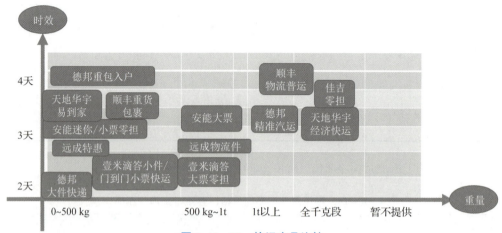

图 1-4-18 快运产品比较

5. 末端服务

比如德邦的"大件快递"、壹米滴答的"壹米小件+滴答到门"等都推出了上门的送货服务,并推出一系列的增值服务,如图 1-4-19 所示。

性价比最高——末端服务

100%送货　　　　　　　　40 kg以内免费上楼入户

图 1-4-19 快运产品末端服务

(四)公路运输作业

1. 公路整车货物运输作业流程

公路整车货物运输作业流程为:托运人签托运单→审核和认定托运单→确定货物运输里程和运杂费→托运单编号及分送→验货→车辆调度→货物监装→货物运送(押运)→运输结算与统计→货物交付。

2. 零担货物运输作业流程

零担货物运输作业流程如图 1-4-20 所示。

注意填写托运单(简称运单)。一张合格的托运单,是保证货物快速到达的保障。必填的基本内容要填写清楚、完整,如发货日期、单位、地址、货物的体积、重量、运输方式。各种费用要清楚,对于不需要填的项目,一定要写"无"或者"免"或者划掉。费用必须有大写和小写,必须由托运人、承运人双方签字。

如图 1-4-21 所示,以青岛吉运通物流有限公司的托运单[①]为样本。

---

① http://www.sohu.com/a/148420358_493307。

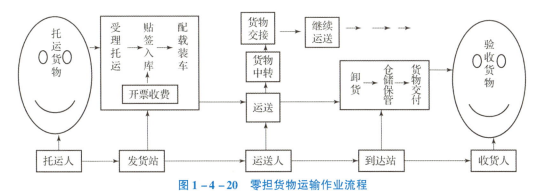

图 1－4－20　零担货物运输作业流程

吉运通物流 jytho	青岛吉运通物流有限公司							运单号：00005689		
发货日期	2017年5月22日			起运地：	青岛	目的地：	苏州	业务查询：0532-83178255		
发货单位	青岛吉运通物流有限公司			地址：	青岛市黄岛区海西路279号			手机：18669843527		
收货单位	青岛吉运通物流有限公司			地址：	青岛市黄岛区海西路279号			手机：18669843527		
货物名称	包装方式	重量	体积	货物性质	数量	普运	快运	配货	包车	付款方式
有机面粉	纸箱	5000公斤	10	非危险品	500件	√				现付
请选择保价运输				收件方式	取件方式	提货费	送货费	包装费	特服费	
单价	总运费	按货物价值的3‰收取保费								
0.4	2000	货物价值	50000元	上门提货	送货上门	免	免	无	20元	
合计金额（大写）贰千壹佰柒拾圆整						¥:2170元				
其他约定：特服费为签单返回费用										
特别提示：	托运人及代理人，要认真阅读运单正面所明示的各项内容，核对所填写的内容，并详细阅读运单背面的合同条款，如认为有加重自己责任或对本合同条款有不同意之处，可另行约定，如无异议，请您签字确认									
托运人签字：×××			承运人签字：吉运通			财务签字：×××				

图 1－4－21　托运单的填写

3. 专线运输作业流程

专线运输作业流程如图 1－4－22 所示。

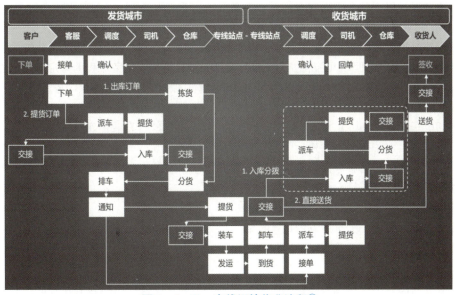

图 1－4－22　专线运输作业流程①

① 罗戈网：罗克博物流研究院（也叫罗戈研究院）《2017 中国合同物流发展报告》。

专线运输作业根据车辆容积、载重量和货物的性质、形状、长度和大小进行合理配载后，填制货物交接及结算清单，如图1-4-23所示。

车属单位					车号			吨位				
原票记录			中转记录		票号	收货单位或收货人	品名	包装	承运路段			备注
原票起站	到达站	里程	中转站	到达站					件数	里程	计费重量	运费
合计												
附件	零担货票：			发票：			证明：					
上述货物已于　月　日经点件验收所随带附件，收讫无误。												
中转站：					到达站：（盖章）　年　月　日							
填发站：					填单人：			驾驶员盖章：				

图1-4-23 货物交接及结算清单

填单时应按货物先远后近、先重后轻、先大后小、先方后圆的顺序进行，以便按单顺次装车，对不同到达站和中转的货物要分单填制（即交接清单一站一单，以利点收点交和运杂费结算）。

（五）合同运输服务管理

合同运输是商品供需方之外的第三方专业运输服务商，基于与甲方企业的合同约定，通过对甲方企业供应链所需的仓储、装卸、加工、运输、配送、支付等活动进行方案设计及有效组织，将产品交付到终端客户，并在满足甲方企业KPI考核的基础之上，获得相应报酬。

合同运输是企业从长期合作、共同发展的角度，选择和管理运输服务商。

甲方主要通过以下几个方面对合同运输服务商进行选择和管理：

1. 运输服务商的服务能力

运输服务商的运力、网络覆盖能力是提供运输服务的基础。其业务数据分析优化能力、风险管理能力、成本控制能力、运输可视化能力、信息技术及整合能力、业务流程的管理能力、外部资源（仓库、运力等）整合能力、供应链统筹优化能力和整体方案解决能力是提供服务能力的保证。

运输作业层面的信息化，有助于甲方提高订单、装运、库存的能见度等。运输企业的信息化建设，包括电子数据交换（EDI）、客户订单管理（OMS）、客户关系管理（CRM）、条形码、移动信息技术应用、电子商务网站建设、运输管理的信息化。

选择一个良好的运输服务商，有助于甲方专营主业，这是构建敏捷供应链，提供个性化、定制化服务的保障。

2. 运输成本

运输服务商的收费，关乎甲方的成本控制。甲方需要明确运输服务商的收费项目，包括运输费用、装卸费用、流通加工费用以及其他费用。

3. 订单履约能力

运输服务商的订单履约能力，影响甲方最终客户的满意度，进而影响甲方的企业形象、品牌与业务。好的运输服务，有助于提升甲方的主营业务。

考核评价运输服务商订单履约能力的指标有配送准确性、货物丢失率、货物破损率、配送及时率、客户投诉、收货确认单回收及时准确性等，如表1-4-15所示。除此之外，还有货物完好率、差错率、送货准时率、单证正确率、无误交货率、投诉反馈率、投诉及时处理率、货损货差的赔偿率等指标。

表 1-4-15　运输服务商订单履约能力考核评价指标（部分）

考核	考核内容	考核内容及评分标准	权重
运输管理	配送准确性	错发漏发，每出现一次不符合要求的扣 5 分，出现两次扣 10 分	20
	货物丢失率	货物丢失，一件扣 10 分	10
	货物破损率	破损率>0.2%，不得分。 破损率＝当月破损商品数量/当月运输商品数量	10
	配送及时率	配送准时到达率为 98%，每低于 1%，扣 2 分	20
	客户投诉	客户投诉出现一次扣 5 分，客户表扬一次加 2 分	10
	收货确认单回收及时准确性	按协议要求的时间提交收货确认单	10
	到货预报通知	送货前，提供到货预报，不合格一次扣 1 分	5
信息管理	信息反馈	反馈不及时或者不准确，每出现一次扣 2 分	5
满意度	服务态度	工作人员配合度、运输满意度调查反馈情况、突发事件解决能力、流程执行情况	10

每月以当月运输服务商发生的运输总运费为考核基数。运输考核得分≥95 分，不扣罚，小于 95 分，每降低 1 分，扣除 1% 的应付运费。考核 96 分以上为优，86~95 分为良好，81~85 分为一般，71~80 分为合格，61~70 分为差，60 分以下为不合格。

4. 运输服务商的管理

对于优质运输服务商，要加大合作力度，在业务量、管理、运作方面进行激励。

对于一般运输服务商，可加强合作，但要求其提高服务能力。

对于不合格运输服务商，坚决淘汰。

考一考

1. 公路运输方式、货物和运费的计算是怎样的？
2. 选择公路运输服务商的要素有哪些？
3. 结合实践，谈一谈货物的运输流程。

三、铁路运输

（一）铁路运输的类别

铁路运输的类别有整车运输、零担运输、集装箱运输和快件运输[①]。

---

① 铁路货运网上营业厅：http://hyfw.95306.cn/Hywsyyt/home。

（1）一批货物的重量、体积或形状需要以一辆以上货车运输的，其他需要冷藏、保温或加温运输、易于污染的，或按规定需办理整车运输的货物，都应按整车办理托运。

（2）一批货物的性质、重量、体积或形状运送条件不需要单独使用车厢，小批量零星货物或按规定能够办理零担运输的货物，可以办理零担运输。

棉花、化肥、盐、袋装粮食、袋装水泥、化工品、农副产品和其他批量成件货物按批量成件货物办理运输。

（3）集装箱运输是以铁路或者自备的集装箱为载体，按集装箱办理货物运输。

集装箱集散站是设立在车站外，具备库场和装卸、搬运设备的货运代理企业，可在集装箱集散站装箱和掏箱，进行拼箱和整箱运输。车站和集散站之间的关系是承运人和托运人的关系。

（4）快件运输有零散货物快运、批量散货快运、行包快运和高铁快运，如表 1 – 4 – 16 所示。

表 1 – 4 – 16　快件运输

项目	内容
零散货物快运	适用于重量不足 30 t 且体积不足 60 m^3 的所有品类货物，但有一些货物不能办理，比如危险货物或超长、超重、超限、集重货物等
批量散货快运	适用于重量在 30 t 或体积在 60 m^3 以上的成件包装货物，但有一些货物不能办理，比如国际联运货物
行包快运	每件的最大重量为 50 kg，体积以适于装入行李车为限，但最小不得小于 0.01 m^3 的货物，提供全国各城市间的次日达、三日达、四日达等不同时限等级的运输服务，部分地区提供门到门快运服务
高铁快运	高铁快运，覆盖 224 个城市的时效优、品质优、标准高的门到门小件快运服务，提供当日达、次晨达、次日达和隔日达的门到门高铁快运服务

（二）铁路运费的计算[①]

铁路运费是国家计划价格的组成部分，由国家主管部门定价、集中管理。

1. 铁路运费的计算

铁路运费的基本计算公式为：

$$铁路运费 = (发到基价 + 运行基价 \times 里程) \times 货物重量 + 杂费 + 其他费用$$

发到基价、运行基价与采用的是零担运输、整车运输还是集装箱运输等运输方式有关。

2. 铁路集装箱运费计算

铁路集装箱运费的计算有两种方法：

（1）常规计算法，由运费、杂费、装卸作业费和规定的其他费用组成。即

$$集装箱运费 = 运费 + 杂费 + 装卸作业费 + 其他费用$$

（2）为适应集装箱需要而制定的集装箱一口价计算方法。集装箱运输一口价是指铁路部门对集装箱货物自进发站货场至出到站货场，按铁路运输全过程各项费用的总和，一次计收集装箱运输费用的方式。集装箱国际铁路联运、集装箱危险品运输（可按普通货物运输的除外）等不适用一口价运输。

（三）铁路货运业务办理

登录铁路货运网上营业厅，了解业务办理流程，查询办理站、运价费率等，如图 1 – 4 – 24 所示。

[①] http://hyfw. 95306. cn/Hywsyyt/home。

图 1-4-24 铁路货运网上营业厅自助办理

 考一考

1. 铁路提供的货物运输类别有哪些？各自的特点和适用的场景是什么？
2. 铁路运输的成本由什么构成？
3. 铁路运输的作业流程是怎样的？

四、运输合理化

 想一想

如何评价运输企业的服务质量？

 学一学

（一）运输服务评价

国标 GB/T 20924—2007《道路货物运输服务质量评定》规定了道路货物运输服务的质量总要求、基本要求、运输服务设备设施、货物承运过程的服务质量、调度与运输过程的服务质量、装卸与交接过程的服务质量和货物运输服务整体质量评定的要求和规则。该标准适用于经营性运输企业、道路货物运输主管部门和其他相关单位。

某企业制定的运输服务考核项目如表 1-4-17 所示。各企业可根据自己的考核评价需要完善指标。

表 1-4-17 某企业制定的运输服务考核项目

考核项目	指标	备注
货物完好率		
货物差错率		
送货准时率		
送货正确率		
单证正确率		
无误交货率		
运输延误率		
运输成本		

搭建信用体系，赋能平台业务，助推信用交通建设

（二）运输合理化

1. 运输合理化的定义

所谓运输合理化（也叫合理化运输），就是在实现产品实体从生产地至消费地转移的过程中，充分、有效地运用各种运输工具的运输能力，以最少的人、财、物消耗，及时、迅速、按质、按量和安全地完成运输任务。

运输合理化的标志是运输距离最短、运输环节最少、运输时间最短和运输费用最省。

2. 运输合理化的措施

路歌卡友地带两司机获评2020"最美司机"

（1）通过运输方式的搭配，比如公路、铁路、干线运输与城配结合，发挥各自交通工具的优点，降低物流成本。

（2）通过流通加工、配送、集货、重轻货搭配，提高实载率。

（3）建设社会化、专业化的运输体系，避免迂回、倒流、空载、运力选择不当，达到规模化效益。

（4）通过直达运输可避免中途换装引起的速度转慢、货损、费用增加。

（5）提倡"四就直拨"，即"就厂直拨、就车站、码头直拨、就库直拨、就车、船过载直拨"，简称为"四就直拨"运输。其特点是货物直接从工厂、仓库、车站、码头和车、船上过载，越过仓库环节，直接把货物分拨给市内基层批发、零售店或用户，从而减少一道中间环节，可以降低货物损耗和节约运输费用。

货车压翻高架桥，相关人员被依法采取强制措施

只有安全的运输，才能保障社会生产、流通和消费的正常进行。我国自2020年1月1日起施行《危险货物道路运输安全管理办法》，通过建立托运、承运、装卸、车辆运行等危险货物道路运输全链条安全监管体系，加强交通运输、危险化学品等重点领域安全生产，预防危险货物道路运输事故。

 考一考

1. 如何建立运输服务商评价指标体系？
2. 如何激励和管理运输服务商？

做任务

一、任务指导书

在掌握运输服务选择与应用管理相关知识和技能的基础上，按照表1-4-18所示的运输服务选择与应用管理任务单的要求，完成任务。

表1-4-18 运输服务选择与应用管理任务单

任务名称	运输服务选择与应用管理	任务编号	1.4
任务说明	一、任务要求 　　在掌握运输服务选择与应用管理相关知识和技能的基础上，选择运输企业，完成货物的运输，并能够对运输企业的服务进行评价和管理。 二、任务实施所需的知识 　　重点：运输企业信息收集、运输流程、运输企业的选择和管理。 　　难点：制定运输服务选择与应用管理的评价指标体系。 三、小组成员分工 　　按照收集资讯、计划、决策、实施、检查、评价的过程，完成每一个任务步骤		

续表

任务名称	运输服务选择与应用管理	任务编号	1.4
任务内容	围绕拟选的电子商务企业，收集运输企业信息，选择运输服务，按要求协同完成商品的运输，并能对运输企业的服务进行评价和管理		
任务资源	德邦、天地华宇、中国物通网、物流配货网、阿里巴巴物流服务平台（https://56.1688.com/）、铁路货运网上营业厅（http://www.95306.cn）		
任务实施	一、明确运输服务需求 提示：合同运输对运输服务商的要求是运输工具的需求要和区域的运输基础设施相匹配，也要和货物、时效性要求相匹配 二、运输企业信息收集 提示：收集能够提供所需运输服务的物流企业，包括运输货代企业 三、选择运输企业 提示：制定运输服务选择标准，考虑运输企业的收费标准、服务能力 四、运输服务应用 提示：与运输企业合作，完成货物的交付和运输 五、评价和管理运输服务 提示：建立运输服务评价指标体系，对运输企业的运输服务进行评价和管理		

二、任务评价

小组提交 Word 文档的任务单，以 PPT 汇报。

自我、组内、组间、教师，主要从团队协作、任务单完成的数量和质量、任务的逻辑性、专业知识的掌握和应用、方法和能力的提升几个方面进行评价，如表 1-4-19 所示。

表 1-4-19 任务考核表

任务名称：_____ 专业_____ 班级_____ 第____小组
小组成员（学号、姓名）_____

成员分工	任务汇报			
任务评价	自我评价	组内评价	组间评价	教师评价
评价维度	评价内容		分值/分	得分/分
知识	运输的价值		5	
	运输分类		5	
	运输费用的计算		10	
	运输信息化		10	
能力	运输企业信息收集		5	
	运输企业服务能力收集		20	
	运输企业选择		15	
	运输服务应用		5	
	运输服务评价		5	
职业素养	团队协作		5	
	语言表达		5	
	工作态度		5	
	是否遵守课堂纪律、实训室规章制度		5	

巩固与拓展

一、知识巩固

1. 运输合理化的途径有哪些？

2. 请选择 3~5 个核心关键词，表达本任务的主要知识点。请以逻辑思维导图的形式，归纳整理本任务的知识体系。

3. 完成在线测试题。

二、拓展

1. 运输行业有哪些新的商业模式？举例说明信息技术在运输行业的应用。

2. 以逻辑思维导图的形式，归纳整理选择运输服务商的要素。

3. 梳理自己所掌握的知识体系，并与同学相互交流、研讨，以逻辑思维导图的形式，归纳整理对运输企业的运输服务进行评价和管理的基本步骤和方法。

自我分析与总结

自我分析	总结提高
学习中的难点和困惑点	完成本任务需要掌握的核心知识点和技能点
	完成本任务的典型过程

继续深入学习提高
需要继续深入学习的知识与技能内容清单

任务 5　跨境电商物流服务选择与应用管理

学习目标

一、知识目标
1. 掌握国际快递的特点和应用。
2. 了解跨境电商物流的基本流程。
3. 掌握国际海运、空运、陆运、集装箱运输、多式联运的特点和业务流程。
4. 掌握海外仓的特点与应用。

二、能力目标
1. 能够描述国际物流进出口流程。
2. 具备收集跨境电商物流服务商报价信息的能力。

三、重点难点
1. 跨境电商物流服务流程。
2. 跨境电商物流服务信息的收集。
3. 跨境电商物流服务商的选择和管理。

《中华人民共和国邮政法》中华人民共和国主席令

《快递市场管理办法》中华人民共和国交通运输部令

《快递服务》国家邮政局发布

工作任务

一、任务描述
从事跨境电商的企业，跨境电商物流主要有以下几种形式：
1. 单件发货，选择邮政、快递企业或专线跨境电商物流服务商。
2. 批量发货，通过传统国际物流，直接发给用户或者发货到海外仓，由当地配送到终端用户。

二、任务分析
要完成本任务，需要解决以下问题：
1. 有哪些跨境物流服务商？
2. 如何选择跨境物流服务商？
3. 如何应用和管理跨境物流服务商？

三、任务实施
跨境电商物流服务选择与应用管理任务实施框架如图 1-5-1 所示。

砥砺奋进——重大工程（港口）

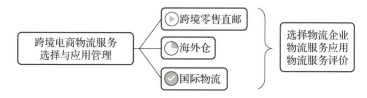

图 1-5-1　跨境电商物流服务选择与应用管理任务实施框架

做中学

小家电出口爆单！货品多到堆不下，海运费用暴涨

● 任务引入

1. 在速卖通平台开设网店的商家，现发往英国 0.3 kg 的服装包裹，选择邮政服务商，完成商品发货。

2. 服装产品 2 kg，无法使用小包服务，选择快递服务商，完成商品的交付。

3. 女士衬衫，实重 0.2 kg，尺寸 30 cm×25 cm×2 cm，数量 2 000 个，打包装箱后 3 m^3，发货到德国汉堡海外仓，选择海外仓和国际物流服务商，完成商品的跨境交付。

步骤一　跨境电商快递服务选择和应用

（一）速卖通跨境电商物流服务商选择

1. 速卖通跨境电商物流方案

物流整体介绍

速卖通平台提供了经济类、简易类、标准类、快速类和海外仓物流方案。①

（1）经济类物流，物流运费成本低，但目的国包裹妥投信息不可查询，适合运送货值低、重量轻的商品。经济类物流仅允许使用线上发货。

（2）简易类物流，提供邮政简易挂号服务，可查询包含妥投或买家签收在内的关键环节物流追踪信息。

（3）标准类物流，包含邮政挂号服务和专线类服务，全程物流追踪信息可查询。

（4）快速类物流，包含商业快递和邮政提供的快递服务，时效快，全程物流追踪信息可查询，适合运送高货值商品。

速卖通跨境电商物流环节

（5）海外仓物流，是已备货到海外仓的货物所使用的海外本地物流服务。

2. 速卖通跨境电商物流服务商选择

1）收集跨境电商物流服务商信息

通过速卖通平台和其他网络途径，收集跨境电商物流信息，如表 1-5-1 所示。

表 1-5-1　跨境电商物流信息

物流方案	物流服务等级	运送范围	重量限制	订单金额限制	是否接受带电	提供物流追踪	揽收范围	物流时效承诺	赔付上限	报价
中国邮政挂号小包	标准类	全球88个国家	≤2 kg	无	不接受	提供	全国	16~60天	300元	报价单

2）物流方案查询

无忧物流和线上发货运费报价

以 1.5 kg、货值 25 美元的服装为例，长、宽、高为 30 cm×15 cm×10 cm，是选择中国邮政挂号小包、e邮宝还是 EMS 物流，通过物流方案查询，如图 1-5-2 所示，分别计算时效和运费，以作出选择。

---

① https://sell.aliexpress.com/zh/__pc/shipping/online_logistics_list.htm。

图 1-5-2　物流方案查询

3）试算运费

【例题1-5-1】　发往英国 0.3 kg 的服装包裹，应用中国邮政挂号小包，假如中国邮政挂号小包的资费为 90.5 元/kg（中国发到英国的计费标准）、挂号费为 8 元/票，有两种 9 折的折扣优惠，分别是挂号费不打折、挂号"通达"，试计算运费。

运费为：

（1）挂号费不打折：

$$90.5 \times 0.3 \times 0.9 + 8 = 32.4 （元）$$

（2）挂号"通打"：

$$(90.5 \times 0.3 + 8) \times 0.9 = 31.6 （元）$$

（二）设置物流模板

设置速卖通物流模板，内容有物流运费模板命名、选择物流服务商、设置发货目的地、设置运费和发货时间。

（三）打单发货

1. 速卖通发货方式

速卖通发货方式有线上发货和线下发货两种方式。

2. 速卖通发货流程

速卖通线上发货有单个线上发货、批量线上发货等方式。以 e 邮宝为例，发货的基本流程如图 1-5-3 所示。

（1）选择"线上发货"，在线创建物流订单；

（2）选择"e 邮宝"，填写订单信息，包括标签信息、发货人信息、收货人信息、商品信息、揽收信息 5 项。

（3）在线创建物流订单成功，单击"查看物流订单"，获取国际运单号；

（4）打印运单标签及申报清单；

（5）选择"物流企业上门揽收"或"卖家自送至指定网点"。

（6）支付国际运费，卖家完成发货。

（四）查看物流状态

速卖通线上发货后，可以通过后台查看物流状态，可查看到待揽件、揽件成功、交航、妥投、到达待取或者退回等信息。

Aliexpress 发货页面教程

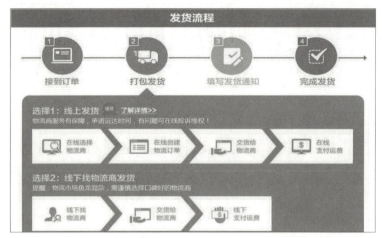

图 1-5-3 发货流程

步骤二 跨境电商仓储服务选择与应用

(一) 尖货海内仓

速卖通为金银牌卖家打造了一个尖货计划,其中包括速卖通尖货海内仓(以下简称尖货仓)。尖货海内仓目前重点投放的国家在俄罗斯、西班牙、法国、荷兰和英国。

金牌卖家可选取自家店铺的热销尖货参与活动,找相关行业的店小二进行申请,申请通过后,尖货项目组的小二会要求商家重新提供素材,进行商品信息的组织和编辑。申请成功的卖家,在店铺平台首页中有一个 "shopping in 24 hours"(24 小时)专栏,参与尖货海内仓的卖家可以享受顾客下单 24 小时内发货的高效服务。

尖货商品可以提前发往深圳、杭州这两个不同的尖货海内仓,卖家在收到消费者下单的 24 小时内就可以得到这两个仓库的快速发货。在付费打包运往仓库的过程中,速卖通平台会为参与活动的金银牌卖家提供无忧物流 8 折的运输折扣。

尖货海内仓能确保国内发送的货件实现欧洲四国 10 日到达、俄罗斯排名前 30 的城市 15 日达的愿望,而其他国家则会以标准的无忧标准进行配送。

尖货仓费用 = 仓储费 + 库内操作费 + 包材费 + 配送费

仓储费,从货品入尖货仓之日起开始计费,每日 24 时系统自动取数作为单日库存数量。库存周转天数≤30 天,免仓储服务费。费用 = 0.003 元/件/天。

库内操作费,费用包含商品查验、收货、上架、订单分拣、包装分箱、打印快递包裹单据、贴运单、出库扫描、信息录入系统、跟踪信息等操作费用。目前所有操作费为 2.3 元/单。

包材费,尖货仓提供 10 款共挤膜气泡袋包装作为物流包装进行发货,根据实际使用包装材料进行收费。

配送费,费用参考"无忧物流—标准配送",以无忧物流计费节点及计费规则为准。最终报价以网站公示为准。

(二) 海外仓

海外仓是指建立在海外的仓储服务设施,是仓配一体化模式在跨境物流中的应用。跨境电商企业按照一般贸易方式,将商品批量出口到境外仓库,电商平台完成销售后,再从海外仓将商品送达消费者。海外仓的业务流程如图1-5-4所示。

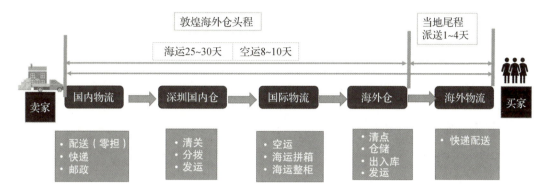

图1-5-4 海外仓的业务流程

企业应用海外仓,可以降低物流成本、提高物流服务水平、增加客户满意度、增加搜索权重、提高转化率,并且有助于品类的扩展等,但也会有带来库存增加的劣势。

菜鸟官方海外仓商家使用手册

1. 降低物流成本

提前将货放到海外仓,再从当地海外仓进行发货,物流成本相当于国内的快递一样低。先备货海外仓能大幅度降低物流费,体积与重量越大,所节省的物流管理成本就越大。

2. 提高物流服务水平

跨境卖家在海外仓提前备货,可以节省从中国到国外的时间,直接在当地国家发货,会缩短包裹邮寄时间,从而加快物流的时效性,提高物流服务水平。在外贸旺季、大促时比较适用。

3. 增加客户满意度

海外仓可以提供包括时效、货物退货、换货等延伸服务。这些售后服务,能够有效地增加客户满意度。

4. 增加搜索权重

速卖通平台对于使用海外仓的卖家给予流量、搜索权重,从而可以提高产品的曝光率,提升店铺的销量。

5. 提高转化率

如果速卖通平台或者店铺在海外有自己的仓库,那么当地的客户在选择购物时,一般会优先选择当地发货,因为这样对买家而言就可以大大缩短收货的时间,从而提高转化率。

6. 有助于品类的扩展

海外仓运输模式突破了快递模式对商品品类、重量和体积的限制,有助于卖家品类的扩展。

7. 劣势

运输到海外仓的货物如果不能及时销售,会造成仓储成本增高。运输到海外仓的货物如果滞销,很难运输回来,会造成损失。

菜鸟海外仓服务是速卖通及菜鸟网络联合海外优势仓储资源及本地配送资源,同时整合国际头程物流商和出口退税服务商共同推出的跨境电商物流服务。能够为速卖通卖家提供国内揽收、国内验货、出口清关退税、国际空海干线运输、进口清关、送仓、海外仓储管理、仓发、物流纠纷处理、售后赔付一站式的物流解决方案。

选择海外仓主要从海外仓服务区域、收费和服务质量方面考虑。

速卖通在北美、欧洲、俄罗斯、中亚、非洲等地的海外仓如表1-5-2所示。

表1-5-2 海外仓信息

序号	美国	加拿大	欧洲
1	新泽西仓	温哥华仓	西班牙仓
2	洛杉矶仓	多伦多仓	意大利仓
⋮	⋮	⋮	⋮

设置西班牙海外仓发欧洲15国运费模板

(三) 海外仓运费模板设置

略(手机扫码观看"设置西班牙海外仓发欧洲15国运费模板")。

(四) 备货规范

商家备货要注意货品的包装、标签的粘贴、货品的装箱、粘贴箱唛标签、封装。

(五) 发货到海外仓

货物打包好,联系物流公司,将货物通过空运或者是海运的方式运输到指定的速卖通海外仓。

步骤三 跨境电商国际运输服务选择和应用

中华人民共和国国际货物运输代理业管理规定

通过国际物流企业电子商务网站、国际物流信息服务平台等网络资源,收集国际海运、空运、铁运服务商以及货代企业信息,收集报价信息,掌握操作流程。

登录锦程物流网(http://www.jctrans.com/yj.htm)(以下简称锦程物流),收集集装箱运输、空运、海运、铁运、陆运服务商及其运价等信息。

(一) 国际海运

国际海运服务商一般只接受整箱货物的订舱,而不直接接受拼箱货的订舱,只有通过货运代理将拼箱货拼整后才能向船公司订舱。

一般的货运代理由于货源的局限性,只能集中向几家船公司订舱,很少能满足指定船公司的需求,因此在成交拼箱货时,尽量不要指定船公司,以免在办理托运时无法满足指定船公司的要求而无法出运货物。

国际海运服务商货运代理的一般步骤是询价、接单、跟踪货物进仓、订舱、与客户核对信息、客户提供货运资料、装柜前核对订舱单号、装柜、做好记录、报关、客户核对海运单及账单、开船后收款、目的港清关、货物派送。

集装箱参数

登录锦程国际物流网(http://www.jctrans.com/)(以下简称锦程国际),收集青岛到汉堡的海运拼箱服务商,如图1-5-5所示。海运集装箱主要有整箱、拼箱和件杂货三种形式,选择拼箱。

选择有"信誉通"标记的国际海运服务商,了解报价、船期等信息,如图1-5-6所示。

进一步了解企业的信息,主要是公司所在地、业务范围和收费标准,比如能否提供海洋运输、租船、订舱、口岸交接、报关、报验、仓储、转运等一站式一条龙服务。

与货代进行商务沟通、谈判,如果成功,签订合同,按照发货的需求,进行订舱、国内运输、拼箱装箱、报关、装船和发货的工作。

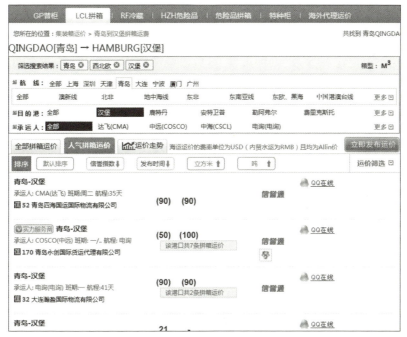

图 1-5-5　青岛到汉堡海运拼箱服务商

图 1-5-6　海运拼箱报价单

以海运班轮运输为例①，其作业流程为报检、报关、填写订舱委托书、完成出口货代操作、完成收款核销。

也可通过海运订舱网（http://www.sinotransbooking.com/sinotrans-main/）、中运物流（http://www.cosco.com/cn/）、青岛港电子商务网（https://www.qingdao-port.net/），查询国际海运服务商及其报价。

（二）国际空运

没有从青岛到汉堡的航班，选择从北京到汉堡，查询国际空运服务商，如图 1-5-7 所示。

---

① 《物流师（国际货运管理）国家题库技能实训指导手册》，人力资源和社会保障部职业技能鉴定中心编写，北京：科学出版社，2010。

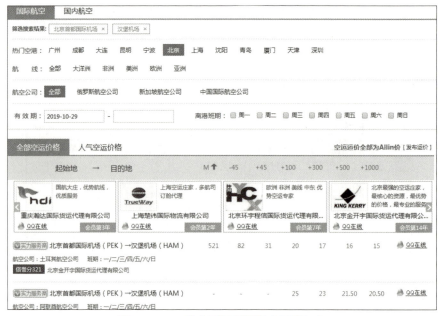

图 1-5-7 北京到汉堡国际空运服务商

选择有"信誉通"标记的国际空运服务商,了解联系方式并咨询报价,如图 1-5-8 所示。

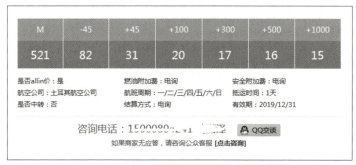

图 1-5-8 某国际空运服务商报价表

进一步了解企业信息,主要是公司所在地、业务范围、物流服务范围,了解在价格、安全和时效等方面的信息。

与货代进行商务沟通、谈判,如果成功,签订合同,按照发货的需求,进行订舱、国内运输、装箱、报关、装机和发货的工作。

也可通过中国国际空运订仓网(http://chinaair-booking.com/)查询报价。

(三) 国际铁运

国际铁运即国际铁路运输的简称。登录锦程国际物流网,收集从青岛到汉堡的国际铁路运输服务商。经查询,该网站没有经营青岛(整个山东省无)到汉堡的国际铁路运输服务商,如图 1-5-9 所示。

可以选择从北京到汉堡,查询国际铁路运输服务商,选择企业,了解价格、时间和费用,如图 1-5-10 所示。进一步洽谈,确定合作的具体内容。

也可以登录中国铁路货运网上营业厅(http://hyfw.95306.cn/),选择国际联运,选择业务类型"整车"、发货数量、到货信息等,提交查询结果,如图 1-5-11 所示。

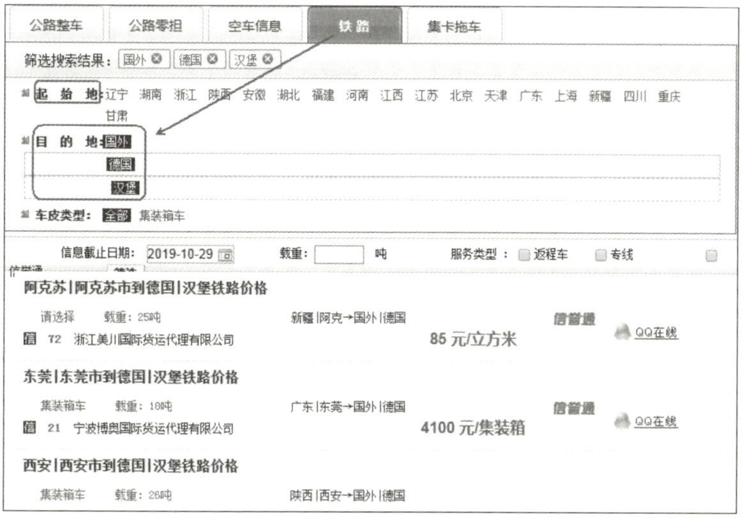

图 1 – 5 – 9　国际铁路运输信息

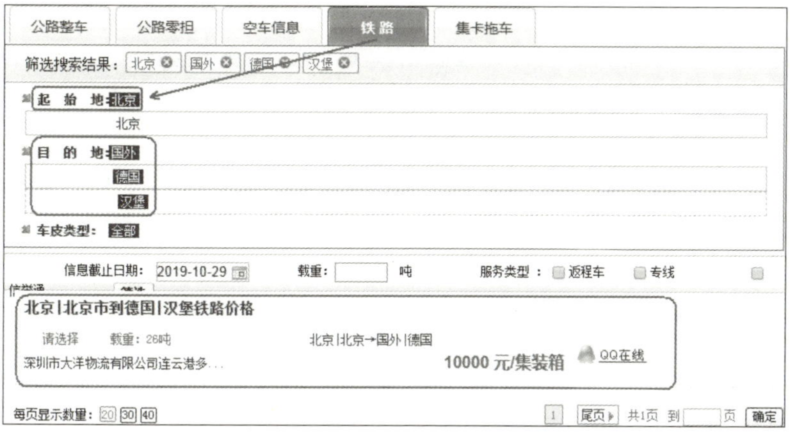

图 1 – 5 – 10　北京到汉堡的国际铁路运输服务商报价表

图 1 – 5 – 11　中国铁路货运网上营业厅国际联运官网

除了国内铁路运输外，中国铁路总公司针对中亚、中欧班列、国际联运零散（包括中欧零散、中亚零散）业务，还提供以下延伸运输服务：集装箱货物报关及口岸报关、转关、清关业务，单证制作，国内段、国外段或全程铁路站到站运输代理，国内、外门到站以及站到门的短途公路汽运配送服务，以及信息跟踪、集装箱租赁、铁路保价或保险、站内掏装箱、海关监管库货物堆存、提空箱、站内掏装箱、监装、代施封等服务。

（四）跨境进口

登录锦程跨境电商物流服务网（http://www.jc56.com/）查询海外购操作流程，如图 1－5－12 所示，以及国际快递、中国邮政小包、中国邮政大包、跨境小件物品运输的报价。

锦程物流依托遍及全球的海外代理网络及国内外多家航空快递公司的长期合作关系，当客户在经营进出口商品的电商平台下单后，锦程物流会根据订单从国外采购商处收货，以安全、快捷、低廉的运输方式将货物运输至国内。货物清关后，以快递方式发送至客户手中。为电商企业节省物流、清关、税费等相关成本，保证整个运输过程高效、省钱、便捷。

图 1－5－12　锦程物流跨境电商海外购操作流程

学中做

跨境电商物流，包含快递、海外仓、传统的国际物流。需要通关，是跨境电商物流与国内物流的最大不同点。跨境电商物流线长、涉及的相关方多，风险高、成本高、时间长，需要电商企业选择合适的物流服务商，保证货物的交付。

跨境电商物流服务选择与应用管理知识要点如图 1－5－13 所示。

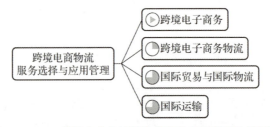

图 1－5－13　跨境电商物流服务选择与应用管理知识要点

一、跨境电商物流

中国跨境电商出口物流综合服务行业研究报告

想一想

你知道哪些运输方式和分类？

学一学

（一）跨境电商物流概述

广义的跨境电商，是指分属不同关境的交易主体，通过电子商务的手段，将传统进出口贸易中的展示、洽谈和交易环节电子化,并通过跨境物流送达商品,完成交易的一种国际商业活动。广义的跨境电商事实上是电子商务在进出口贸易中的应用,是传统国际贸易流程的电子化、数字化和网络化。广义的跨境电商涵盖了B2B、B2C、C2C三种类型。

狭义的跨境电商,是指跨境零售,是由分属不同关境的交易主体,借助计算机网络达成交易,进行支付结算,并采用快件、小包等方式,将商品送达消费者手中的交易过程。狭义的跨境电商涵盖了B2C、C2C两种类型。

跨境电商物流体系是包括外贸厂商、跨境电商平台、第三方物流(A国或B国本地物流等)、海外转运公司、供应链整合商、A国或B国政府监管部门、海外仓、消费者等角色在内的供应链体系,如图1-5-14所示。

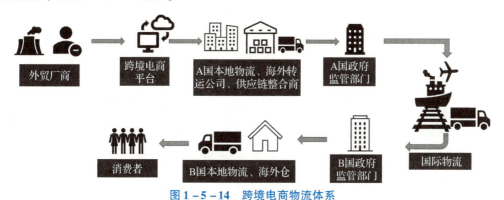

图 1-5-14 跨境电商物流体系

跨境电子商务出口较常用的物流模式主要有以下三种:

1. 直邮模式

直邮模式采用的是国际小包和快递方式,这是传统的最简单的直邮模式。国际邮政小包(中国邮政小包、香港地区邮政小包、新加坡邮政小包)、中包和大包,价格低廉,但是运输时间长。DHL、EMS 等国际快递,运输时间短,成本高。

2. 海外仓模式

这种模式是以海运或空运的形式先把货物运达海外仓,然后在接到客户订单后本地发货。优点是运费相对低廉,商品到达客户手上的运输时间也短,能有效解决低价与快速的物流矛盾;缺点是有滞销和退运带来的一系列问题。

3. 国际物流模式

货物达到一定的规模化后,适合采用传统的国际物流运输模式。其优点是运费低廉、无前期成本,缺点是有相对长的运输周期以及复杂的操作流程。

跨境电商在进口方面,主要有保税、直邮、集货三种模式,其中保税占据绝大部分。

(二) 速卖通跨境电商物流

速卖通跨境出口物流服务主要有邮政物流、专线物流、国际商业快递和无忧物流。其基本流程为卖家收到平台订单后将货品打包发出,包裹通过各种不同的渠道从发件国海关以海、陆、空运的形式到达收件国的海关,进口报关后,通过收件国当地派送渠道,交付买家,如图1-5-15所示。

在跨境电商物流各环节中要注意的重要作业或问题①如表1-5-3所示。

---

① 《跨境电商物流》,速卖通大学编著,北京:电子工业出版社,2016年。

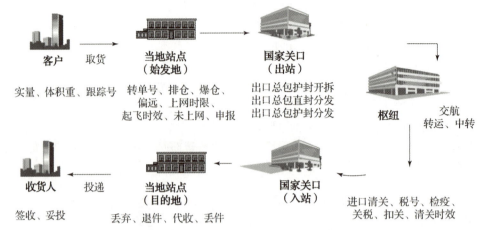

图1-5-15 速卖通跨境电商物流流程

表1-5-3 在跨境电商物流各环节中要注意的重要作业或问题

环节	重要作业或问题
发件国物流	实量、体积重、跟踪号、转单号、排仓、爆仓、偏远、上网时限、起飞时效、未上网、申报
发件国海关	出口总包护封开拆、出口总包直封分发、出口总包护封分发
空运、在途中	交航、转运、中转
收件国海关	进口清关、税号、检疫、关税、扣关、清关时效
收件国物流	丢弃、退件、代收、丢件
收件人	签收、妥投

1. 邮政物流

中国邮政物流网络覆盖全球200多个国家,比任何其他物流渠道网络覆盖的范围都要广泛,有通关和资费的优势。

中国邮政物流的产品,根据货物的性质、重量、时效、服务和费用分为中邮小包、中邮大包、其他邮政小包。中邮大包指重量在2 kg以上、30 kg以下(部分国家20 kg以下);尺寸单边<1.5 m以内,长度+最大横周合计<3 m的包裹;液体的、带电的不能发送。

不同邮政企业的产品,计费标准和特点有所不同。比如,瑞典小包规定:限重2 kg以下小件包裹,最低收费重量50 g,不足50 g,按50 g计算。体积限制:方形的,长+宽+高≤90 cm,单边长度≤60 cm;轴状的,直径×2+长度≤104 cm,单边长度≤90 cm。其优势是离岸时间短,包裹处理时间优于其他邮政小包;劣势是价格相对较高。

【例题1-5-2】 某企业发新西兰一件服装产品,选择中邮挂号小包,货代给的折扣率为9折,包裹重量为0.3 kg,长、宽、高为20 cm×20 cm×10 cm,请判断此包裹是否符合中邮挂号小包的体积和重量限制要求,如果符合,请计算包裹的运费。

解:

中邮挂号小包的体积和重量限制如下:

重量2 kg以内(阿富汗1 kg以内);体积:非圆筒货物,长+宽+高≤90 cm,单边长度≤

60 cm，长度≥14 cm，宽度≥9 cm；圆筒货物，直径的两倍＋长度≤104 cm，单边长度≤90 cm。

中邮挂号小包运费＝重量×单位价格×折扣率＋挂号费

中邮挂号小包的最低收费为50 g（首重50 g），如果低于50 g，按50 g计费。

该包裹的重量0.3 kg＜2 kg，符合重量要求；该包裹的长、宽、高为20 cm×20 cm×10 cm，长、宽、高之和＝50 cm＜90 cm，最长边20 cm＜60 cm，符合体积要求。因此，可以按中邮挂号小包发送。

根据运价表，查询去新西兰的运费为85元/kg、挂号费为8元。

中邮挂号小包运费＝重量×单位价格×折扣率＋挂号费＝0.3×85×0.9＋8＝30.95（元）

2. 专线物流

专线物流，又称货运专线、物流专线，指物流公司用自己的货车、专车或者航空资源，运送货物至其专线目的地。速卖通标准类物流中的专线物流的特点是尺寸与重量的要求与国际小包相同，时效上虽然不及快递，但比国际小包快。

最普遍的专线物流是美国专线（国际e邮宝）、西班牙专线（中外运—西邮标准小包、中外运—西邮经济小包）、澳洲专线、俄罗斯专线、中东专线、南美专线等。

国际e邮宝就是针对挂号小包的时效性所诞生的物流服务，收费标准基本同挂号小包。比如，泰嘉物流（https://www.takesend.com/）为解决跨境电商卖家的痛点，整合优质快递资源，打造了快递专线和中欧包税包裹专线。

泰嘉专线物流简介

【例题1-5-3】 国际e邮宝资费标准如表1-5-4所示，有一单发送到澳大利亚的服装包裹，重量为1.4 kg，体积为30 cm×20 cm×15 cm，无折扣，试算运费。

表1-5-4 国际e邮宝资费标准①

路向	资费标准	承运货物要求	尺寸和体积
澳大利亚	500 g及以内：25元/件＋0.08元/g 500 g以上：30元/件＋0.08元/g	普货：严禁一切带电物品；暂不接受申报价格超过1 000澳币的货物 特货：需符合IATA（国际航空运输协会）标准，需按要求提供证明	尺寸：长、宽、高合计不超过90 cm，最长一边不超过60 cm 体积＝长(cm)×宽(cm)×高(cm)/8 000(cm³)

解：

查询国际e邮宝的资费及相关规定，重量单件限重2 kg，本单货物特性、重量、尺寸符合要求。

1.4×1 000＝1 400（g）

运费＝单位运价×重量×折扣率＋挂号费＝0.08×1 400＋30＝142（元）

3. 国际商业快递

国际商业快递服务企业有Fedex IP（联邦快递优先型服务）、Fedex IE（联邦快递经济型服务）、UPS（美国联合包裹快递公司）、中国邮政（EMS）等。

国际商业快递接收包裹的范围是重量在70 kg以下，尺寸任何一边不超过120 cm，超过的，额外收费或拒收。计费方式为首重＋续重，计费单位为0.5 kg，21 kg以上为大件货，计费单位为1 kg，体积重量与实际重量中取较大者收取。

1) 首重与续重

特快专递货品的寄递以第一个0.5 kg为首重（或起重），每增加0.5 kg为一个续重。通常起

---

① 《跨境电商物流》，速卖通大学编著，北京：电子工业出版社，2016年。

重的费用相对续重费用较高。

2）计费重量

实际重量与体积重量取其大者，作为计费重量。

$$UPS、Fedex\ 体积重量(kg) = 长(cm) \times 宽(cm) \times 高(cm)/5\ 000(cm^3)$$

EMS 线上发货针对邮件长、宽、高三边中任一单边达到 60 cm（包含 60 cm）以上的，计费重量如下：

$$体积重量(kg) = 长(cm) \times 宽(cm) \times 高(cm)/6\ 000\ (cm^3)$$

长、宽、高测量值精确到 cm，cm 以下去零取整。

3）计费重量单位

特快专递行业一般以每 0.5 kg 为一个计费重量单位。

航空运输中计费重量最小单位是 0.5 kg，不足 0.5 kg 时，按 0.5 kg 计算，超过 0.5 kg 但不足 1 kg 时，按 1 kg 计算。如实际重量为 5.2 kg，计费重量为 5.5 kg；实际重量为 5.6 kg，计费重量为 6 kg。

4）包装费

一般情况下，快递公司是免费包装，提供纸箱、气泡等包装材料。很多物品如衣物，不用特别仔细地包装就可以，但一些贵重、易碎物品，快递公司要收取一定的包装费用。包装费用一般不计入折扣。

5）通用运费计算公式

（1）当需寄递物品实际重量大于体积重量时：

以 0.5 kg 为一个计费重量单位的运费计算方法为：

$$运费 = 首重运费 + (重量 \times 2 - 1) \times 续重运费$$

例如 7 kg 货品按首重 20 元、续重 9 元计算，则运费为：

$$20 + (7 \times 2 - 1) \times 9 = 137\ （元）$$

（2）当需寄递物品实际重量小而体积重量较大时：

运费需按体积重量标准收取，然后再按上列公式计算运费总额。求取体积重量公式如下：

规则物品：

$$长(cm) \times 宽(cm) \times 高(cm) \div 6\ 000(cm^3) = 体积重量(kg)$$

不规则物品：

$$最长(cm) \times 最宽(cm) \times 最高(cm) \div 6\ 000(cm^3) = 体积重量(kg)$$

（3）国际快件有时还会加上燃油附加费：

比如某时的燃油附加费为 9%，燃油附加费一般会同运费一起打折。

（4）总费用的计算：

$$总费用 = (运费 + 燃油附加费) \times 折扣 + 包装费用 + 其他不确定费用$$

【例题 1-5-4】 某公司想寄 21 kg 普通货包裹从上海到美国，选择某快递公司，快递资费报价为首重 0.5 kg，260 元，续重（0.5 kg）60 元，燃油附加费 13%，折扣为 7 折。试计算总费用多少？

解：

$$运费 = 260 + [(21 - 0.5)/0.5] \times 60 = 2\ 720\ （元）$$
$$总费用 = 2\ 720 \times (1 + 13\%) \times 70\% = 2\ 151.5\ （元）$$

如果快递公司对部分航线超过 21 kg 时，以一个特定的统一优惠价 60 元/kg 计费，则对应的总费用为：

$$总费用 = 21 \times 60 \times (1 + 13\%) = 1\ 423.8\ （元）$$

4. 无忧物流

全球速卖通无忧物流①是菜鸟网络和速卖通平台联合推出的官方物流，卖家只需把货发到国内仓库，速卖通平台就负责把货发到国外，并承担物流引发的售后及赔付。

全球速卖通无忧物流分为简易、标准和优先三个产品。

全球速卖通无忧物流的优点：全程可跟踪；渠道稳定，时效快；运费优惠，低于市场价；操作简单，出单后发货到国内仓库即可，部分城市可以免费上门揽收；平台承担售后服务；因物流原因导致的纠纷退款，由平台承担（标准赔付上限800元，有限赔付上限1 200元）。

（三）跨境物流服务商的选择与评价

选择物流服务商要综合考虑其覆盖的国家范围、有无寄送限制、时效性、清关能力、物流追踪、计费合理性、服务能力、有无退货费用和赔付等因素。

一般而言，商业快递，收货要求严格，某些地域有优势，提供商品追踪，快而贵，3~7天时效。专线物流针对特定目的地，提供商品追踪，性价比高，7~14天时效。邮政小包，（无）挂号追踪，慢而便宜，15~30~60天时效，部分能发带电、粉质物品，通关能力强，出关区域有差别，按g收费，限重2 kg，周长不超过90 cm，单边长不超过60 cm。

1. 跨境电商物流服务商类型众多、流程复杂，选择和管理难度大

跨境电商物流服务商的类型，既有国内段，也有国际段，既有运输型，也有仓配型和综合型。运输型物流服务商有邮政、快递企业、专线物流，仓配型物流服务商有国内仓和海外仓，国际物流的服务商有海运、空运、铁路运输、多式联运以及国际货代。

跨境电商物流牵扯环节多，物流服务商各个环节的操作是否规范、顺畅，直接影响到客户体验。比如国内集货的仓储分拨、头程通路、清关优势、直发能力、多层转包的管理协调，目的国的落地派送质量、尾程可控性，均能影响跨境电商物流服务的质量。

2. 跨境电商物流产品种类繁多，费用和时效差别较大

一个值得依靠和信赖的良好物流服务商，能够依靠其专业性，提供与跨境电商物流需求相适应的物流产品，以合理的价格、时效，在正确的时间、地点，保证商品数量、质量，为客户提供满足其需求的合理的服务。比如，低成本的轻货物适合用国际小包，成本低，但重量限制为2 kg；超重就要选择国际专线或快递，时效性和安全性更优；较为贵重的商品则需多依赖于国际快递，时效最快，并能提供良好的物流信息服务。

建立跨境电商物流服务商考评指标体系，如表1-5-5所示，有助于选择和管理跨境电商物流服务商。

表1-5-5 跨境电商物流服务商考评指标体系

指标	内容
服务区域	跨境电商物流服务商服务优势区域与企业客户分布是否吻合
运价	一是价格的高低，二是收费项目及计费方式是否透明、合理、稳定可控
时效性	一是能否在规定的时间内送到货，二是服务时效是否稳定，特别是节假日、促销活动期间。时效稳定，对体验有保障，防止订单在物流派送中就产生退款和差评
妥投率	在统计周期内，配送订单中客户签收数占总配送订单数的比例

---

① https://sell.aliexpress.com/zh/__pc/shipping/aliexpress_shipping.htm? spm=5261.8115697.2336.1.32b5489bOOMHrb

续表

指标	内容
投诉率	在统计周期内，配送订单中客户投诉数占总配送订单数的比例
破损率	在统计周期内，配送商品破损数占总配送商品数的比例
遗失率	在统计周期内，配送商品遗失数占总配送商品数的比例
信息反馈	物流公司能否及时地反馈订单的各项信息，有利于商家及时地处理各种情况
订单有效追踪率	在统计周期内，卖家能提供有效追踪码并能在网站查询到追踪信息的订单数占同时期所有自配送订单的比例
服务态度	物流服务是商家服务的延伸，物流现场服务态度会影响消费者的体验
索赔服务	物流的索赔服务是否流畅，影响着客户的体验
对接流程	方便灵活的接货和退货流程会让商品的发货、入库环节得到改善
系统支持	完善的系统可以方便商家和客户及时查询货物的配送
品牌度	物流服务商的品牌，体现了商家的物流服务水平
数据安全	物流服务商信息系统的安全、管理和维护，影响着商家物流数据的安全

1. 速卖通跨境电商物流流程是怎样的？
2. 速卖通提供的物流服务类型有哪些？
3. 计算下面国际快件的费用。

浙江 A 外贸公司的一位加拿大老客户再次购买该公司产品，订单金额为 300 美元，订单产品为 30 副太阳镜，A 外贸公司包装部门处理完后称重，包裹重量为 4 kg，业务经理为了考查实习生小王的业务知识，要求其就此订单分别计算不同物流方式所需的运费。

（1）EMS（5 折，加拿大物品类首重 280 元，续重 75 元）；
（2）中国邮政挂号小包（加拿大 5 区，系数按照 90.5 计算）；

二、国际贸易与国际物流

如何选择运输工具和运输企业？

国际贸易是国际物流产生的基础，国际物流是国际贸易实现的保证。

在进行国际贸易时，货物从一个国家到另一个国家要经过许多关卡，同时也要办理许多手续，在运输中又有许多环节，要支付不同的费用和承担各种风险。

国际物流是指跨越不同国家或地区之间的物流活动，是通过组织货物在国家间的合理流动，完成国际贸易中商品最终交付的物流活动。

国际物流流程如下：

组织货物,包括包装、贴标签和储存;运输到出口方、制单、交单、出口报关、报验、货物集港,交给海陆空承运人;经过国际段运输,到达进口方;办理进口报关、报验、交单、收汇、结汇,再由进口方提货,送达最终用户。如图1-5-16所示。

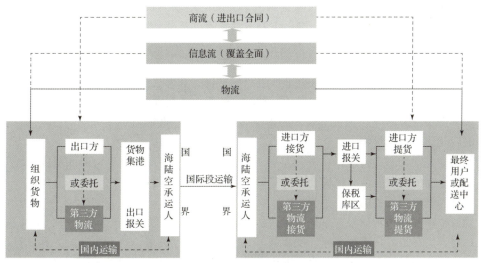

图1-5-16 国际物流流程

(一)国际货运代理

国际物流活动的整个流程很少有企业能够依靠自身力量单独办理和完成。

国际物流过程离不开贸易中间人,如国际货运代理、国际船务代理等,它们主要是接受企业的委托,代理与货物有关的各项业务。

《中华人民共和国国际货物运输代理业管理规定》指出,国际货物运输代理(简称国际货运代理或货代),是指接受进出口货物收货人、发货人的委托,以委托人的名义或者自己的名义,为委托人办理国际货物运输及相关业务,并收取报酬的行业。

(二)国际物流网络

国际物流是由多个节点和它们之间的连线所构成的国内、国际物流网络的集合,如图1-5-17所示。

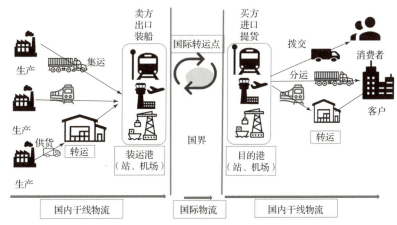

图1-5-17 国际物流网络

电子商务物流实务

节点是指进出口过程中所涉及的国内外各层仓储,有转运型、储存型、流通加工型、综合型。在节点内,能够开展包装、装卸、保管、分拣、配货、流通加工等工作。通过节点衔接不同运输工具、干线与干线,通过集装箱、托盘等集装处理,衔接门到门运输,使之成为一体。

连线是指连接上述国内外众多收发货物流节点间的运输,如各种国际海运航线、国际航空线、国际铁路运输线、大陆桥运输、国际主要输油管道以及海、陆、空联合运航线等。

(三) 保税仓库

保税制度是指经海关批准的境内企业所进口的货物,在海关监督下在境内指定的场所存储、加工、装配,并暂缓缴纳各种进口税费的一种海关监管业务制度。

我国《海关法》规定,保税货物,是指经海关批准未办理纳税手续进境,在境内存储、加工、装配后复运出境的货物。

保税仓库是指经海关批准,在海关监管下,专供存放为办理保税手续而入境或过境货物的场所。保税仓库的类型有公共保税仓库、专用保税仓库和海关监管仓库。

保税仓库进出口货物的通关手续如下:

入境时,填写进口货物报关单,加盖"保税仓库货物"印章,存入保税仓库,向海关申报;复运出口时,填写出口货物报关单,交验进口海关签印的报关单,向当地海关办理复运出口手续;若转入国内市场销售,向海关递交进口货物许可证、进口货物报关单和其他单证,在缴纳关税和进口环节税后,海关签印放行。

 考一考

1. 国际物流的节点和连线有哪些?
2. 保税仓库进出口货物的通关手续有哪些?

三、国际运输

 想一想

有哪些国际海运企业?

 学一学

(一) 国际海运货物运输

1. 国际海运的货物类型

依据货物的形态和包装,国际海运的货物有散货(干散货、液体散货、件杂货)、包装货(箱装、桶装、袋装、捆包货物、裸装、成组化)和集装箱货物(整箱货、拼箱货)。

依据货物的理化性质,国际海运的货物有普通货物、特殊货物。

2. 国际海运类别

海运班轮运输作业流程

依据行径水域,国际海运有远洋运输、沿海运输、内河运输,国际物流应用较多的是远洋运输。

依据船舶经营方式,国际海运有班轮运输、租船运输。

1) 班轮运输

班轮运输,即船舶按照固定航线、港口以及事先公布的船期表运行,并按事先公布的运价费率收取运费,有杂货班轮运输和集装箱班轮运输。

2）租船运输又称不定期船运输。租船人向船东租船，有整体租船和部分舱位租赁两种。有航次租船（单程、往返、多次）、定期租船、光船租船、航次期租（TCT）。租船运输费用的计算以双方订立的合同为准，包括确定运费率的计算标准、运费是预付或到付、应付运费时间的计算和装卸费用的划分等。

海运危险品的运输一般需租特种船运输。

3. 海运提单

海运提单是承运人收到货物后出具的货物收据，也是承运人所签署的运输契约的证明，同时也是所载货物的物权凭证。

1）货物收据

货物收据（提单）是承运人签发给托运人的收据，确认承运人已收到提单所列货物并已装船，或者承运人已接管了货物，已代装船。

2）运输契约证明

运输契约证明是托运人与承运人的运输契约凭证。

3）货权凭证

货权凭证（提单）是货物所有权的凭证。谁持有提单，谁就有权要求承运人交付货物，并且享有占有和处理货物的权利。

4. 集装箱运输

1）集装箱运输的定义

集装箱是指能装载包装货或无包装货进行运输，并便于用机械设备进行装卸搬运的一种组成工具。集装箱运输是指将货物装在集装箱内，以集装箱作为一个货物集合单元，进行装卸和运输（船、铁、公、航及联运）的运输体系。它是在托盘对件杂货进行成组运输的基础上，扩大成组单元，能够提高装卸效率、降低劳动强度，有助于运输单元标准化。

2）集装箱的分类

集装箱标准按使用范围分，有国际标准、国家标准、地区标准和公司标准四种。

我国现行国家标准《集装箱外部尺寸和额定重量》（GB 1413—2008）中规定了集装箱各种型号的外部尺寸、极限偏差及额定重量。

（1）按所装货物种类分，集装箱有干货集装箱、散货集装箱、液体货集装箱，以及一些特种专用集装箱，如汽车集装箱、牧畜集装箱、兽皮集装箱等。

（2）按用途分，集装箱有挂衣集装箱、开顶集装箱、框架集装箱、冷藏集装箱、保温集装箱等。

（3）按总重量分，集装箱有 30 t 集装箱、20 t 集装箱、10 t 集装箱、5 t 集装箱、2.5 t 集装箱等。

（4）按规格尺寸分，国际上通常使用的集装箱有 20 英尺①集装箱、40 英尺集装箱、40 英尺高集装箱。如图 1-5-18 所示。

3）集装箱计算单位

集装箱计算单位（简称 TEU），也称国际标准箱单位，通常用来表示船舶装载集装箱的能力，也是集装箱和港口吞吐量的重要统计、换算单位。为使集装箱箱数计算统一化，把 20 英尺集装箱作为一个计算单位，40 英尺集装箱作为两个计算单位，以利统一计算集装箱的营运量。

---

① 1 英尺 = 0.304 8 米。

20英尺集装箱（干货式）　　40英尺集装箱（干货式）

图1-5-18　集装箱

在统计集装箱数量时的自然箱或者实物箱，是指不进行换算的实物箱，即不论40英尺集装箱、30英尺集装箱还是10英尺集装箱，均作为一个集装箱统计。

目前，世界主要国际海运航线上的班轮运输，已基本发展为集装箱班轮运输。

4）集装箱货物装载

集装箱货物装载有两种形式：整箱货和拼箱货，如表1-5-6所示。拼箱货是多家不同客户的货物集中到一起，共用一个集装箱，与整箱货相比，拼箱货增加了物流成本，易产生物流服务问题，通关手续更复杂，花费的时间更长，但在国际物流运输中却很常用。

表1-5-6　整箱货与拼箱货的比较

不同	整箱货（FCL）	拼箱货（LCL）
货主数量	一个货主	多个货主
装箱人	货主	货运站、集拼经营人、无船承运人
制装箱单、加封人	货主	货运站、集拼经营人、无船承运人
货物交接责任	货主（箱子外表、关封注明）	需看货物的实际状况
流转程序	发货人—装箱港码头堆场—海上运输—卸货港码头堆场—收货人	收货人—发货地车站、码头货运站—装箱港码头堆场—海上运输—卸货港码头堆场—收货地车站、码头货运站—收货人

5）集装箱货物交接

国际集装箱多式联运（如图1-5-19所示）将传统的国际海运"港到港"运输发展成为"门到门"运输。因此，传统的"两点一线"运输方式已演变为"四环一链"运输方式。"四环一链"即"四个环节"构成"一个链条"，"四个环节"如下：

第一环：出口国内陆集疏点（内陆集装箱货运站）；

第二环：出口国集装箱码头；

第三环：进口国集装箱码头；

第四环：进口国内陆集疏点（内陆集装箱货运站）。

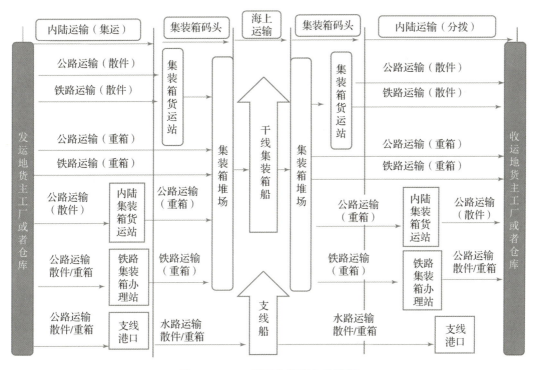

图 1-5-19 国际集装箱多式联运

陆上与海上通过集装箱的连接，使得不同运输工具间的货物快速、低成本地装卸，并能提供门（工厂）、场（堆场）和站（货运站）之间的服务，集装箱货物交接方式如图 1-5-20 所示。

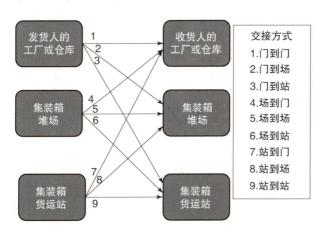

图 1-5-20 集装箱货物交接方式

6）海运集装箱的作业流程

海运集装箱的作业流程如图 1-5-21 所示。

7）集装箱班轮运费报价表

不同的班轮公司或不同的轮船公司有不同的运价表，但它们都是按照各种商品的不同积载系数、不同的性质和不同的价值结合不同的航线来确定的。如图 1-5-22 为中远集团第一号运价表。集装箱班轮运费报价有拼箱报价和整箱报价。

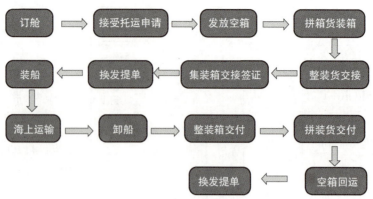

图 1－5－21　海运集装箱的作业流程

中远集团第一号运价表
COSCO GROUP TARIFF NO.1

中国一日本航线集装箱费率表　　美元
CHINA—JAPAN CONTAINER SERVICE　　IN USD

上海一神户、大阪、名古屋、横滨、四日市、门司
SHANGHAI—KOBE, OSAKA, NAGOYA, YOKOHAMA, YOKKAICHI, MOJI
宁波一神户、横滨　　温州一横滨
NINGBO—KOBE, YOKOHAMA　　WENGZHOU—YOKOHAMA

等级 CLASS	LCL W/M	CY/CY 20'	CY/CY 40'
1 - 7	55.00	770.00	1460.00
8 - 10	58.00	820.00	1560.00
11 - 15	61.00	870.00	1650300
16 - 20	64.00	920.00	1750.00
CHEMICALS, N.H.	61.00	870.00	1650.00
SEMI-HAZARDOUS	68.00	1200.00	2280.00
HAZARDOUS		1650.00	3100.00
REEFER		2530.00	4800.00

图 1－5－22　中远集团第一号运价表

（1）拼箱报价。

拼箱报价有按货物重量（W）计费、按货物尺码或体积（M）计费、按货物重量/尺码（W/M）高者计费、按货物从价（Advalorem）或从价费率（ad. val.）计费、按“W/M or ad. val.”高者计费或者按“W/M plus ad. val.”计费等多种形式，如表 1－5－7 所示。

班轮公司一般通过货代接受拼箱，货代分别向各个客户收取一定的费用。海运拼箱费用明细很多，一般有提货费、进仓费、买单通关（报关）费、海运费、拼箱费、文件费、目的港关税、清关费、派送费等，还有可能产生查货费。不同国家、不同目的港费用有所不同，这些费用可能在起运港收取，也可能在目的港收取，或者两地都收取。

（2）整箱报价。

整箱报价即整箱货按交接方式报价。图 1－5－22 中的“CY/CY”报价，就是指集装箱按“场—场”运输交接方式的整箱报价。

表 1−5−7　海运资费计费标准

计费标准	内容
W	按货物重量（Weight）计费，如以 1 公吨①（1 000 kg）、1 长吨（1 016 kg）或 1 短吨（907.2 kg）为一个计算单位，也称重量吨
M	按货物尺码或体积（Measurement）计费，如以 1 立方米（约合 35.314 7 立方英尺）或 40 立方英尺为一个计算单位，也称尺码吨或容积吨
W/M	按货物重量或尺码计算，选择其中收取运费较高者计算运费
Advalorem 或 ad. val.	按货物 FOB 价收取一定的百分比作为运费，称从价运费，原是拉丁文，英文（即 According to value）是按照价值的意思，主要适用于高价值货物
W/M or ad. val.	按货物重量或尺码或价值计算，选择其中一种收费较高者计算运费
W/M plus ad. val.	按货物重量或尺码选择其高者，再加上从价运费计算

注：W 即重量；M 即体积；Advalorem 即从价；ad. val 即从价费率；puls 即加或外加。

5. 海运运费的计算

海运运费由基本运费和附加费两部分组成，计算步骤如表 1−5−8 所示。

表 1−5−8　海运运费计算步骤

步骤	内容
1	选择相关的运价表
2	根据货物名称，在货物分级表中查到运费计算标准和等级
3	在等级费率表的基本费率部分，找到相应的航线、启运港、目的港，按等级查到基本运价
4	再从附加费部分查出所有应收（付）的附加费项目和数额（或百分比）及货币种类
5	根据基本运价和附加费算出实际运价
6	运费 = 基本运价 × 运费吨 + 附加费

基本运费是对任何一种托运货物所应收取的最基本的运费，是从基本运价和运费吨计算而得出的。基本费率有等级费率、货种费率、从价费率、特殊费率和均一费率之分。

附加费则是根据货物种类或不同的服务内容，视不同情况而加收的运费。附加费可以按每一计费吨加收，也可按基本运费的一定比例计收。主要有燃油附加费、货币贬值附加费、转船附加费、超重附加费、港口拥挤附加费等。

【例题 1−5−5】 某托运人通过中远集装箱公司承运一票货物（2 × 20 ft FCL），采用包箱费率，从黄埔港出口到勒哈佛尔（Le Havre）港。另有货币贬值附加费 10%，燃油附加费 5%。

另外，查中国—欧洲集装箱费率表可知，从黄埔港到勒哈佛尔港，须经香港地区转船，运费在直达基础上再加 USD150/20 ft，从黄埔港出口直达费率为 1 550 USD/20 ft。请计算运费。

解：
海运运费计算公式：
$$F = Fb + \sum S$$

---
① 1 公吨 = 1 吨 = 1 000 kg。

即

$$海运运费 = 基本运费 + 货币贬值附加费 + 燃油附加费$$
$$基本运费 = (1\ 550 + 150) \times 2 = 3\ 400\ (USD)$$
$$货币贬值附加费 = 3\ 400 \times 10\% = 340\ (USD)$$
$$燃油附加费 = 3\ 400 \times 5\% = 170\ (USD)$$

所以,海运运费为:

$$3\ 400 + 340 + 170 = 3\ 910\ (USD)$$

【例题1-5-6】 某公司出口商品到科威特1 000箱,每箱体积为0.4 m×0.3 m×0.2 m,毛重为30 kg。查船运公司班轮运价表,该商品运费计算标准为M/W,等级为10级,查中国至科威特为海湾航线,10级商品按每吨收费200港元,燃油附加费30%,另查得知该国要加收港口附加费20%。问该批商品运费多少?

解:
(1)确定运费计算标准W/M:

$$商品总体积 = 1\ 000 \times (0.4 \times 0.3 \times 0.2) = 24\ (m^3)$$
$$商品总重量 = 1\ 000 \times 30 = 30\ 000\ (kg) = 30\ (t)$$

因为24<30,即体积重量小于实际重量。

按题意M/W,即在重量或体积之间,按较高的一种收费计算,所以应按重量计算。

(2)计算运费:

$$运费 = 运费吨 \times 基本运价 \times (1 + 附加费率)$$
$$= 30 \times 200 \times (1 + 20\% + 30\%) = 9\ 000\ (港元)$$

【例题1-5-7】 某公司以CFR(成本加运费)向温哥华出口一批水果罐头,毛重8 t、尺码10 m³。请计算运费。

解:
正确地译出商品名称;从运价表中查货物分级表,为8级,计费标准为M;
再查中加航线的等级费率表,8级的基本运费为每运费吨为219 USD;
查附加费率表,燃油附加费为20%,港口拥挤附加费为10%;

$$运费 = 219 \times (1 + 20\% + 10\%) \times 10 = 2\ 847\ (USD)$$

【例题1-5-8】 某公司从青岛拟海运一批摇马到英国仓,每个包装箱重量3.3 kg,体积为53 cm×27 cm×12 cm,共有500个,费率表如表1-5-9所示。请计算每个摇马的运费。

表1-5-9 费率表

转运方式	立方区间	德国仓(CBM/T)	英国仓(CBM/T)	最低起运量	时效
海运散货(LCL)	0~5CBM/T	1 700/1 800	1 600/1 700	1CBM/T	35个工作日以上
	5.01~10 CBM/T	1 550/1 650	1 450/1 550		
	10 CBM/T以上	1 400/1 500	1 300/1 400		

注:CBM/T即计费吨,1 CBM=1 m³。

解:
重量吨:1 000 kg;尺码吨:1 m³;运费吨:1个重量吨或者1个尺码吨。

$$货物的尺码吨 = 500 \times 53 \times 27 \times 12 = 8.59\ (CBM) = 8.59\ (运费吨)$$

$$货物的重量吨 = 500 \times 3.3 = 1\,650\,(kg) = 1.65\,(运费吨)$$

因为尺码吨大于重量吨,所以按照尺码吨计费,根据运费表,对应的运价是 1 450 元/CBM,

$$运费 = 8.59 \times 1\,450 = 12\,456\,(元)$$

$$平均每个摇马的运费 = 12\,456/500 = 24.91\,(元)$$

6. 国际海运服务信息收集

1)海运订舱网

海运订舱网是中国外运打造的集业内资讯、运价交易、在线订舱、动态查询等功能为一体的海运电子商务平台。

2)中国国际海运网

中国国际海运网 2003 年上线,网站会员 30 万,手机端用户 20 万。从 2015 年开始,成功完成 B2B 业务向 BC2BC 模式转型,打造了以货运代理为主体,集跨境采购、物流运输、金融服务、生态商城于一体的国际供应链云平台。

3)锦程物流网

锦程物流网依托全球实体服务网络和在线物流服务平台,整合客户资源进行集中采购,为客户提供在线即时、低成本、全方位的一站式综合物流服务,包括海运、空运、铁路运输、公路运输、仓储以及特色服务等。

(二)国际航空货物运输

1. 航空运输类别

航空运输类别有班机运输、包机运输、集中托运、联运方式、航空快递。

1)班机运输

班机运输定期开航、定航线、定始发站、定目的港、定途经站,有利于发货人和收货人确切地掌握起运送达时间,有利于急需、新鲜食品的运输,一般客货混搭,仓位有限,如果有大批量的货物,需要分批运输。

2)包机运输

包机运输分为部分包机和整机包机。

部分包机,即几家航空货运公司联合包租或者航空公司把仓位分别卖给几家航空货运代理公司;整机包机,一般需要提前联系,以利于航空公司安排运载和向起降机场以及有关部门申请,办理入场或入境手续。

3)集中托运

集中托运适合办理普通货物,将发往统一方向的若干单独货物集中为一票货,填写一份总运单发往同一个站。

4)联运方式

即飞机、汽车、铁路联合运输的方式。通过陆路运输的货物数量较大,能降低费用。

5)航空快递

航空快递是指具有独立法人资格的快递公司,将货物从发件人所在地,通过自身或者代理的网络运达收件人所在地的一种快速运输方式。

不同于一般的航空邮寄和航空货运,这是目前国际航空运输最快捷的方式。

2. 航空运单

航空运单是托运人(或者代理人)和承运人(或者其代理人)之间缔结的货物运输合同契约,同时也是承运人运输货物的重要证明文件。

在航空货物集中托运的情况下,航空运单分为两大类:航空主运单、航空分运单。

航空主运单作为运输合同,合同当事人是航空公司和航空货运公司;航空分运单作为运输合同,合同当事人是集中托运人与托运人。

航空运单的签发、流转如图1-5-23所示。

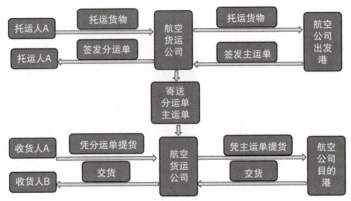

图1-5-23 航空运单的签发、流转

3. 航空运价表

国际航空集装箱货物运费的计算方法有两种:一种是常规运价计费法;另一种是新型运价计费法。

1) 常规运价计费法

即采用普通航空货物运费的计算方法,首先对两个城市机场间的航线制定出经营航班的运价,航空公司根据货物的重量或体积计算出应收的运费。这种运价需提交国际航空协会和有关政府,通过协议和政府批准后才生效。

按照常规运价计费法计算航空集装箱货物运费时要确定3个因素:货物计费数量、运价种类和货物的声明价值。航空货物运价手册(部分)如表1-5-10所示。

表1-5-10 航空货物运价手册(部分)

项目类别	运价	适用范围
普通货物运价	基础运价(代号N)	中国民用航空局统一规定各航段货物基础运价,基础运价为45 kg以下普通货物运价,金额以角为单位
	重量分界点运价(代号Q)	国内航空货物运输建立45 kg以上、100 kg以上、300 kg以上3级重量分界点及运价
等级货物	代号S	急件、生物制品、珍贵植物和植物制品、活体动物、骨灰、灵柩、鲜活易腐物品、贵重物品、枪械、弹药、押运货物等特种货物实行等级货物运价,按照基础运价的加减百分比计收
指定商品运价	指定商品运价(代号C)	对于一些批量大、季节性强、单位价值低的货物,航空公司可申请建立指定商品运价
最低运费	代号M	每票航空货物最低运费
集装货物运价	集装运价	以集装箱、集装板作为一个运输单元运输货物,可申请建立集装货物运价

2)新型运价计费法

这是为适应航空集装箱运输的快速发展而使用的一种运价计算方法,不区分货物的种类、等级,只要将货物装在集装箱或成组器中运输,就可以飞机货舱里的集装箱或成组器作为计价单位来计算运费。

对于大宗货、大件货物或时令货,航空公司可参考市场运价,与货主协商具体的运价。

4. 航空运费的计算与航空运单的填写

航空运费是指将一票货物自始发地机场运到目的地机场所应收取的航空运输费用。

$$航空运费 = 基本运费(由运价和计费重量计算得来) + 附加费(声明价值费、制单费、手续费)$$

航空运费的计算步骤如表1-5-11所示。

表1-5-11 航空运费的计算步骤

步骤	内容
1	先查询运价表,如有指定商品代号,考虑使用指定商品运价
2	查找品名表,找出对应的指定商品代号
3	如果货物计费重量超出规定的最低重量,优先使用指定商品运价
4	若没有达到最低重量,需要比较计算(M、N、Q、C),取其较低者 F_1 = 计算计费重量 × 相应重量等级的运价; F_2 = 计算较高重量等级的起始重量 × 相应的运价; 比较 F_1 和 F_2,实收运费为 $\text{Min}(F_1, F_2)$
5	最低运费,按重量计算的运费与最低费相比取其高者

1)航空运费的计算

【例题1-5-9】 某人从北京运至汉堡的杂志重为50 kg,经查,杂志属于附减等级货物,其公布的运价M为230元,N为37.31元,Q为28.13元,附减比例为Q运价的50%。试计算该杂志的运费。

解:

杂志重为50 kg,大于45 kg,故运价应选Q,费率为28.13元,又因杂志属附减等级货物,实际运价应为Q运价的50%,故运费为:

$$50 \times 28.13 \times 50\% = 703.25 \text{ (元)}$$

【例题1-5-10】 某货主从北京至大阪运输20箱鲜蘑菇,共360 kg,每箱包装长、宽、高分别为60 cm × 25 cm × 45 cm,运价表如表1-5-12所示。试计算运费。

解:

查航空公司指定货物品名表,鲜蘑菇可以使用编号为0008的指定商品运价。

计算该货物的体积重量:

$$(60 \times 25 \times 45 \times 20)/6\ 000 = 1\ 350\ 000/6\ 000 = 225 \text{ (kg)}$$

毛重(360 kg)大于体积重量(225 kg),则计费重量为360 kg。

因为计费重量大于指定货物运价0008类的最低重量(300 kg),所以该批货物的运费为:

$$360 \times 18.8 = 6\ 768 \text{ (元)}$$

表 1-5-12 运价表

	编号	最小重量/kg	运价/元
北京至大阪		M	230
		N	37.51
		Q45	28.13
	0008	300	18.8
	0300	500	20.61
	1093	100	18.43
	2195	500	18.8

【例题1-5-11】 承【例题1-5-10】，若某货主运输货物为10箱，毛重180 kg，试计算运费。

计费重量（180 kg）小于指定货物运价0008类的最低重量（300 kg）。

按最低重量，计算该批货物运费为：

$$300 \times 18.8 = 5\ 640（元）$$

按普通货物运价计算：

$$180 \times 28.13 = 5\ 063.4（元）$$

因按普通货物计费（5 063.4 元）小于按指定货物计费（5 640 元），所以该批货物的运费为5 063.4 元。

【例题1-5-12】 承【例题1-5-10】，货物为2箱，毛重36 kg，试计算运费。

按指定货物运价计算：

$$300 \times 18.8 = 5\ 640（元）$$

按普通货物运价计算：

$$36 \times 37.51 = 1\ 350.36（元）$$

按Q45计算：

$$45 \times 28.13 = 1\ 265.85（元）$$

三者取较低者，运费为1 265.85 元。

2）航空运单的填写

航空运单即航空货运单。

【例题1-5-13】 某公司发运商品信息如下：

路线：北京至大阪；

货物：鲜橙；

毛重：71.5 kg/箱，共6箱；

尺寸：113 cm×40 cm×24 cm。

计算航空运费并填制航空货运单的计费栏，运价表如表1-5-13所示。

表 1-5-13 运价表

Date/type	Note	Item	Min. Weight	Local Curr.
BEI JING	CN			BJS（北京机场）
Y-RENMINBI	CNY			KIX（大阪关西机场）

续表

Date/type	Note	Item	Min. Weight	Local Curr.
OSAKA（大阪）	JP（日本）		M	230
			N	37.61
			45	28.13
		0008	300	18.8
		0300	500	20.61
		1093	100	18.43
		2195	500	18.8

注：

第一栏，Date/type：公布运价的生效或者失效日期以及集装器运价代号，本栏目若无特殊标记，说明所公布的运价适用于运价手册有效期内销售的AWB（空运提单）。

第二栏，Note，相对应运价的注释，填制货运单号，应严格按照注释所限定的内容执行。

第三栏，Item，指定商品运价的品名编号。

第四栏，Min. Weight，使用相对应运价的最低重量限制。

第五栏，Local Curr.，用运输始发地货物表示的运价或最低运费。

解：

（1）计算航空运费。

计费重量：

$$71.5 \times 6 = 429（kg）$$

鲜橙对应货物运价为0008类，运价为18.8元；

运费为：

$$429 \times 18.8 = 8\ 065.2（元）$$

（2）航空货运单计费栏填写，如表1-5-14所示。

表1-5-14 航空货运单

No. of Pieces Rcp（号件）	Gross Weight（毛重）	Kg Lb（换算）	Rate Class（类型）		Chargeable Weight（计费重量）	Rate/Charge（运价）	Total（总价）	Nature and Quantity of Goods（Incl. dimensions or Volume）（发货品名和尺寸、数量）
			C	Q Commodity Item No.				
6	CN	K		0008	429	18.8	8 065.2	113 cm × 40 cm × 24 cm × 6 箱

5. 空运托运操作流程（以中国外运公司为例）[①]

1）办理托运

出口企业在备齐货物，收到开来的信用证，经审核（或经修改）无误后，就可办理托运，即按信用证和合同内有关装运条款，以及货物名称、件数、装运日期、目的地等填写托运单并提供有关单证，送交外运公司作为订航班的依据。

---

① http://www.airchinacargo.com/.

2）安排货舱

外运公司收到托运单及有关单据后，会同中国民航，根据配载原则、货物性质、货运数量、目的地等情况，结合航班安排舱位，然后由中国民航签发航空运单。

3）提货、装机

外运公司根据航班，代出口企业前往仓库提取货物送进机场，凭装货单据将货物送到指定舱位待运。

4）签发运单

货物装机完毕，由中国民航签发航空总运单，外运公司签发航空分运单，航空分运单有正本3份、副本12份。正本3份：第一份交给发货人，第二份由外运公司留存，第三份随货同行交给收货人。副本12份作为报关、财务结算、国外代理、中转分拨等用途。

5）发出装运通知

货物装机后，即可向买方发出装运通知，以便对方准备付款、赎单、办理收货。

（三）国际铁路货物运输

中国铁路总公司开设了中亚班列、中欧班列和国际联运零散业务（包括中欧零散、中亚零散），业务类型有集装箱和整车两种方式。

国际铁路货物联运是指在跨国及两个以上国家铁路的货物运送中，由所参加国家的铁路公司共同使用一份运输票据，并以连带责任办理的全程铁路运送。

我国铁路可以与以下国家之间办理国际联运：

蒙古、越南、朝鲜、俄罗斯、哈萨克斯坦、乌兹别克斯坦、吉尔吉斯斯坦、塔吉克斯坦、土库曼斯坦、白俄罗斯、乌克兰、波兰、德国、法国、比利时、西班牙、捷克、斯洛伐克、拉脱维亚、爱沙尼亚、摩尔多瓦、罗马尼亚、保加利亚、格鲁吉亚、亚美尼亚、匈牙利、阿塞拜疆、阿尔巴尼亚、阿富汗、伊朗、土耳其。由于铁轨的轨距不同，我国到俄罗斯、朝鲜等需要货物换装。

1. 中欧班列

中欧班列是由中国铁路总公司组织，按照固定车次、线路、班期和全程运行时刻开行，运行于中国与欧洲以及"一带一路"沿线国家间的集装箱铁路国际联运列车。

目前中欧班列铺划有西、中、东3条通道。西部通道由我国中西部经阿拉山口（霍尔果斯）出境，中部通道由我国华北地区经二连浩特出境，东部通道由我国东南部沿海地区经满洲里（绥芬河）出境。

中欧班列主要线路班列开行情况如下：

1）中欧班列（重庆—杜伊斯堡）

从重庆团结村站始发，由阿拉山口出境，途经哈萨克、俄罗斯、白俄罗斯、波兰至德国杜伊斯堡站，全程约11 000公里，运行时间约15天。

2）中欧班列（成都—罗兹）

从成都城厢站始发，由阿拉山口出境，途经哈萨克斯坦、俄罗斯、白俄罗斯，至波兰罗兹站，全程9 965公里，运行时间约14天。

3）中欧班列（郑州—汉堡）

从郑州圃田站始发，由二连浩特口岸出境，途经哈萨克斯坦、俄罗斯、白俄罗斯、波兰至德国汉堡站，全程10 245公里，运行时间约15天。

4）中欧班列（苏州—华沙）

从苏州始发，由满洲里出境，途经俄罗斯、白俄罗斯至波兰华沙站，全程11 200公里，运行时间约 15 天。

5）中欧班列（武汉—帕尔杜比采）

从武汉吴家山站始发，由阿拉山口出境，途经哈萨克斯坦、俄罗斯、白俄罗斯、波兰至捷克站，全程 10 700 公里左右，运行时间约 15 天。

6）中欧班列（义乌—马德里）

自义乌铁路西站始发，由阿拉山口出境，途经哈萨克斯坦、俄罗斯、白俄罗斯、波兰、德国、法国至西班牙马德里站，全程 13 052 公里，运行时间约 21 天，是目前中国史上行程最长、途经城市和国家最多、境外铁路换轨次数最多的班列。

7）中欧班列（长沙—汉堡）

从长沙霞凝始发，由满洲里出境，途经俄罗斯、白俄罗斯、波兰至德国汉堡站，全程 12 521 公里，运行时间约 16 天。

8）中欧班列（广州—卡卢加）

从广州大朗始发，由满洲里出境，至俄罗斯卡卢加州沃尔西诺站，全程 11 398 公里，运行时间约 12 天。

9）中欧班列（合肥—汉堡）

从合肥北站始发，由阿拉山口出境，途经哈萨克斯坦、俄罗斯、白俄罗斯、波兰至德国汉堡，全程 10 647 公里，运行时间约 15 天。

2. 中亚班列

中亚班列是指自中国或经中国发往中亚五国以及西亚、南亚等国家的快速集装箱直达班列，列车编组不少于 50 车。

目前中亚班列口岸有 5 个，分别是连接中亚、西亚的阿拉山口、霍尔果斯口岸，连接蒙古的二连浩特口岸，以及连接南亚的山腰、凭祥口岸。中亚班列货物主要分为两类：一类是中国的进出口货物（返向亦然）；一类是经日本、韩国、东南亚等国过境中国的过境货物（返向亦然）。

中亚班列主要线路班列开行情况如下：

1）中亚班列（连云港—塔什干）

从连云港港口站始发，由霍尔果斯出境，途经哈萨克斯坦，至乌兹别克斯坦塔什干站，全程约 5 500 公里，运行时间约 7 天。

2）中亚班列（西安—阿拉木图）

从西安新筑站始发，由阿拉山口出境，至哈萨克斯坦阿拉木图站，全程 4 000 公里，运行时间约 8 天。

3. 国际联运办理流程

中国铁路集团按照"六统一"，即统一品牌标志、统一运输组织、统一全程价格、统一服务标准、统一经营团队、统一协调平台，为客户提供良好的信息查询、信息定制及推送、投诉建议受理、国际联运单证预审、制单和打单等相关服务。办理流程如图 1-5-24 所示。

四、国际多式联运

联运，是指联运经营者受托运人、收货人或旅客的委托，为委托人实现两种（含两种）以上运输方式或两程（含两程）以上运输的衔接，以及提供相关运输物流辅助服务的活动。

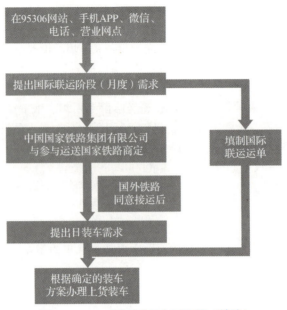

图 1-5-24　国际联运办理流程（铁路）

随着国际贸易和运输技术的发展，传统的海、陆、空等互不连贯的单一运输方式已不能适应形势的发展，在国际集装箱运输发展和集装箱国际标准化的基础上，出现了新型的运输方式，即国际多式联运。

国际多式联运（Multimodal Transport 或 Intermodal Transport），简单来说，就是多种运输方式组合而成的复合运输，是区别于单一运输方式的一种运输组织形式。

多式联运有海铁联运、陆空联运、铁卡联运、海铁卡联运（远东/欧洲）、内河与海洋联运、国际铁路联运（"一带一路"）和大陆桥运输，一般以集装箱多式联运的形式实现。

多式联运环节众多、流程复杂，既有国际多式联运，也有国内多式联运；既有多个承运人协同完成的，也有独立承运人单独完成的。但对于托运人而言，多式联运的优势是只有一份多式联运合同和多式联运单据，由一个多式联运经营人对全程负责，按全程单一运费率、以包干形式一次收取。

中远集团（以下简称中远）的多式联运如图 1-5-25 所示。

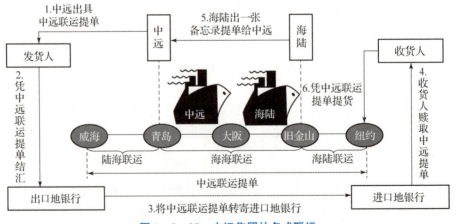

图 1-5-25　中远集团的多式联运

在上述运输方式下，中远因签发全程联运提单对全程负责，即使货损货差发生在其他运输区段，受损人也只能向中远提出索赔，中远在赔付后向责任方追偿。

考一考

1. 不同的运输组织方式，货物的运输流程有何不同？各有何优缺点？
2. 如何建立国际运输服务评价指标体系？

做任务

一、任务指导书

在掌握跨境电商物流服务选择与应用管理相关知识的基础上，按照表 1-5-15 所示的跨境电商物流服务选择与应用管理任务单的要求，完成任务。

表 1-5-15　跨境电商物流服务选择与应用管理任务单

任务名称	跨境电商物流服务选择与应用管理	任务编号	1.5
任务说明	一、任务要求 　　在掌握跨境电商物流和国际物流相关知识和技能的基础上，选择跨境电商物流企业，完成跨境货物交付，并能够对物流企业的服务进行评价和管理。 二、任务实施所需的知识 　　重点：跨境电商物流流程、企业主体、跨境电商物流企业的选择和管理。 　　难点：制定跨境电商物流企业选择和管理的评价指标体系。 三、小组成员分工 　　按照收集资讯、计划、决策、实施、检查、评价的过程，完成每一个任务步骤			
任务内容	围绕拟选的电子商务企业，收集跨境电商物流企业信息，选择跨境电商物流服务，协同完成商品的交付，并能对提供物流服务的企业进行评价和管理			
任务资源	速卖通物流平台、EMS、UPS、TNT、锦程物流网（http://www.jc56.com/）、海运订舱网（http://www.sinotransbooking.com/）、铁路货运网上营业厅（http://www.95306.cn）			
任务实施	一、跨境电商物流服务需求 提示：国际快递、海外仓、海运、空运、铁路运输、集装箱运输的应用范围和适用场景 二、跨境电商物流服务商信息收集 提示：收集跨境电商物流服务商信息，包括国际货代 三、跨境电商物流服务商选择 提示：针对不同的跨境电商物流服务类型，制定选择标准 			

续表

任务名称	跨境电商物流服务选择与应用管理	任务编号	1.5
任务实施	四、跨境电商物流服务应用 提示：与跨境电商物流企业合作，建设物流模板，完成货物的交付和运输 五、评估和管理跨境电商物流企业 提示：建立跨境电商物流服务评价指标体系，对物流企业进行评价和管理		

二、任务评价

小组提交 Word 文档的任务单，以 PPT 汇报。

自我、组内、组间、教师，主要从团队协作、任务单完成的数量和质量、任务的逻辑性、专业知识的掌握和应用、方法和能力的提升几个方面进行评价，如表 1-5-16 所示。

表 1-5-16 任务考核表

任务名称：_____ 专业_____ 班级_____ 第____小组
小组成员（学号、姓名）：_____

成员分工	任务汇报			
任务评价	自我评价	组内评价	组间评价	教师评价
评价维度	评价内容		分值/分	得分/分
知识	国际贸易与国际物流		5	
	跨境电商物流		5	
	国际物流作业流程		10	
	跨境电商成本核算		10	
能力	能够选择跨境电商物流方式		5	
	能够收集跨境电商物流服务商信息		20	
	能够计算跨境电商物流成本		15	
	能够选择跨境电商		5	
	能够建设物流模板、进行发货操作		5	
职业素养	团队协作		5	
	语言表达		5	
	工作态度		5	
	是否遵守课堂纪律、实训室规章制度		5	

巩固与拓展

一、知识巩固

1. 跨境电子商务需要哪些物流服务？

_____

_____

_____

2. 请选择 3~5 个核心关键词，表达本任务的主要知识点。请以逻辑思维导图的形式，归纳整理本任务的知识体系。

_____

_____

_____

_____

3. 完成在线测试题。

_____

_____

_____

在线测试题

二、拓展

1. 请举例说明，跨境电商物流有哪些新的服务模式？

_____

_____

_____

2. 以逻辑思维导图的形式，归纳整理选择跨境电商物流企业的要素。

_____

_____

_____

_____

3. 梳理自己所掌握的知识体系，并与同学相互交流、研讨，以逻辑思维导图的形式，归纳整理跨境电商物流服务选择、评价和管理的基本步骤和方法。

_____

_____

_____

4. 跨境电商企业如何在客户需求、客户服务水平和企业物流成本间,通过选择跨境电商物流服务模式和服务商,取得平衡?

自我分析与总结

自我分析
学习中的难点和困惑点

总结提高
完成本任务需要掌握的核心知识点和技能点

完成本任务的典型过程

继续深入学习提高
需要继续深入学习的知识与技能内容清单

任务6 电子商务商品采购与管理

学习目标

一、知识目标
1. 理解采购、采购管理的功能和特点。
2. 了解采购的方式、类型和特点。
3. 掌握采购计划的编制、采购作业的流程。
4. 掌握供应商选择与管理、采购绩效评估的方法。

二、能力目标
1. 能够制定采购计划。
2. 能够发布采购信息、搜集供应商信息。
3. 能够选择与管理采购供应商。

三、重点难点
1. 采购供应商的选择与管理。
2. 采购绩效评估。

工作任务

一、任务描述
编制采购计划,发布采购信息,选择供应商,签订采购合同,监控采购过程,保质保量地完成采购,保证销售的正常进行,并对采购绩效进行管理,以进一步优化采购。

二、任务分析
要完成本任务,需要解决以下问题:
1. 采购的业务流程如何编制?怎样编制采购计划?采购方式有哪些?
2. 发布采购信息的途径有哪些?如何选择供应商?
3. 如何评估采购绩效?

三、任务实施
电子商务商品采购与管理任务实施框架如图1-6-1所示。

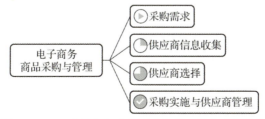

图1-6-1 电子商务商品采购与管理任务实施框架

做中学

新阳电子商务公司销售女装产品,近几周的商品销售、库存情况如表1-6-1所示。已知企业安全库存50件,采购批量是600件,采购到货周期2周。试用一次移动平均法(n取值为3)

和加权滑动预测法（取 $n=3$，$a_3=0.5$，$a_2=0.3$，$a_1=0.2$）预测第 7 周的销量是多少？并预测第几周采购？一次采购多少？如何采购才能够满足销售需求？

表 1-6-1　商品销售、库存情况　　　　　　　　　　　　　　　　　　　　件

周	1	2	3	4	5	6	7	8	9
商品销售数量	200	250	180	195	220	230			
一次移动平均法							?		
加权滑动预测法				0.2	0.3	0.5	?		
商品库存（期末）	1 100	850	670	480	260	30			
采购数量									

步骤一　确定采购需求

采用一次移动平均法、加权滑动预测法预测第 7 周的销量，并制定需要采购的商品量。

（一）用一次移动平均法计算第 7 周的销量

如果组间距为 3，则第 7 周的销量为：
$$(195+220+230)/3=215\text{（件）}$$

（二）用加权滑动预测法计算第 7 周的销量

假如前一个月的权重为 0.5，前两个月的权重为 0.3，前三个月的权重为 0.2，则第 7 周的销量为：
$$195\times0.2+220\times0.3+230\times0.5=220\text{（件）}$$

（三）计算第 6 周期末库存

第 6 周期末库存为：
$$260-230=30\text{（件）}$$

小于安全库存，第 6 周需要采购到货。

第 7 周销量为 215 件或者 220 件，第 5 周采购到货 600 件，能够满足第 7 周的销量需求。

由于采购到货周期为 2 周，因此第 3 周发出采购申请，采购数量 600 件，能够满足安全库存和第 7 周的销量需求，如表 1-6-2 所示。

表 1-6-2　商品销售、库存情况　　　　　　　　　　　　　　　　　　　　件

周	1	2	3	4	5	6	7	8	9
商品销售数量	200	250	180	190	220	230			
一次移动平均法							215		
加权滑动预测法							220		
商品库存（期末）	1 100	850	670	480	260	630			
采购到货					600				
发出采购			600						

步骤二　收集供应商信息

在阿里巴巴采购平台收集供应商信息。
可以通过以下方式在阿里巴巴平台收集有采购意向的买家：
（1）打开阿里巴巴中文站首页（http://1688.com/），提交关键词，收集供应商信息。
（2）通过采购平台发布采购信息。
询价单即买家发布的求购信息。买家可以将自己的求购需求发布成询价单，卖家可以通过该询价单来给买家报价，从而进一步达成交易。
供应商想寻找长期的合作厂商且采购金额较大时，可以采用发送招标单的形式。

步骤三　选择供应商

在阿里巴巴买家工作台（1688买家工作台），查看已收到的招标、招募、竞价报价单。单击每条询价项目后面的"查看报价"，来了解每个报价的详细信息并选择供应商，如图1-6-2所示。

图1-6-2　供应商询价

步骤四　实施网上采购

通过阿里巴巴买家工作台，可以直接从询价单中向卖家发起订单的一系列交易过程，如图1-6-3所示。

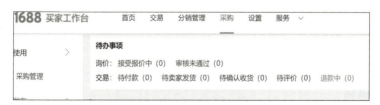

图1-6-3　在网上采购

步骤五　供应商管理

在阿里巴巴买家工作台，提供对供应商进行分类管理和打标签的功能，如图1-6-4所示。

图 1-6-4　供应商管理

学中做

采购的过程包括采购服务商信息的收集、选择、管理和商品的采购。采购的商品成本、商品供应的稳定性、商品的质量和供需双方的合作,是电商企业开展运营的基础。电子商务商品采购与管理知识要点如图 1-6-5 所示。

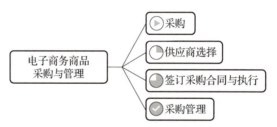

图 1-6-5　电子商务商品采购与管理知识要点

一、采购

结合自身的购物经历,谈一谈企业采购的一般流程。

(一) 采购概述

1. 采购的含义

采购的产生是社会分工的结果,是通过商品交换和物流手段从资源市场获得产品或服务。随着商品经济的发展,社会分工越细,采购越多。

采购包含着两个基本意思:

一是采,即采集、采摘,是从众多的对象中选择若干个之意。

二是购,即购买,是通过商品交易手段把所选定的对象从对方手中转移到自己手中之意。采购具有杠杆效应,既是企业利润的来源,也是企业利润的坟墓。

某企业的当前销售额是100万元,采购成本是60万元,工资费用是10万元,管理费用是25万元,利润是5万元,如表1-6-3所示。现在,利润的目标要达到10万元,如果只变化其中的一项,分析其实现的难易程度。

表1-6-3 企业采购的杠杆效应 万元

项目	当前值	销售额 +17%	价格 +5%	工资等 -50%	管理费 -20%	采购 -8%
销售额	100	117	105	100	100	100
采购成本	60	70	60	60	60	55
工资费用	10	12	10	5	10	10
管理费用	25	25	25	25	20	25
利润	5	10	10	10	10	10

2. 采购作业与管理

采购作业与管理如图1-6-6所示,即确定需求,分析市场,编制采购计划,选择供应商,谈判,发出合同或订单,交货、验货,支付货款,评价采购绩效,持续优化、改进,进行监控评估,保证企业的正常经营。

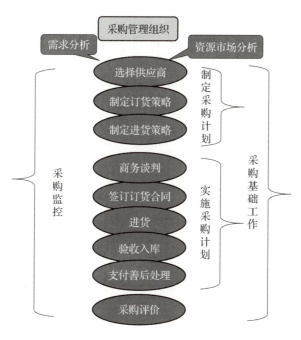

图1-6-6 采购作业与管理

(二)采购计划

根据客户的订单和库存,产生采购需求。

1. 确定需求

生产企业一般根据使用部门(比如生产部门的生产计划)和仓库的补货申请,去定需求,制定采购计划。

商贸企业根据品类(爆款、引流款、利润款、促销款)定位,结合市场需求,考虑到受影响的因素,比如节庆、季节、店庆等,根据库存状况、在途商品、订货批量、交货时间等,预估需要采购的商品、数量和时间。

2. 编制采购计划

采购计划是指企业采购管理人员在了解采购需求(生产需求、市场供求)的基础上,对采购活动做的预见性的安排。包括物料采购需求的描述、采购前置期、采购供需调查、采购计划(量)、资金需求计划、采购工作计划(年、季度、月、周、日)等。

制定采购计划,要明确采购商品、采购时间、采购数量、负责人、采购策略与采购方式、供应商(已有或者新的)、价格、资金来源、商品质量、采购过程与控制等。

编制的采购计划要按照公司流程报相关部门审核通过后,方可实施。

(三)采购方式

按照不同的分类方式,有不同的采购方式,各种采购方式适合不同的采购场景,采购的作业流程也有所差异。企业需要结合不同的采购对象、自身的资源和应用场景,进行合理的选择和应用,以降低采购成本、提高采购绩效。

(1)以企业参与的程度分类,有直接采购、委托采购与调拨采购。

(2)以采购性质分类,有战略采购与日常采购、公开采购与秘密采购、大量采购与零星采购、特殊采购与普通采购、正常性采购与投机性采购、计划采购与市场采购。

(3)以采购时间分类,有长期固定性采购与非固定性采购、计划采购与紧急采购、预购与现购。

(4)以采购订约方式分类,有订约采购、口头采购、电话采购、书信采购以及试探性订单采购。

(5)以采购价格决定方式分类,有招标采购、询价采购、比价采购、议价采购、定价收购以及公开市场采购。

(6)以采购权力配置分类,有集中采购、分散采购、联合采购。

(7)现代采购是指在保证企业正常运营的前提下,运用科学的手段,提高采购的效率和效益。主要方式有定量采购、定期采购、MRP(物资需求计划)采购、JIT(准时制)采购、供应链采购和电子商务采购。

定量采购或者定期采购,是指按固定的经济批量或者固定的时间,分段采购,提高资金的利用率、周转率。

MRP采购,是根据产品的关联度、数量关系和库存,决定何时采购何种数量的产品。

JIT采购,即准时制采购,是以需求驱动采购,减少不确定性带来的安全库存需求。

供应链采购,强调供应链上的企业协调合作、流程的整合,共同完成进销存。

电子商务采购,应用信息技术,提高采购的效率和效益。

1. 电子招标采购

电子招标采购（简称招标采购），是指招标人发出公告或通知，邀请投标人前来投标，最后由招标人对投标人的标书进行评比，确定合适的投标人中标，签订合同的过程。

招标采购主要适用于需求量大且标准化的产品，或者高技术产品。

招标的方式主要有三种：公开招标、邀请招标、议价招标，三种方法各有特点，适合不同的应用场景，如表1-6-4所示。

表1-6-4 三种招标方式的特点

方式	特点
公开招标	面广、量大，适合三公原则，能充分竞争；程序复杂，时间相对较长
邀请招标	有限竞争性，缩小范围、速战速决，节省招标费用，限制了充分竞争
议价招标	先通过限制性招标，再经过谈判确定中标者。节省时间、费用，可提高竞争性

1）电子招投标

《电子招投标办法》中指出，电子招标是指利用现代计算机技术，以电子文档的形式，通过可移动电子存储介质或互联网传递招标及投标文件等数据信息，并实现开评标全过程信息化的一种招投标管理体系。

电子招投标管理体系主要由电子招标投标交易平台、电子招标投标公共服务平台和电子招标投标行政监督平台组成。为招投标监督机构、社会公众、评标委员会、监督部门、招标人、招标代理机构、投标人等提供服务。

2）电子招投标交易平台的基本业务流程

电子招投标交易平台的基本业务流程如表1-6-5所示。

表1-6-5 电子招投标交易平台的基本业务流程

序号	基本流程	内容
1	招标	招标人或者招标代理人在线发布招标公告和招标书；招标机构或招标方在线答疑投标人的疑问
2	投标	投标人可浏览或进入招投标系统；在线购买标书，离线支付或在线支付；投标人在线咨询、在线投标
3	评标和定标	从专家库抽取专家，进行在线评标；专家利用电子评标系统打分，评标的方法有最低标价法、综合评标法、打分法等。第三方以公正的方式在线开标、公示中标企业，发中标通知，准备签约
4	签约	签订电子合同或者纸质合同

根据招投标在线的环节，招投标模式分为在线简单开标模式、离线评标模式、全过程在线模式。

3）电子招投标交易平台

电子招投标交易平台如必联网（http://www.ebnew.com/），为采购商、供应商和招投标机构提供招标、投标、答疑、公示和专家库等服务。

2. 询价采购

无须招投标采购或者采购现成的并非特定的货品或服务,可以应用询价采购。此时,对几个供应商的报价进行比较,以确保价格具有竞争性。询价采购主要适用于需求量大、质量稳定、定期供应的大宗物资采购。询价采购的优缺点如表1-6-6所示。

询价采购的基本流程是搜集供应商信息、确定询价供应商名单、供应商提供报价、确定供应商。

表1-6-6 询价采购的优缺点

优点	缺点
节省采购费用	价格偏高
节省采购时间	缺乏公开性,信息不对称
减少失误,增加弹性	容易形成不公平竞争
可与供应商发展互惠关系	易滋生弊端

3. 比价采购

网络竞价拍卖是一种应用较为广泛的比价采购方式。

拍卖是以公开竞价的方式,将特定的物品或财产权转让给应价者的买卖方式。按照拍卖竞价方式,分为英式拍卖、荷兰式拍卖、逆向拍卖、封标拍卖、双向拍卖等形式,下面主要介绍前三种:

1)英式拍卖

英式拍卖也称为公开拍卖或者增价拍卖,是拍卖品价格发现的过程。

2)荷兰式拍卖

荷兰式拍卖是一种公开的减价拍卖,多适用于易腐易烂的物品的拍卖,如鲜花、新鲜食物等。

3)逆向拍卖

逆向拍卖是指由买者(采购商)列出想要购买的商品,而由卖者(供应商)对买价进行报价投标。买方(采购商)根据报价,结合该供应商的供应实力给予综合考评,从而选出一名或几名最具竞争力的供应商作为自己的合作伙伴。把逆向拍卖过程放到网上执行,可以充分发挥互联网的优势,节约采购成本,如图1-6-7所示。

4. 电子商务采购

电子商务采购是指利用信息通信技术,以网络为平台,无缝连接、全天候运作,进行采购作业与管理的采购方式。

通过电子商务交易平台发布采购信息或主动在网上寻找供应商、产品;然后通过网上洽谈、比价、网上竞价,实现网上订货,甚至网上支付;通过网下的物流过程进行货物的配送,完成整个交易过程;对采购过程和供应商进行评估,有利于再次采购和供应商管理。

电子商务采购的管理重点在于协调各方的采购计划、供应计划、生产计划之间的关系,提高柔性和响应市场的能力,提高精准性,提高同步协调的能力,能够减少例外情况的发生,也能减少库存。

电子商务采购系统主要有卖方、买方和第三方市场采购系统,三种系统相应地形成了三种模式,其优缺点如表1-6-7所示。

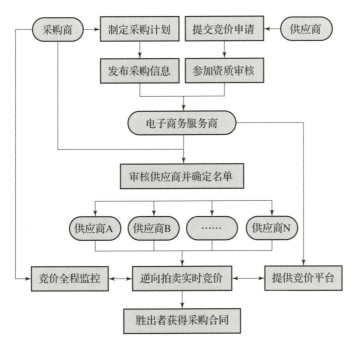

图1-6-7　电子商务逆向拍卖实时竞价

表1-6-7　三种采购模式的优缺点

采购模式	形式	实例	优点	缺点
买方模式	ERP中的采购模块； 独立的电子采购系统； 基于Intra/Internet的系统； 买方电子市场	中国石化物资采购电子商务网站	降低采购价格； 强化过程控制； 提高产品质量； 提高交易效率； 对开支和产品进行控制和跟踪、快速地反应	卖方可能会因竞争过于激烈而不愿参加； 买方需要大量的维护成本
卖方模式	电子目录系统； 卖方电子市场	宝钢在线	汇聚买方信息； 提高供应方的议价能力； 强化卖方地位	买方可能会因竞争过于激烈而不愿参加； 买方难以跟踪和控制采购开支
第三方市场模式	行业内部采购平台； 第三方采购平台； 中立型电子市场； 网上拍卖； 网上投标； 联盟采购	中国化工网1688	降低采购价格； 降低搜寻成本； 促进充分交易； 节约买卖双方的平台投资； 提高服务质量； 扩大规模	无法真正改进供应链系统； 不易对采购开支进行控制和跟踪； 行业特性各不相同； 市场流动性不足

1）买方模式

买方模式是指采购方在互联网上发布所需采购产品的信息，供应商在采购方的网站上登录自己的产品信息,以供采购方评估,并通过采购网站双方进行进一步的信息沟通,完成采购业务的全过程。买方模式中采购方承担了建立、维护和更新产品目录的工作,如图1-6-8所示。

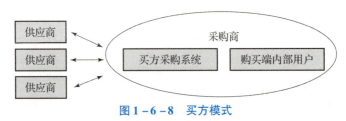

图1-6-8 买方模式

买方模式适合大型企业的直接物料采购。企业的网站是前台,后台有企业内部采购管理系统和内部信息管理系统。

比如,中国石化物资采购电子商务网站①既是物资采购交易网,也是物资采购信息网,同时还是中国石化集团内部物资采购管理网。该系统于2000年8月15日正式投入运行,目前网上采购物资涉及钢材、设备、配件、煤炭、化工、贵金属、三剂等56个大类8万余品种,中国石化集团各油田、炼化和建设单位以及2 500多家供应厂商在网上进行采购交易。网上注册用户已达5 700个。

2)卖方模式

卖方模式是指供应商在互联网上发布其产品的在线目录,采购方则通过浏览来取得所需的商品信息,并下单、付款和交付,完成采购,如图1-6-9所示。

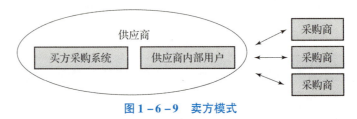

图1-6-9 卖方模式

卖方模式,供应商要投入大量的人力、物力和财力用以建立、维护和更新产品目录,为采购商提供更为完善的服务。比如,宝钢在线②是宝钢开设销售钢材的网站,购买宝钢钢材的客户可以通过这个平台进行采购,也可以进行咨询和融资等增值服务。

3)第三方市场模式(中介模式)

第三方市场模式是指供应商和采购方通过第三方设立的网站进行采购业务的过程。

在这个模式里,无论是供应商还是采购方,都需要在第三方网站上发布自己提供或需要的产品信息,第三方网站则负责产品信息的归纳和整理,以便于用户使用。

第三方市场模式有采购联盟、市场模式,如图1-6-10所示。

图1-6-10 第三方市场模式

---

① http://ec.sinopec.com/s。
② https://www.ibaosteel.com/。

采购联盟是为降低采购成本与采购风险，多家企业共同采购相同（或相似）产品的采购方式。加入联盟的企业提高了议价能力，从而降低成本，提高效益。

市场模式又分为垂直门户和水平门户。垂直门户（行业网站）是经营专门产品的市场，如钢材、化工、能源等，它通常由一个或多个本领域内的领导型企业发起或支持，如钢铁在线、中国化工网。水平门户（综合网站）集中了种类繁多的产品，如1688。

 考一考

1. 采购对企业有哪些影响？
2. 编制采购计划的流程怎样？
3. 采购方式和采购系统有哪些优缺点？

二、采购实施

 想一想

谈一谈，如何选择符合企业需求的供应商？

 学一学

（一）供应商选择

1. 供应商分析

收集供应商信息，既可以通过企业官网、中介平台，主动收集信息，也可以通过企业自有官网或者招投标的形式发布需求。

收集到供应商信息后，要分析、确定供应商在本公司采购中的地位，针对供应商的地位（如图1-6-11所示），制定相应的采购策略和选择采购方式。

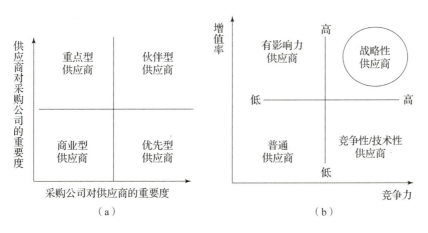

图1-6-11 供应商的地位

2. 新供应商开发

新供应商开发的基本步骤是调查供应商资料、实地查看、初步评估、正式评估、初期谈判、签订采购合同、试用、评审，加入合格供应商。

评审供应商的核心指标有质量、成本、交货时间，扩展指标有技术、服务、创新和企业的责任（对职工的保护和环境的保护）。

成本法和打分法是常用的选择供应商的方法。

1）成本法

根据供应商的成本高低，选择供应商。

【例题1-6-1】 某电子商务企业计划需要采购某种服装商品200件，甲、乙两个供应商供应的物资质量均符合企业的要求，信誉也比较好。离企业比较近的甲供应商的报价为320元/件，运费为5元/箱，10件一箱，订购费用（采购中的固定费用）为200元；离企业比较远的乙供应商报价为310元/件，运费为10元/箱，10件一箱，订购费用为500元。试采用成本法做比较，选出合适的供应商。

解：

$$甲供应商的成本 = 200 \times 320 + 200/10 \times 5 + 200 = 64\ 300（元）$$
$$乙供应商的成本 = 200 \times 310 + 200/10 \times 10 + 500 = 62\ 700（元）$$

应该选择乙供应商。

【例题1-6-2】 某采购经理要为企业购买2台设备，现有四家供应商可以提供货源，但价格不同。供应商甲、乙、丙、丁提供的设备价格分别为130万元、110万元、140万元、160万元，它们每年所消耗的运营维护费分别为10万元、20万元、6万元和5万元。假设这些设备的生命周期均为5年。计算设备生命周期总成本，说明采购经理选择哪家供应商供货比较合适。

解：

$$甲供应商提供的设备生命周期总成本 = 130 \times 2 + 10 \times 5 = 310（万元）$$
$$乙供应商提供的设备生命周期总成本 = 110 \times 2 + 20 \times 5 = 320（万元）$$
$$丙供应商提供的设备生命周期总成本 = 140 \times 2 + 6 \times 5 = 310（万元）$$
$$丁供应商提供的设备生命周期总成本 = 160 \times 2 + 5 \times 5 = 345（万元）$$

从设备生命周期总成本比较来看，采购经理选择甲供应商供货比较合适。

2）打分法

打分法就是制定一系列评价指标，根据评价指标，如表1-6-8所示，对供应商进行评分、选择。

表1-6-8 供应商评价指标

序号	项目	极差 0	差 1	较好 2	良好 3	优秀 4
1	产品质量					
2	技术服务能力					
3	交货速度					
4	能否对客户的需求作出反应					
5	供应商的信誉					
6	产品的价格					
7	延期付款的期限					
8	销售人员的才能和品质					

序号	项目	极差 0	差 1	较好 2	良好 3	优秀 4
9	人际关系					
10	企业规模					
11	生产技术					
12	开发技术					

【例题1-6-3】 某企业应用打分法，选择供应商，各企业得分如表1-6-9所示。请分别计算各个企业的综合得分，并排序。

表1-6-9 供应商得分

供应商	甲	乙	丙	丁	评比权重分配	备注
商务分	80	90	85	80	40	
技术分	90	80	80	85	40	
资信分	80	85	70	75	20	
综合得分						

解：

$$甲供应商得分 = 80 \times 40\% + 90 \times 40\% + 80 \times 20\% = 84(分)$$
$$乙供应商得分 = 90 \times 40\% + 80 \times 40\% + 85 \times 20\% = 85(分)$$
$$丙供应商得分 = 85 \times 40\% + 80 \times 40\% + 70 \times 20\% = 80(分)$$
$$丁供应商得分 = 80 \times 40\% + 85 \times 40\% + 75 \times 20\% = 81(分)$$

按得分从高到低排序为乙、甲、丁、丙。

3. 原有供应商选择

根据供应商对合同执行的情况，根据考核指标，如表1-6-10所示，定性与定量相结合，评价供应商的绩效，对供应商进行考核、选择和管理。落后的供应商，要淘汰。有希望改进的，加强合作。对于合适的供应商，采取适当的激励措施，包括加强合作。控制供应商的流动比率和供应商的数量，垄断的，尽量不用。加强与独家供应商的合作。

表1-6-10 供应商考核指标体系

指标体系	内容
产品质量	
合格率	合格品/抽检数量
退货率	退货次数/进货次数
工作质量与信用	
交货差错率	交货差错量/期内交货总量

续表

指标体系	内容
工作质量与信用	
交货破损率	期内交货破损量/期内交货总量
准时交货率	准时交货次数/总交货次数
交货量	期内实际交货量/期内应交货量
信用度	信用度＝期内违约次数/期内交易次数
价格与成本	
平均价格比率	(供应商的供货价格－市场平均价格)/市场平均价格
最低价格比率	(供应商的供货价格－市场最低价格)/市场最低价格
进货费用水平	进货节约率＝(本期进货费用－上期进货费用)/上期进货费用
服务与支持	
	对质量投诉的反馈、沟通、合作态度、共同提高、售后服务、参与开发、其他支持

【例题1-6-4】 某企业建立了供应商考核指标体系，如表1-6-11所示。

表1-6-11 供应商考核指标体系

考核指标体系	内容	权重
供货质量	合格率＝验收合格数量/收到商品数量	30
价格	最低价格比率＝市场最低价格/供应商价格	30
合同完成率	期内完成合同次数/期内总合同次数	20
准时交货率	准时交货次数/总交货次数	20

供应商原始数据如表1-6-12所示。

表1-6-12 供应商原始数据

供应商	按合同应供应次数/次	完成合同次数/次	准时交货次数/次	收到商品数量/件	验收合格数量/件	单价/元
甲	5	3	3	4 500	4 100	85
乙	4	3	3	3 800	3 650	80
丙	4	3	3	3 000	2 900	75
丁	3	3	2	2 500	2 450	82

试对供应商进行评价，根据评价结果，对供应商进行激励管理。

解：

（1）供货质量。

甲：$4\ 100 \div 4\ 500 \times 30 = 27.33$

乙：$3\ 650 \div 3\ 800 \times 30 = 28.82$

丙：2 900÷3 000×30=29

丁：2 450÷2 500×30=29.4

（2）价格（最低价/供应价格）。

甲：75÷85×30=26.47

乙：75÷80×30=28.13

丙：75÷75×30=30

丁：75÷82×30=27.44

（3）合同完成率。

甲：3÷5×20=12

乙：3÷4×20=15

丙：3÷4×20=15

丁：3÷3×20=20

（4）准时交货。

甲：3÷3×20=20

乙：3÷3×20=20

丙：3÷3×20=20

丁：2÷3×20=13.33

（5）供应商综合评价。

总得分=质量+价格+合同完成率+准时交货

供应商考核得分如表1-6-13所示。

表1-6-13 供应商考核得分

公司	产品质量	价格	合同完成率	准时交货	总得分
甲	27.33	26.47	12	20	85.8
乙	28.82	28.13	15	20	91.95
丙	29	30	15	20	94
丁	29.4	27.44	20	13.33	90.17

（6）供应商管理。

乙为A（主要）供应商；丙为B（辅助）供应商；丁为C（备选）供应商。

（二）签订采购合同与执行

通过采购谈判，签订采购合同，并以采购合同为准，进行采购监控和质量管理。

采购合同，是买受人通过市场购买自己所需的物资，出卖人将物资的所有权转移给买受人，买受人支付价款的合同。

1. 合同的主要内容

（1）当事人的姓名和住所，供需双方的全名、法人代表、通信联系方式（电话、传真、电报、通信地址）；

（2）采购合同的标的，采购货品的名称、规格、型号、数量、计量方法、质量和价格等；

（3）交付方式、交货时间和交货地点；

（4）质量要求、技术规格；

(5) 验收方法以及不合格品的处理；
(6) 退货（退货条件、退货时间、退货地点、退货方式、退货数量、费用分摊等）；
(7) 价格及价格折扣优惠（新商品价格折扣、单次订货数量折扣、累计进货数量折扣、不退货折扣、提前付款折扣等）；
(8) 付款条件（付款期限、付款方式等）；
(9) 售后服务保证（保换、保退、保修、安装等）；
(10) 违约的责任以及仲裁的方法，如和解、调解、仲裁、诉讼等。

2. 采购合同的订立形式

采购合同的订立形式有口头合同形式、书面合同形式、其他合同形式。

(1) 口头合同形式，是指合同双方当事人只通过语言进行意思表示，而不是用书面形式表达合同内容而订立合同的形式。优点是简便、迅速，缔约成本低。缺点是发生纠纷时，当事人举证很难，不易分清责任。

(2) 书面合同形式，是指合同书、信件和数据电文等可以有形表现所载内容的形式。法律规定采用书面形式的合同，必须采用书面形式。优点是有据可查，权利义务记载清楚，便于履行，发生纠纷时容易举证和分清责任。书面合同是物资采购合同实践中采用最多的一种合同形式。

(3) 其他合同形式，是指除了口头合同与书面合同以外的其他形式的合同，主要包括默示形式和推定形式。

 考一考

1. 如何选择和管理采购供应商？
2. 同一个产品的供应商，是多好还是少好？

三、采购管理

 想一想

谈一谈，作为一个管理者，如何管理采购部门？

 学一学

（一）采购绩效评价

通过采购计划达成率、采购及时率、采购质量合格率和采购成本的降低数、商品周转率等，评价采购绩效，如表1-6-14所示。

表1-6-14 采购绩效评价指标

KPI 指标	指标定义	考核周期
采购计划达成率	实际采购金额（数量）/计划采购金额（数量）	月/季/年
采购及时率	实际到货数量（时间）/计划到货数量（时间）	月/季/年
采购质量合格率	采购合格商品的次数（数量）/采购合格商品的总次数（数量）	月/季/年
采购成本的降低数	计划采购成本－实际采购成本	月/季/年
商品周转率	年销售额/（期初库存－期末库存）	月/季/年

（二）防止采购腐败

防止暗箱操作的几种措施，有"三分一统""三统一分""三公开两必须""五到位一到底""全过程全方位"的监督制度。

防止暗箱操作腐败的几种措施

1. "三分一统"

"三分"是指三个分开，即市场采购权、价格控制权、质量验收权做到三权分离，各自负责，互不越位。"一统"，即合同的签订特别是付款一律统一管理。物料管理人员、验收人员和财务人员都不能与客户见面，实行严格的封闭式管理。财务部依据合同规定的质量标准，对照验收单和数量测量结果，认真核算后付款。这样就可以形成一个以财务管理为核心，最终以降低成本为目的的制约机制。

2. "三统一分"

材料和备品配件的采购要实行"三统一分"的管理机制。"三统"指所有外购材料要统一采购验收，统一审核结算，统一转账付款；"一分"则是指费用要分开控制。只有统一采购、统一管理，才能既保证要求，又避免漏洞；既保证质量，又降低价格；既维护企业信誉，又不至于上当受骗。各部门要对费用的超支负责并有权享受节约所带来的收益，有权决定采购计划和采购项目。这样，物资采购管理部门和使用单位自然就形成了一种以减少支出为基础的相互制约的机制。

3. "三公开两必须"

"三公开"是指采购品种、数量和质量指标公开，参与供货的客户价格竞争程序公开，采购完成后的结果公开；"两必须"是指必须在货比三家后采购，必须按程序、按法规要求签订采购合同。

4. "五到位一到底"

所谓"五到位"，是指所采购的每一笔物资都必须由五方签字，即只有采购人、验收人、证明人、批准人、财务审查人都在凭证上签字，才被视为手续齐全，才能报销入账；"一到底"就是负责到底，谁采购谁负责并且要一包到底，包括价格、质量、使用效果等都要记录在案，什么时候发现问题，什么时候处罚。

5. "全过程全方位"

（1）"全过程"监督是指采购前、采购过程中和采购完成后都要有监督。从采购计划的制定开始，到采购物资使用的结束，其中共有9个需要进行监督的环节（计划、审批、询价、招标、签合同、验收、核算、付款、领用）。虽然每一个环节都有监督，但重点在于制定计划、签订合同、质量验收和结账付款4个环节。计划监督主要是保证计划的合理性和准确性，使其按正常渠道进行；合同监督主要是其合法性和公平程度，保证合同的有效性；质量监督是保证验收过程不降低标准，不弄虚作假，每一个入库产品都符合买方要求；付款监督是确保资金安全，所有付款操作都按程序、按合同履行。

（2）"全方位"的监督是指行政监察、财务审计、制度考核三管齐下，方方面面都没有遗漏，形成严密的监督网。

最后，监督机制的生命在于责任追究。拥有严格完备的监督机制而没有相应的惩罚措施，所有的努力都将化为泡影。因此监督的关键在于及时进行重罚。科学规范的采购机制、严格完备的采购控制不仅可以降低企业的物资采购价格、提高物资采购质量，还可以保护采购人员不受外部利益的诱惑。

考一考

1. 如何应用信息技术和电子商务防止采购腐败？
2. 谈一谈，如何做好采购管理？

做任务

一、任务指导书

在掌握电子商务商品采购与管理相关知识的基础上,按照表1-6-15所示的电子商务商品采购与管理任务单的要求,完成任务。

表1-6-15 电子商务商品采购与管理任务单

任务名称	电子商务商品采购与管理	任务编号	1.6
任务说明	一、任务要求 在掌握电子商务商品采购与管理相关知识的基础上,能够选择合适的采购方式,发布采购信息,收集供应商信息,选择供应商,进行采购和管理,保证电商企业的销售顺利进行。 二、任务实施所需的知识 重点:采购作业流程、采购方式、供应商评价和管理。 难点:供应商选择和管理的评价指标体系。 三、小组成员分工 按照收集资讯、计划、决策、实施、检查、评价的过程,完成每一个任务步骤		
任务内容	围绕拟选的电子商务企业,根据采购需求,制定采购计划、供应商选择标准、收集供应商信息、选择供应商、完成采购,并对供应商和采购进行评价和管理		
任务资源	Excel、1688、慧聪网、互联网		
任务实施	一、制定采购计划 提示:根据市场需求、企业预测,制定采购计划 二、供应商选择 提示:发布采购信息、收集供应商信息、制定供应商评价标准、选择供应商 三、采购作业 提示:签订采购合同、执行采购		

续表

任务名称	电子商务商品采购与管理		任务编号	1.6
任务实施	四、供应商管理 提示：制定供应商评价指标，评价和激励供应商			
	五、采购管理 提示：制定采购绩效评价指标，评价采购绩效，建立有效机制，加强采购管理			

二、任务评价

小组提交 Word 文档的任务单，以 PPT 汇报。

自我、组内、组间、教师，主要从团队协作、任务单完成的数量和质量、任务的逻辑性、专业知识的掌握和应用、方法和能力的提升几个方面进行评价，如表 1-6-16 所示。

表 1-6-16　任务考核表

任务名称：_____　　专业_____　　班级_____　　第_____小组
小组成员（学号、姓名）：_____

成员分工	任务汇报			
任务评价	自我评价	组内评价	组间评价	教师评价
评价维度	评价内容		分值/分	得分/分
知识	采购		5	
	招投标		5	
	标书的发布		10	
	评标		10	
能力	制定标书		5	
	收集供应商信息		20	
	供应商评价与管理		15	
	签订采购合同		5	
	采购评价		5	

成员分工	任务汇报			
任务评价	自我评价	组内评价	组间评价	教师评价
评价维度	评价内容		分值/分	得分/分
职业素养	团队协作		5	
	语言表达		5	
	工作态度		5	
	是否遵守课堂纪律、实训室规章制度		5	

巩固与拓展

一、知识巩固

1. 采购流程是怎样的？

2. 请选择 3~5 个核心关键词，表达本任务的主要知识点。请以逻辑思维导图的形式，归纳整理本任务的知识体系。

在线测试题

3. 完成在线测试题。

二、拓展

1. 电子商务采购有哪些新的模式？举例说明在采购中对信息技术的应用。

2. 以逻辑思维导图的形式，归纳整理选择供应商的要素。

3. 梳理自己所掌握的知识体系，并与同学相互交流、研讨，以逻辑思维导图的形式，归纳整理供应商选择、管理和评价的基本步骤和方法。

4. 如何应用信息技术、流程再造,提高采购效率,防止采购腐败?

自我分析与总结

自我分析
学习中的难点和困惑点

总结提高
完成本任务需要掌握的核心知识点和技能点

完成本任务的典型过程

继续深入学习提高
需要继续深入学习的知识与技能内容清单

案例:电商双十一物流大战

项目任务

为电商企业开展大促活动,选择大促期间的物流功能、要素、实现的模式,与快递、仓储和运输物流服务商、商品供应商合作，完成大促期间的货物交付。

一、项目任务清单

1. 选择物流服务模式
大促期间，根据对物流服务的要求，选择物流服务模式。

2. 快递服务商选择与管理
发布和收集能够提供本地区域的快递服务商信息，制定选择标准和管理标准。

3. 仓储服务商选择与管理
发布和收集能够提供目标区域的仓储服务商信息，制定选择标准和管理标准。

4. 运输服务商选择与管理
发布和收集能够提供本地区域的物流服务商信息，制定选择标准和管理标准。

5. 跨境电商物流服务选择与管理
发布和收集能够提供本地区域的跨境电商物流服务商信息，制定选择标准和管理标准。

6. 商品供应商选择与管理
发布和收集商品供应商信息，制定选择标准和管理标准。

二、项目任务评价

1. 评价方式
自我评价、任务小组组内评价、组间互评、教师评价。

2. 评价内容
团队协作、任务单完成的数量和质量、任务的逻辑性、专业知识的掌握和理解、方法和能力的提升，如表1-6-17所示。

表1-6-17 项目考核表

考核项目	评分项目	考核内容	评价方式	比重	得分/分
过程表现	纪律出勤	有无迟到、早退、旷课等现象，实训期间，能否做到安全、卫生，能否严谨细致地完成实训任务，是否养成良好的职业素养	组内教师	10	
	团队协作	能否积极参与小组任务，工作态度是否认真，团队协作能力如何，能否创新思考，能否提出建设性意见，是否积极发言		20	
学习成果	专业知识	是否掌握快递服务、仓储服务、运输服务、跨境电商物流等相关知识	自评组内组间教师	20	
	专业技能	能否发布采购的物流服务信息，能否收集物流服务商信息，能否选择和管理物流服务商		30	
	方法能力	是否具备收集、分析、选择和管理物流服务商的能力		20	
总分					

项目二
电子商务物流仓配作业与管理

项目导读

电商企业选择物流模式和物流服务商,通过仓配作业,一方面,把货物交付物流服务商,完成货物的交付;另一方面,也可以自己配送完成货物的交付。

本项目通过电子商务仓配中心作业与管理、电子商务配送作业与管理两个任务的学习,培养学生入库、在库、出库、配送的物流作业能力,完成货物的交付。本项目知识结构如图2-0-1所示。

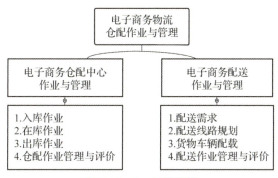

图 2-0-1 知识结构

八马茶业
智慧仓储

学习目标

一、知识目标

1. 掌握电子商务配送中心的功能、作业流程和管理。
2. 掌握电子商务库存管理的方法和计算。
3. 掌握商品包装的功能和设计的影响因素。
4. 掌握仓配中心信息系统的功能和应用。
5. 掌握电子商务配载、配送的方法。

二、能力目标

1. 能够进行仓配作业与管理。
2. 能够根据库存管理策略,进行库存数量规划。
3. 能够进行配载和配送作业。

三、思政目标

1. 培养敬业、诚信的社会主义核心价值观。
2. 坚持严谨的工作态度。
3. 培养良好的职业素养。

项目组织

一、时间安排

12个学时,其中电子商务仓配中心作业与管理8个课时,电子商务配送作业与管理4个课时。

二、教学组织

本项目围绕着拟选的企业,采取小组团队合作的形式,通过借鉴、学习和小组讨论,完成仓配中心作业、货物的配载和配送。

三、学习成果

通过两个任务的学习,掌握电子商务仓配中心作业与管理的相关知识,能够制定库存管理策略、设计安全库存,及时订货,保证生产、销售的正常进行,掌握电子商务配送作业与管理的方法和能力,完成货物的配装、配送和交付。

为电子商务企业策划仓配中心大促运营方案,保证大促进行。

任务 1　电子商务仓配中心作业与管理

学习目标

一、知识目标
1. 了解电子商务配送中心的功能和类别。
2. 了解电子商务仓配作业的流程。
3. 掌握拣货的方法、特点和应用。
4. 掌握库存管理的策略和方法。
5. 掌握商品包装的功能和设计影响因素。
6. 掌握仓库管理信息系统（WMS）的功能和应用。
7. 掌握仓配中心的管理。

二、能力目标
1. 能够完成电子商务仓配中心作业和管理。
2. 能够做好商品的库存管理，保证有合适数量的库存，满足市场的需求。
3. 能够应用信息技术和仓配设备，提高仓配中心作业效率。

工作任务

一、任务描述
某电商企业自建了一个集仓储和配送功能于一体的仓配中心。主要工作内容是，能够根据入库需求，合理安排货物上架，做好商品的在库和库存管理，保证满足客户的需求，根据出库需求，进行拣选、包装，完成出库作业，并能够对仓配中心作业绩效进行管理。

二、任务分析
要完成本任务，需要解决以下问题：
1. 了解仓配中心的作业流程。
2. 根据商品的进出库数量，确定储位。
3. 明白有哪些拣货策略以及各自的优缺点。

三、任务实施
电子商务仓配中心作业与管理任务实施框架如图 2–1–1 所示。

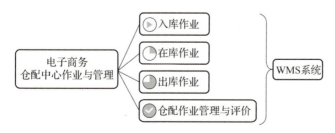

图 2–1–1　电子商务仓配中心作业与管理任务实施框架

做中学

- **任务引入**

任务内容如下:

借鉴 2019 年智慧物流技能大赛的内容,并应用 WMS 系统,完成商品入库、在库和出库操作。

(一) 商品入库

某仓配中心,客户 A 申请入库,入库商品如表 2-1-1 所示。

表 2-1-1 入库商品

商品	商品规格	商品包装	数量/箱
顺心奶嘴	顺心奶嘴 8公斤/箱 448mm×276mm×180mm		1 227
婴儿湿巾	婴儿湿巾 7公斤/箱 498mm×333mm×180mm		827

根据统计,商品每天出库数量如表 2-1-2 所示。

表 2-1-2 商品出库统计

序号	商品	出货批量	次数/次
1	顺心奶嘴	箱	20
2	婴儿湿巾	箱	4

仓库布局如图 2-1-2 所示,有入库检验区、仓储区、拣选包装称重作业区和发货区。货架 1 为以箱为单位的临时存储区,分为 3 层,每层 50 cm,方便人工拣选。货架 2 为以托盘为单位的重货仓储区,方便叉车装卸。

按入库计划,顺心奶嘴部分上临时货架 1,部分上重型货架 2。

假如目前有货架 1 的 D 和 E 两个空位。请问,顺心奶嘴放在 D 位还是 E 位?

如果货架 1 的 D1/D2 和 E1/E2 均可以存储货物,如图 2-1-3 所示。为了方便人工拣选,货物放在 1 层还是 2 层?

根据检验,顺心奶嘴有 2 箱不合格,婴儿湿巾有 3 箱不合格,请填写入库单,如表 2-1-3 所示。

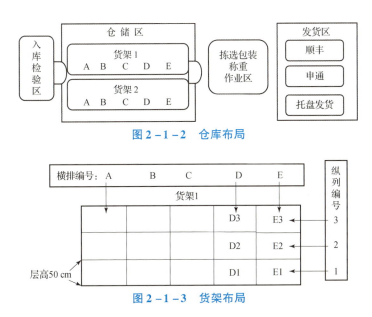

图 2-1-2　仓库布局

图 2-1-3　货架布局

表 2-1-3　入库单

商家	商品	规格 长、宽、高/mm	重量 /kg	单位	送货数量 /箱	退货数量 /箱	入库数量 /箱	库位

如果顺心奶嘴通过组托（托盘尺寸：L1 200 mm×W1 000 mm×H160 mm）存放于货架，如图 2-1-4 所示，包装标示限高 5 层。请用 Word 绘图功能绘制货物组托示意图，包括奇数层俯视图、偶数层俯视图，在图上标出托盘的长、宽尺寸（以 mm 为单位），用文字说明堆码后的层数，货物组托时均需压缝。

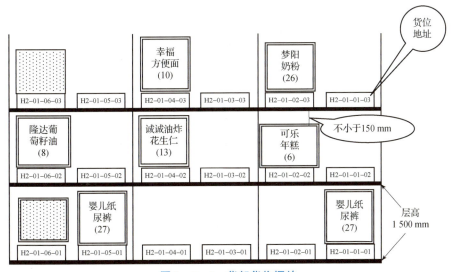

图 2-1-4　货架货物摆放

如果托盘编号为 A2R23B67，应用 CODE39 码，无校验码，编制条形码并印刷，印刷参考尺寸：100 mm×50 mm。

（二）商品在库（略）

（三）商品出库

某一日，截至下午3点，客户订单经过汇总、库存分配，得到需要拣货的数据，如表2-1-4所示，请选择拣货方式。

表2-1-4 拣货数据

客户订单汇总	包含的商品	商品数量	商品单位	备注
50单	顺心奶嘴+婴儿湿巾	200	个	申通
20单	婴儿湿巾	30	个	申通
20单	顺心奶嘴	30	个	申通
1单	奶粉	1	箱	加急顺丰

步骤一　入库作业

（一）入库单

由于顺心奶嘴出库的频率是20次，高于婴儿湿巾（4次），把顺心奶嘴上架到临近出口的位置，能够减少出库的移动距离，因此在E位较为合适，方便拣货，如表2-1-5所示。

表2-1-5 入库单

商家	商品	规格 长宽高/mm	重量 /kg	单位	送货数量	退货数量	入库数量	库位
A	顺心奶嘴	448×276×180	8	箱	1 227	2	1 225	E2
A	婴儿湿巾	498×333×180	7	箱	827	3	824	D2

（二）组托

顺心奶嘴长为448 mm，宽为276 mm，高为180 mm，托盘的尺寸为L1 200 mm×W1 000 mm×H160 mm。

货物的摆放448+448=896（mm）和276×3=828（mm），均小于托盘的长和宽度，如图2-1-5所示。交叉叠放，增加牢固度。

重型货架高1 500 mm，托盘高度160 mm，留出的空间要求不小于150 mm，货物高度在1 190［1 500-160-150=1 190(mm)］mm 以内即可。按照顺心奶嘴长度，外包装叠放最多不能超过5层的要求，即叠放高度不能超过180×5=900（mm）。空间满足要求，货物在托盘摆放，可以排5层。

(三)托盘条形码的打印

应用软件,生成托盘条形码,如图 2-1-6 所示,粘贴到托盘上。

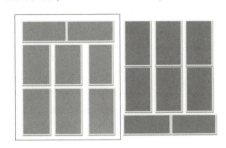

图 2-1-5 货物组托示意图
(包括奇数层俯视图、偶数层俯视图)

图 2-1-6 托盘条形码

(四)货物与储位绑定

应用叉车,入库。假如托盘入重型货架,货位为 H2-01-01-02,则货位条形码如图 2-1-7 所示。

图 2-1-7 货位条形码

托盘条形码和货位条形码在 WMS 系统中绑定。

步骤二 在库作业

入库第二周,恰逢月末库存盘点,发现顺丰奶嘴在临时货架,有一箱破损,请完成库存盘点表 2-1-6。

表 2-1-6 商品库存盘点表

序号	商品	规格	计量单位	实盘数量	盘查数量	盘查分析	储位

步骤三 出库作业

(一)拣货计划

根据订单需求、拣货作业要求,确定拣货方式,如表 2-1-7 所示。

表 2-1-7 拣货方式

客户订单汇总	包含的商品	商品数量	商品单位	拣货方式
50 单	顺心奶嘴+婴儿湿巾	200	个	播种
20 单	婴儿湿巾	30	个	播种
20 单	顺心奶嘴	30	个	播种
1 单	奶粉	1	箱	摘果

顺心奶嘴、婴儿湿巾，先集中拣货，再按订单采用播种式拣货，包装、称重、粘贴快递单，送到申通发货区。奶粉采用摘果式拣货，直接拣货一箱，称重，粘贴快递单，送到顺丰发货区。

（二）生成拣货任务

对照订单，进行系统分配/手工分配的波次，生成拣货任务。

可以按照快递企业分配，比如将顺丰、圆通、申通等分为不同的波次；也可以按库位组、单品单件和单品多件分配为不同的波次，生成拣货任务。

（三）拣货

打印箱单/拣货单，或者应用 RF（射频）手持拣货系统，按照拣货单，进行拣货，如图 2-1-8 所示。

图 2-1-8 手持终端拣货

（四）复核

对拣货过程中的播种、单箱、多箱进行复核。

（五）包装

复核装箱单和货物无误后，包装、称重、粘贴快递单。

(六) 集货、发货

打印发货单，货物交给快递公司或提货人，完成发货。

步骤四　仓配服务评价

某企业制定的仓配服务评价指标，如表 2-1-8 所示。

表 2-1-8　仓配服务评价指标

考核项	指标
收货及时率	(约定时间内实际收货的商品数量/实际到货的商品数量) ×100% ≥95%
库存损耗率	(商品损耗量/库存总商品量) ×100% ≤0.1%
库存准确率	十万分之五
拣货效率	一分钟 5 件
成本标准	总仓储配送成本是营销额的 18% 以内
发货及时率	(约定时间内及时发货订单量/总订单数量) ×100% ≥98%
发货错误率	十万分之五

学中做

仓配作业是电子商务企业运营的重要组成部分，商品入库、在库和出库的作业质量和效率，直接影响到物流服务质量。仓配作业的信息化，是提高仓配作业质量和效率的重要抓手。电子商务仓配中心作业与管理知识要点如图 2-1-9 所示。

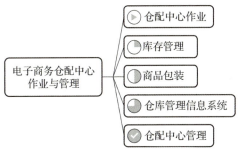

图 2-1-9　电子商务仓配中心作业与管理知识要点

一、电子商务仓配中心作业

 想一想

一个 SKU（库存量单位）在仓配中心是如何流转的？

学一学

电子商务企业多采用仓配一体的方式，在仓配中心完成货物配备（集货、仓储、加工、分货、拣选、配货、包装），通过第三方物流企业配送给客户，完成电子商务交易。仓配中心作业流程如图2-1-10所示。

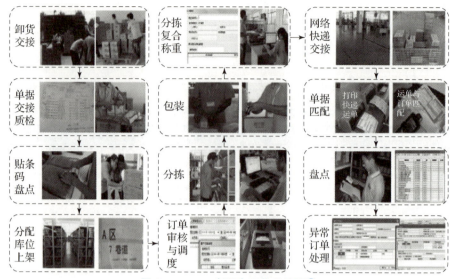

图2-1-10 仓配中心作业流程①

供应商与物流中心协商，做好入库计划。配送中心做好接货准备，并对接受的货物进行集货、验收、入库搬运、储存（上架、托盘、堆栈），或者直接中转。

配送中心接到订单后，首先处理订单，确定哪些订单满足。安排拣货方式、数量、路径、工具和人员。从分拣区拣货，如果拣货区的货物存量过低，就需到储存区补货，储存区货物数量如果也过低，就要发出采购订单。

库存管理根据出库数量、入库数量、安全库存、库存管理策略，确定何时开始采购、采购多少。为了保证库存的准确性，要定期对库存进行盘点。

分拣的货物经过包装、称重、贴签、核对后，即可根据出货方式、集货工具，归集到一处，准备出货。

快递出货时，办理交接，把信息上传到信息系统。

在将其配送到客户的过程中，客户可以跟踪商品的配送过程。

仓配中心的作业流程，基本分为入库作业流程、在库作业流程和出库作业流程。

（一）入库作业流程

仓配中心入库作业流程如图2-1-11所示。

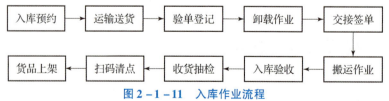

图2-1-11 入库作业流程

下面以电子商务企业接收货物后基于条码技术、WMS系统的入库作业流程为例：

---

① 发网：http://www.fineex.com/。

1. 验单登记

货物到达仓库后，运货司机首先将运单交给收货人员。如果是整车，有铅封，收货人员检查货车封条，确认行车状况。用条码数据采集器扫描运单上的条码，核对运单、入库单、送货单、作业计划单是否有误。

2. 进行卸载作业

核对商品外包装、品类、数量等无误后，与货运司机办理交接手续，卸货。

3. 搬运作业

需要进一步检验的货物，搬入待检区或临时储存区，待检。

4. 入库验收

检验数量、质量、产品规格、型号是否一致，要求单证相符齐全。其过程是一一扫描货物上的条码，当条码扫描完毕后，WMS会自动给出实物核对处理结果。如数量不符、单证不符或不全，有质量问题、包装问题，需及时反馈、确定责任，进行处理。

5. 抽检

如需要抽检，按规程进行检验。

6. 反馈信息

当货物验收无误后，将收货信息通过网络反馈给货主。

7. 指定货位

WMS生成入库单，为货物指定货位。储存货位有上架和堆码的形式。

现代电商仓配中心的功能重在"通过"而非"储藏"，货物的周转率越高越好。入库量应与出库量基本持平，实现快进快出，货品上架的原则如表2-1-9所示。

使用WMS系统的仓配中心，可以由WMS系统根据预先的配置以及优化的上架动线推荐上架货位，指导仓管人员进行上架操作。

表2-1-9 仓配货品上架原则

序号	原则
1	在架货品，应按照每个SKU一处库位进行放置
2	在架货品保持整齐，超出库位的货品做备货，存放备货区
3	上架时如果出现货品型号、品种、产地、体积、颜色等相近的，应分开放置，以免发生混货现象；具散发性或者吸附性的货品应隔离分区放置
4	上架应遵循同一库存量单位同一批次集中原则，同时满足就近原则
5	在摆放时若无特殊要求，应遵循从左到右、从里到外的原则，货品遵守先进先出规则；重货在下、轻货在上，高度适宜；便于存取（与视线平行）等

对于不能上架的商品，一般采用堆码存放。

商品堆码是仓库中商品物资的堆放形式和方法。商品堆码要根据商品性能、规格、形状、包装、体积、重量、库房高度、地面负荷、设备条件、季节变化等因素，采取合理科学的堆码方法，做到货垛整齐、稳固。堆码商品常用的技术方法有直码、压缝码、交叉码、连环码、梅花码等。商品堆码要做到货垛之间，货垛与墙、柱之间保持一定距离，留有适宜的通道，以便商品的搬运、检查和养护。要把商品保管好，注意"五距"很重要。"五距"是指顶距、灯距、墙距、柱距和堆距，如表2-1-10所示。

表 2-1-10 堆码的"五距"

序号	"五距"	作用
1	顶距是指货堆的顶部与仓库屋顶平面之间的距离	留顶距主要是为了通风,勿顶楼房,顶距应在 50 cm 以上为宜
2	灯距是指仓库里的照明灯与商品之间的距离	留灯距主要是为了防止火灾,商品与灯的距离一般不应少于 50 cm
3	墙距是指货垛与墙的距离	留墙距主要是为了防止渗水,便于通风散潮
4	柱距是指货垛与屋柱之间的距离	留柱距是为了防止商品受潮和保护住脚,一般留 10~20 cm
5	堆距是指货垛与货垛之间的距离	留堆距是为了便于通风和检查商品,一般留 10 cm 即可

货物放置到位后,进行库位、货物绑定,并向 WMS 报告作业完成情况,WMS 实时更新入库信息。

(二) 在库作业流程

在库作业流程,又叫存储作业流程,如图 2-1-12 所示,即储位分配、流通加工、保管作业、盘点作业、移库作业。

图 2-1-12 在库作业流程

储位形式有固定储存、随机储存,如表 2-1-11 所示。

表 2-1-11 储位形式

储位形式	定义	优点	缺点	使用范围
固定储存	储位和物料建立固定对应关系	库位管理简单,容易寻找,节约时间	储位利用率低	应用范围较广
随机储存	储位和物料没有固定对应关系	储位利用率高	对管理和系统要求较高	需要信息系统的支持,应用较少

通过合理的储位规划布局原则,保障作业效率。缺乏信息系统支持的仓库,一个储位只能存放一个库存量单位(SKU)。

1. 分区分配

可将商品按照品类分区储存,比如食品、日用品分区储存。拣货员分区负责,减少作业难度。

【例题 2-1-1】 某第三方仓库服务的产品、品类、相关性、周转率和重量等信息如表 2-1-12 所示,按照分类分区的原则,请思考以下问题:

惠氏与其他日用品类差别大,宜不宜临近储存?

洗发、护发关联度较大,订购量相差不大,宜不宜临近储存?

宝洁和联合利华的洗发系列为互补型商品,宜不宜临近储存?

洗发系列产品周转率高,宜储存在离出口较近还是较远的货位?

洗衣液、牙膏属重货,卫生护理品属轻货。哪种货物宜放在货架的下层?哪种货物宜放在中间或上层。

表 2-1-12 仓库信息

序号	客户	品牌	产品线	类型	相关性	周转率、重量
1	宝洁	佳洁士	洗发	日用品	大	周转率高、重货
2	宝洁	佳洁士	护发	日用品	大	周转率高、重货
3	宝洁	佳洁士	护舒宝			
4	联合利华	奥妙	洗发		大	周转率高
5	联合利华	奥妙	护发			
6	联合利华	力士	全白牙膏			
7	联合利华	力士	洗衣液			周转率高、重货
8	联合利华	力士	洗衣粉			
9	惠氏	惠氏	奶粉	食品		
10	惠氏	惠氏	奶粉	食品		
11	惠氏	惠氏	钙尔奇	食品		
12	惠氏	惠氏	钙尔奇			

解:
(1) 惠氏与其他日用品不宜临近储存。
(2) 洗发、护发品宜临近储存。
(3) 宝洁和联合利华的洗发系列为互补型商品,不宜临近储存。
(4) 洗衣系列宜储存在离出口较近的货位。
(5) 重货宜放在下层,轻货宜放在上层。

2. 按照作业次数分配

商品按照进仓和出仓的次数,可根据 ABC 分类规划,分配储位,减少补货和出货的距离,提高作业效率。

对于 S 型拣货,畅销品放置在离出口近的地方,减少作业路径。

【例题 2-1-2】 一个仓库货架的布局如图 2-1-13 所示,货品进仓出仓的次数如表 2-1-13 所示,请问产品摆放在哪个货架?

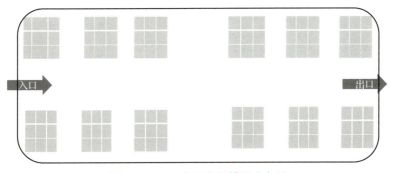

图 2-1-13 仓库货架横列式布局

表 2 – 1 – 13　货品进仓出仓的次数

商品	进货量	进仓次数	出货批量	出仓次数	进仓/出仓次数
A	40 栈板	40	1.0 栈板	40	1.0
B	200 箱	67	3.0 箱	67	1.0
C	1 000 箱	250	8.0 箱	125	2.0
D	30 栈板	30	0.7 栈板	43	0.7
E	10 栈板	10	0.1 栈板	100	0.1
F	100 栈板	100	0.4 栈板	250	0.4
G	800 箱	200	2.0 箱	400	0.5
H	1 000 箱	250	4.0 箱	250	1.0

解：

按照作业量最小的原则，仓储货架的摆放如图 2 – 1 – 14 所示。

3. 上架

商品在货架上合理摆放，一般同品名不同产地和品种不挨着摆放，防止混淆。

畅销品存放在货架高度最便于存取的位置（与视线平行）等。

4. 盘点方法

盘点方法有永续盘点法、循环盘点法、重点盘点法和定期盘点法，四种盘点方法比较如表 2 – 1 – 14 所示。

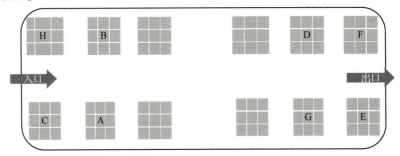

图 2 – 1 – 14　仓库货架布局

表 2 – 1 – 14　四种盘点方法比较

盘点方法	规程	优点
永续盘点法或动态盘点法	入库之时即开始盘点，及时与保管卡记录核对	可随时知道准确存量，盘点工作量小
循环盘点法	按入库先后，每天盘点一定数量的存货	节省人力，全部盘完后开始下一轮盘点
重点盘点法	对进出频率高、易损耗、价值高的存货重点盘库	可控制重点存货动态，有效防止发生差错
定期盘点法（全面盘点法）	定期（周、月、季、年末）全面清点所有存货	便于及时处理超储、呆滞存货

日、周盘点一般是仓库内部的人员来完成。月度、季度和年度盘点，应该由仓库人员、财务和管理部门联合组成，并且规定各自的职责分工。

对盘点中出现账务不符、有差异的，实施交叉复盘。对于商品物理或者化学特性的改变，及时处理。盘亏、盘盈，及时查找原因，确定后，按要求更改 WMS 系统，保持盘点记录的可追溯性。

盘点后需对货品进行整理，保持原有的或者合理的摆放顺序。

5. 移仓和调拨库存

在移仓前，目的仓库一定要按照规定的库位命名原则对库位进行安排，做好库位编码。

正常情况下，异常处理和发货两不误，要求移仓、大货区整理、补货、发货同时进行，尽量可以做到多线程同时进行，提高效率。

移仓后，库位码、条形码和品名一一对应，并上传 WMS 系统。

（三）出库作业流程

出库作业流程如图 2-1-15 所示，即生成波次、订单打印、拣货作业、包装作业、称重作业、终检作业、分拣作业、出库交接。

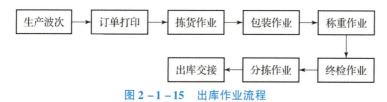

图 2-1-15　出库作业流程

在整个流程中，注意订单有效性分析和货物分类。

对订单的有效性进行判断，对确定的无效订单予以锁定。当多个客户针对某一货物的要货量大于该货物库存量时，应对客户进行优先等级划分，以确定各自的分配量，依据客户订单和划分后的客户优先等级顺序制定库存分配计划表，将相关库存依次在不同的客户间进行分配并显示库存余额，对于缺货订单进行妥善处理。

货物分类，即按照货物的种类、流向、客户类别对货物进行分组，并集中码放到指定场所或容器内。

1. 生成波次

交易订单承载着物流契约信息，仓储系统根据货品的属性将订单切分成可作业的包裹单元。波次汇总是以包裹为单位，按照一定的策略（波次策略，如图 2-1-16 所示）进行筛选，并将不同包裹按照策略内指定的规则聚合成拣选单，来指导拣货。在这个过程中，波次汇总的准确性、平衡性、可控性、高效性都尤为重要。

仓储企业根据订单性质和存货分配的原则，确定能够发货的订单。

对能够发货的订单汇总，选择拣货方式和拣货策略，生成波次。

1) 存货分配的原则

首先，对承诺交货、接近交货日的优先处理；其次，一般按照接单顺序先到先处理，对于处理时间最短、订单小（简单）的可以优先处理。

在存货分配策略上，可以按照订单分配，也可按照配送区域、快递企业、流通加工需要、车辆需求等进行批次分配。

对于多仓、多储位、多批号的货物，按照规则分配。比如电子商务企业有 A、B 两个异地仓，各自覆盖不同的区域，规定 A 仓无货，可以由 B 仓发货。此时存货分配就要考虑 B 仓的存货。

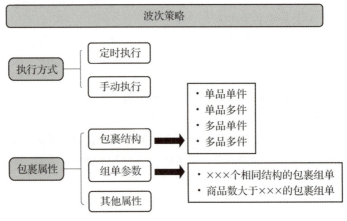

图 2-1-16 波次策略

2）拣货方式选择

拣货方式有按单拣选、批量拣选（按 SKU 拣选、按拣选区域）和复合拣选几种。

按单拣选也称摘果方式，普通的摘果式拣货方法一次只能处理一个订单，无须二次分拣。适合拣货量不大的单一订单，可以边拣边分。

批量拣选也称分货式或播种方式。汇总拣货再分播，即根据要处理订单的波次，合理汇总之前的订单，然后再按照客户的订单进行二次分拣，用播种式完成客户订单。适合大规模、多品种的拆零拣选工作，这正适合电商物流拣选的需要。

复合拣选，摘果式和播种式的混合应用。

2. 订单打印

仓储企业 WMS 在收到发货通知后，自动生成拣货单。

订单打印内容支持打印快递单、发票、装箱单、拣选单等单据。

每个订单打印人员应配置专人账号，避免混用。

快递面单与拣货单装订一处、分区摆放，并交至拣货员。

拣货员按拣货单指示到达拣货位置，用条码数据终端先扫描货位条码，再扫描货物上的物流条码，最后将货物拣出，这样还能达到出库验货的目的。待将所有的货物扫描完成后，传到系统中去。

物沙：电商仓库的作业流程和拣选模式，哪种最优？

3. 拣货作业

拣货作业是按订单或出库单的要求，从储存场所拣出物品，并码放在指定场所的作业。

拣货作业工作量大，要求快速、准确、高效。

批量拣选宜拣选对应货品数量较多库位，单件拣选宜拣选对应货品数量较少库位，并应遵循路径最短原则。

拣货作业的基本作业流程是 WMS 向拣货员手持终端发送拣货指令，拣货指令至少应显示储位、货品编码、货品名称、货品规格、货品数量等，也可以提示拣货的先后顺序和行进路线，拣货人员按照指令进行拣货。

根据电商行业的订单特性，要做到快出，需要对订单进行分类、分批拣货作业，目前针对电商行业应用最广泛的主要有 3 种拣货作业模式：

1）单品拣货

即针对一份订单的单独拣货。这类订单，在扫描出库时可采取与普通订单不同的方式，可以显著提高扫描出库速度，因此建议单独处理。

2)先集后分

先将一批订单集合起来,在一趟拣货任务中一并完成,拣完货再到分播区域按照客户订单进行分播。

3)边摘边播

与先集后分类似,也是一趟处理一批订单,不同的是,在拣货的同时,完成按照客户订单的播种,拣完货后直接进入复核打包环节。

三种可能的拣货作业模式,其根本都是在一个拣货批次中处理尽可能多的订单,以提高订单生产效率。

在实践中,如果一个拣货批次对应一名拣货员,而拣货员受个人处理能力以及装载工具的限制,一般情况下只能处理几个订单。

【例题 2-1-3】 假如有 500 个订单,经合并,内容如表 2-1-15 所示,如何选择拣货方式,生成拣货单?

表 2-1-15 订单内容

订单数/单	商品/件数	快递
300	A 商品 1 件	申通快递
100	A 商品 2 件	顺丰快递
50	A 商品 1 件、B 商品 1 件	圆通快递
15	A 商品 1 件、B 商品 1 件、C 商品 1 件	圆通快递
10	A 商品 1 件、B 商品 2 件、C 商品 1 件	圆通快递
10	A 商品 1 件、C 商品 1 件	圆通快递
5	A 商品 1 件、C 商品 2 件	圆通快递
3	D 商品 1 件	圆通快递
2	E 商品 1 件	圆通快递
2	E 商品 3 件	圆通快递
2	F 商品 1 件	圆通快递
1	F 商品 2 件	圆通快递

解:

订单量大,可批次拣货;订单量适中,但产品重合度不高,可先拣后分;零散订单,产品重合度不高,可以边拣边分。

从合并结果中可以看出,很多订单具有同种属性、重合率高,可以进行二次分拣的操作,A、B、C 商品,可以合并拣货,其中 A 可以整箱出库,以提高效率。

剩余零散订单可以采用边拣边分的操作,比如 D、E、F。

同一快递公司的订单可以很直观地加入一个波次中。

4)电子商务企业 RF + 拣货小车先集后分拣货策略的应用

拣货员推拣货小车,携拣选标签、IC(微型电子器件)卡、RF 等,按拣货模式拣取货物,对拣选的货物进行集中和分拨。拣货模式有"RF 拣货 + PTL(亮灯自动拣选系统)分播"模式、

"表单拣货+表单分播作业"模式、"标签拣货+标签二次分播作业"。

"RF 拣货+PTL 分播"适合配货金额大、单体仓库大、硬件投资水平高、拣货准确性要求高的物流中心。

"表单拣货+表单分播作业"模式适合初期开展电子商务配送的物流中心采用。

"标签拣货+标签二次分播作业"适合仓库规模小、货品单价高、每日出货量在 1 万单以内的物流中心采用。

4. 包装作业

包装应根据货品的特性、大小等因素进行,选择纸箱及辅材。

快递面单应整齐张贴在包装袋封口处。

快递公司的快递单上都印刷有条码①,一张一个条码,不能重复。快递公司通过条码单号追踪快件的信息。

圆通和顺丰的快递单,快递单上的条码都是 Code128Auto [Code(暗码);Auto(代码生成器)] 条码类型。韵达和申通的快递单,快递单上的条码都是 Code39 条码类型。2016 年中通快递公司通知,电子面单的条码由以前的 128B 统一调为 128C 格式的。

选中运单号码的条码文本框,用右键单击"属性",或者按"F11",出现对象查看器,可更改条码的类型。如图 2-1-17 所示。

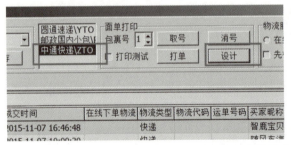

图 2-1-17 中通快递单条码选择

对特殊属性的货品,纸箱外应有防潮、防雨、不可倒置等对应的运输标识。包装作业应全程录像、拍照,记录应保存 3 个月以上。

5. 称重作业

包装好的商品,称重,计算快递运费。注意快递运费与重量密切相关。

6. 终检作业

检查商品是否与订单相符。

7. 分拣作业

装托盘、组配、贴物流标签。

物流标签,建议标签的宽度为 A6(105 mm),高度可以根据所需信息的量变化,包括 SSCC(系列货运包装箱代码)在内的条码最小高度为 32 mm。

物流单元标签条码的空与条应垂直于物流单元的底面。SSCC 条码符号应位于标签的最下端,也可以是其他位置。物流标签的贴标位置选择顺序如图 2-1-18 所示。

每个物流单元至少有一个标签。如果有两个标签,最好固定在相邻的两个侧面上,以方便扫描。

---

① http://www.cnaidc.com/tech/3465.html。

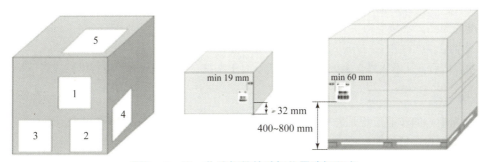

图 2-1-18 物流标签的贴标位置选择顺序

8. 出库交接

将货物搬到出库区暂存,以备装车发货。

接收人和保管人现场清点交接,以出库单作为交接凭证。凭证管理出库单一式三份,接收人和保管人签字后,货物交接完成,接收人和保管人签字确认后留底保存,保存 2 年以上。

装车时,再一一扫描货物的物流条码,再次检验货物的正确性。如果货物扫描条形码和拣货单一致,说明货物出库是准确的。

装车完毕,生成带有条形码的发货通知,并打印纸质发货通知,由运货司机随货携带。同时通过网络传递发货通知给用户的 MIS 系统。

用户对发货通知进行确认,并反馈信息。

当用户收到货物后,收货人员用条形码数据终端扫描运单条码和货物上的物流条码后,将收货信息通过 EDI(电子数据交换系统)向仓储企业 WMS 发送。

(四)退换货作业流程

退换货作业流程如图 2-1-19 所示。

图 2-1-19 退换货作业流程

1. 退件响应

根据退货通知(原因、货号、订单号、商品名称、规格、数量、退货单号、退货日期),通知仓库管理员做好退货准备。

2. 外观检查

退货到达后,首先对退回货品的外观完好度进行检查,发生外观破损、变形等情况时,拒绝接收。

3. 快递签收

如符合要求,由专门负责人进行快递签收。拒收的商品,通过固定流程,拍照、提出拒收理由,提交给退货审核部门确认是否收货。

4. 销退关联

外观检验无误后,退货商品与订单关联。

5. 货品质检

退货比新品收货处理复杂。新产品到货只需抽检几箱产品,然后按数量入库就可以了。但对于退货而言，收货以后需要进行检验、确认。对于一些用过的产品、过期的产品等，不符合退货收货标准的商品，不接受退货。

6. 货品上架

质检合格后，从新入库、上架，等待销售。对于不符合再次销售的，进行维修或者下架处理。

 考一考

1. 仓配中心的作业流程是怎样的？
2. 如何提高拣货效率？

二、库存管理

 想一想

库存数量为多少时，既能满足客户的需求，也能降低库存成本？

 学一学

库存管理是指在保障预定供应水平的前提下，以库存物品的数量合理和周转最快为目标所进行的计划、组织、协调与控制。这能够帮助企业设置库存数量、决定何时需要补货，以及如何分配库存。

（一）库存 ABC 分类管理

通过产品分类库存管理策略，能够有效地提高企业的库存管理水平。

1. 产品、市场分类标准

企业的资源是有限的，如果对所有库存物品给予相同的重视程度和管理，是不可能达到良好效果的。所以，为了让企业有限的人力、物力、资金等资源得到充分有效的利用，可以将库存物品根据其重要程度进行分类，对不同类别的物品给予不同程度的重视和管理。

分类的标准一般有销售额、利润贡献率、库存价值、利用率以及产品的特性。把相同特征的库存集中成一组，针对不同组别的库存，分别制定库存管理策略，比如不同服务水平下的安全库存、库存成本、检查周期、订货点和订货周期等。

2. ABC 分类法

如表 2-1-16 所示，把库存物品按品种和占用资金的多少分为特别重要的库存（A 类）、一般重要的库存（B 类）和不重要的库存（C 类）三个等级，然后针对不同等级分别进行控制，这就是 ABC 分类法。

表 2-1-16　ABC 分类法

物品类别	控制程度	库存	订货
A	严加控制，经常评审、定时盘点，准确地记录	准确、完整、实时更新库存记录；补货监控实时监控；发货、收货、货损严格控制；压缩提前期和库存，尽可能地维持低的库存量；做好分销需求计划和库存的控制；仔细准确地确定订货量、订货点	加强与供应商的合作，协同计划、预测和补货，保证供应的稳定性

续表

物品类别	控制程度	库存	订货
B	正常控制,有良好的记录与常规的关注	正常记录处理,库存成批地更新;补货监控非实时(每周);日常按常规办理 EOQ(经济订货批量)、订货点、MRP(物资需求计划)	与供应商合作,根据销售历史数据预测,保证供应的稳定性
C	尽可能简单地控制,采用大库存量与订货量以避免缺货	采用定期检查库存、批量更新的策略;再订货点必须满足两次检查之间的时间间隔、库存需求	与供应商合作,根据销售历史数据预测,保证供应的稳定性

【例题 2-1-4】 一家企业为了对现有库存商品进行有效的控制和管理,计划按年耗用金额将库存商品分为 ABC 三类。并按商品数量占比 20%、30% 和 50% 分别确定 ABC 类物品,建立 ABC 库存管理系统。有关 10 种商品的库存资料如表 2-1-17 所示,试用 ABC 分类法将这 10 种商品分为 A、B、C 三类。

已知各种物品的情况如表 2-1-17 所示,对物品进行 ABC 分类。其中 A 类物品占总金额的 70% 左右,B 类占总金额的 20% 左右,C 类占 10% 左右。

表 2-1-17 商品的单价和销量

物品编号	1	2	3	4	5	6	7	8	9	10
单价	0.15	0.05	0.10	0.22	0.08	0.16	0.03	0.12	0.18	0.05
年需求量	26	65	220	750	1 100	1 750	85	25	420	20

解:

(1) 计算出各种库存品的年耗用金额,并按从大到小排序。

首先计算每种物品的金额,并计算出各自所占金额比例,如表 2-1-18 所示。

表 2-1-18 按比例排序

物品编号	单价	年需求量	金额	所占比例/%	排序
1	0.15	26	3.90	0.61	6
2	0.05	65	3.25	0.50	7
3	0.10	220	22	3.41	5
4	0.22	750	165	25.61	2
5	0.08	1 100	88	13.66	3
6	0.16	1 750	280	43.46	1
7	0.03	85	2.55	0.40	9
8	0.12	25	3	0.47	8
9	0.18	420	75.6	11.73	4
10	0.05	20	1	0.15	10
总金额/累计比例			644.30	100	

(2) 计算出各库存的累积耗用金额和累积百分比，如表 2-1-19 所示。

表 2-1-19　按从大到小的顺序对各种物品重新排序和分类

物品编号	单价	年需求量	金额	排序	所占比例/%	品种累计占比/%	分类
6	0.16	1 750	280	1	43.46	10	A
4	0.22	750	165	2	25.61	20	A
5	0.08	1 100	88	3	13.66	30	B
9	0.18	420	75.6	4	11.73	40	B
3	0.10	220	22	5	3.41	50	C
1	0.15	26	3.90	6	0.61	60	C
2	0.05	65	3.25	7	0.50	70	C
8	0.12	25	3	8	0.47	80	C
7	0.03	85	2.55	9	0.40	90	C
10	0.05	20	1	10	0.15	100	C
合计			644.30		100		

(3) 按商品数量占比 20%、30% 和 50% 分别确定 ABC 类物品。

ABC 分类结果如下：

其中 A 类物品有 6 号、4 号；B 类物品有 5 号、9 号；C 类物品有 3 号、1 号、2 号、8 号、7 号、10 号。

（二）存货控制

存货控制（Inventory Control）也叫库存控制，是指在保障供应的前提下，使库存物品的数量合理所进行的有效管理的技术经济措施。

持有一定量的库存，能够及时交货、保证质量、快速反应和达到规模经济，提高客户的满意度。但是持有一定量的库存是要有成本的。

在国家标准《物流术语》中，库存成本（Inventory Cost）是指为取得和维持一定规模的存货所发生的各种费用的总和，由物品购入成本、订货成本、库存持有成本（含存货资金占用成本、保险费用、仓储费用等）等构成。

$$库存成本 = 库存获得成本 + 库存持有成本 + 库存缺货成本$$

库存数量管理的目标，是在降低成本和提高收益之间，如何保持平衡，如图 2-1-20 所示。

图 2-1-20　成本与收益的平衡

库存获得成本、库存持有成本、库存缺货成本之间往往是悖论关系。库存量过小，引起库存采购成本、缺货成本上升，同时，企业无法获得规模经济，包括生产和物流。库存量过大，持有库存成本增加，货损风险加大，不具有经济性。因此，持有库存并不是越多越好，而要综合考虑相互之间的影响，合理的才是最好的。

库存数量管理就是在企业现有资源约束下，考虑到销量、到货周期、采购周期、特殊季节、销售需求、生产、现有库存、退货等因素的影响，掌握库存量动态的变化。在正确的时间、地点，供应适量的所需的物品，避免超储或缺货。合理持有库存数量，应付市场的变化，保证生产经营的正常进行，以最低的成本达到一定的客户服务水平。减少库存空间占用，降低库存总费用。控制库存资金占用，加速资金周转，为企业创造更多的收益。

与库存控制有关的两个基本概念，分别是经济批量和安全库存。

1. 经济批量采购

经济批量从订购成本、库存持有成本、总成本最低的角度，确定采购的数量和采购次数。

【例题 2-1-5】 某物品的年需求量为 3 000 单位，物品的单位成本（单价）为 12 元，平均订货成本为 20 元/每次，持有成本年存储费用率为 25%。在这种情况下，来观察订货批量的变化对库存成本的影响，如表 2-1-20 所示。求出最佳订货批量。

表 2-1-20 订货批量的变化对库存成本的影响　　　　　　　　　元

每年总订货次数	订货批量 Q	平均库存 $Q/2$	订货成本 = 订货次数 × 每次订货成本	存储成本/元	库存总成本 = 订货成本 + 存储成本
1	3 000	1 500	20	4 500	4 520
2	1 500	750	40	2 250	2 290
3	1 000	500	60	1 500	1 560
4	750	375	80	1 125	1 205
5	600	300	100	900	1 000
6	500	250	120	750	870
7	429	214	140	643	783
8	375	188	160	563	723
9	333	167	180	500	680
10	300	150	200	450	650
11	273	136	220	409	629
12	250	125	240	375	615
13	231	115	260	346	606
14	214	107	280	321	601
15	200	100	300	300	600
16	188	94	320	281	601

续表

每年总订货次数	订货批量 Q	平均库存 Q/2	订货成本 = 订货次数 × 每次订货成本	存储成本/元	库存总成本 = 订货成本 + 存储成本
17	176	88	340	265	605
18	167	83	360	250	610
19	158	79	380	237	617
20	150	75	400	225	625

可以看出，当总成本最小时，订货成本与存储成本（库存持有成本）相等。此时，年订货次数 15 次，每次订货量为 200 件，即经济订货批量为 200 件。

雷蒙德·费尔菲尔德于 1931 年提出了经济批量（EOQ）的概念。即通过平衡订货成本（准备订单、洽谈、办公管理等费用）、库存持有成本（空间、利息、折旧、损耗、保险、机会成本，一般占到库存价值的 20%~35%），以实现库存成本最低的最佳订货量，如图 2-1-21 所示。

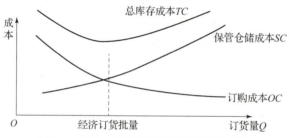

图 2-1-21　不同订货批量的库存总成本

对总成本求导，得到经济订货批量，如图 2-1-22 所示。

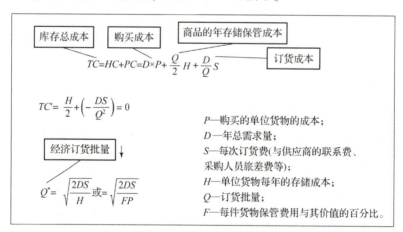

图 2-1-22　EOQ 的计算

以此为基础，年订货次数、订货间隔也就确定了。

【例题 2-1-6】　某装修公司对某种油漆的年需求量为 600 桶（单位时间内的需求量），每次订货费用为 150 元，产品价值为 80 元/桶，存货费用为产品价值的 10%，求该公司对此种油漆的经济订货批量。

解：

$$Q = \sqrt{\frac{2DS}{H}} = \sqrt{\frac{2DS}{FP}} = \sqrt{\frac{2 \times 150 \times 600}{80 \times 10\%}} = 150 \text{（桶）}$$

【例题 2 - 1 - 7】 凯利达家用电器专卖店，某型号电冰箱全年销售总量为 12 150 台，订货采购费用为 5 000 元，每台电冰箱储存年费用为 6 元。求电冰箱每次订购的经济批量、年进货次数、进货周期和进货总费用。

解：

$$Q = \sqrt{\frac{2DS}{H}} = \sqrt{\frac{2 \times 12\ 150 \times 5\ 000}{6}} = 4\ 500 \text{（桶）}$$

$$进货次数 = \frac{年需用量\ R}{经济订货批量\ Q} = \frac{12\ 150}{4\ 500} \approx 3 \text{（次）}$$

$$进货周期 = \frac{360}{订货次数} = \frac{360}{3} = 120 \text{（天）}$$

$$进货总费用（TC） = \frac{R}{Q}C_2 + \frac{Q}{2}C_1 = \frac{12\ 150 \times 5\ 000}{4\ 500} + \frac{4\ 500 \times 6}{2} = 27\ 000 \text{（元）}$$

【例题 2 - 1 - 8】 某公司某商品的年需求量为 3 000 单位，订购成本为每次 20 元，购买单位货物成本为 12 元，库存持有成本率为 25%，当该商品的保存地点为 1 个仓库和 2 个仓库时，其经济订货批量、库存成本各为多少？（集中存储与分散仓储的比较）

解：

（1）首先，当保存在 1 个仓库时，经济订货批量、库存成本分别为：

$$经济订货批量\ Q_1 = [2D_t/(PH)]^{1/2} = (2D_t/J)^{1/2}$$
$$= [2 \times 3\ 000 \times 20/(12 \times 25\%)]^{1/2} = 200 \text{（单位）}$$

$$订货次数\ N = 3\ 000/200 = 15 \text{（次）}$$

库存成本 = 总订货成本 + 总存储成本

$$= 20 \times (3\ 000/200) + 12 \times 25\% \times (200/2) = 300 + 300 = 600 \text{（元）}$$

（2）当该商品保存在 2 个仓库时，则每个地点的经济订货量、库存成本分别为：

$$经济订货批量\ Q_2 = [2D_t/(PH)]^{1/2} = (2D_t/J)^{1/2}$$
$$= [2 \times 1\ 500 \times 20/(12 \times 25\%)]^{1/2} = 141.4 \text{（单位）} \approx 142 \text{（单位）}①$$

$$订货次数\ N = 1\ 500/142 = 10.6 \text{（次）} \approx 11 \text{（次）}$$

库存成本 = 总订货成本 + 总储存成本

$$= 20 \times (1\ 500/142) + 12 \times 25\% \times (142/2) = 20 \times 11 + 213 = 433 \text{（元）}$$

则两个地点的库存总成本为：

$$433 \times 2 = 866 \text{（元）}$$

结果比较如表 2 - 1 - 21 所示。

表 2 - 1 - 21　不同库存点的 EOQ 和库存成本

库存地点	经济订货批量/单位	订货次数/次	库存总成本/元
1 个	200	15	600
2 个	142	11	866

---

① 商品个数取整，防止缺货。

2. 安全库存

企业在进行库存控制时面对的环境有许多不确定因素。面对不确定的随机因素,企业需要保持适量的产品库存来满足客户的需求,预防因为客户的需求变化和提前期延长所带来的缺货损失。

安全库存是用于缓冲不确定性因素(如大量突发性订货、交货期突然延期等)而准备的缓冲库存。

安全库存的基本计算公式为:

安全库存 = 安全系数 × 需求量的变化 × 提前期的变化

安全系数和客户服务水平有关,如表 2-1-22 所示。

表 2-1-22 安全系数 (Z) 和服务水平 F 的关系

服务水平	安全系数	服务水平	安全系数
99.9	3.09	90	1.28
99.5	2.58	85	1.04
99	2.33	80	0.85
97.5	1.96	75	0.67
95	1.64		

客户服务水平 = 缺货次数/订货次数

安全库存量的计算,主要考虑三种情况:需求量变化,提前期固定;需求量固定,提前期变化;需求量和提前期均变化。

1) 需求量变化,提前期固定

如果提前期是确定的常数,而提前期内的顾客需求是随机变化的,安全库存的计算公式为:

$$Q_S = Z \times \delta_D \sqrt{L}$$

其中 Q_S 为安全库存;Z 为安全系数;δ_D 为单位时间需求量的标准差;L 为订购提前期。

【例题 2-1-9】 某饭店的啤酒平均日需求量为 10 箱,并且啤酒需求情况服从标准差为 2 箱/天的正态分布,如果提前期是固定的常数 6 天,试确定满足 95% 的顾客服务满意的安全库存量。

解:

当服务水平为 95% 时,安全系数为 1.65,则:

$$Q_S = Z \times \delta_D \sqrt{L} = 1.65 \times 2 \times \sqrt{6} \approx 8 \text{(箱)}$$

即满足 95% 的顾客服务满意的安全库存量是 8 箱。

如果服务水平为 99.9% 时,安全系数为 3.09,则安全库存为 15 箱。

2) 需求量固定,提前期变化

如果提前期内的顾客需求情况是确定的常数,而提前期的长短是随机变化的,安全库存的计算公式为:

$$Q_S = Z \times d \times \delta_L$$

其中 Q_S 为安全库存;Z 为安全系数;d 为单位时间需求量;δ_L 为订购提前期标准差。

【例题 2-1-10】 某酒店啤酒的日需求量为固定的常数 10 箱,提前期是随机变化的,而且服从均值为 6 天、标准差为 1.5 天的正态分布,试确定 95% 顾客满意度下的安全库存量。

解:

当服务水平为 95% 时,安全系数为 1.65,则:

$$Q_S = Z \times d \times \delta_L = 1.65 \times 10 \times 1.5 \approx 25 \text{(箱)}$$

即在满足95%的顾客服务满意的情况下,安全库存量为25箱。

3)需求量和提前期均变化

此时,假设需求量和提前期是相互独立的,安全库存的计算公式为

$$Q_S = Z \times \sqrt{\delta_D^2 \overline{L} + \overline{d^2}\delta_L^2}$$

其中 δ_D^2 为单位时间需求量标准差;$\overline{L}$ 为平均提前期的天数;$\overline{d}$ 为单位时间的平均需求量;δ_L^2 为订购提前期的平均需求量。

【例题2-1-11】 某酒店的日需求量和提前期是相互独立的,且它们均服从正态分布,日需求量服从均值为10箱、标准差为2箱的正态分布,提前期服从均值为6天、标准差为1.5天的正态分布,试确定满足95%的顾客服务满意的安全库存量。

解:
由题意知:

$$\delta_D = 2 \text{ 箱},\ \delta_L = 1.5 \text{ 天},\ \overline{d} = 10 \text{ 箱},\ \overline{L} = 6 \text{ 天},\ F(Z) = 95\%,\ Z = 1.65$$

$$Q_S = Z \times \sqrt{\delta_D^2 \overline{L} + \overline{d^2}\delta_L^2} = 1.65 \times \sqrt{2^2 \times 6 + 10^2 \times 1.5^2} \approx 26 \text{(箱)}$$

即在满足95%的顾客服务满意的情况下,安全库存量为26箱。

(三)库存控制策略与订货数

通过库存数量控制(简称库存控制),企业能够确定多长时间检查一次库存水平,从而确定订货时间和订货数量。这种检查,可以是连续性的,也可以是分阶段进行的。

基本的库存数量控制策略有四种,如表2-1-23所示。

表2-1-23 基本的库存数量控制策略

库存控制策略	基本思想
(R,Q):连续性检查、固定订货点、固定订货量	对库存持续进行检查,一旦发现库存水平降低到订货点R时,就立刻发出订货要求。每次订货的数量始终不变,为定值Q,一般指经济批量。该策略主要适用于用户需求量较大、市场需求波动较大且缺货损失费较高的物品的库存控制
(R,S)策略:连续性检查、固定订货点、最大库存	对库存持续进行检查,一旦发现库存水平降低到订货点R时,就发出订货要求。每次订货的订货量是变化的,根据维持最大库存S来决定,即每次的订货量为最大库存量S减去现有库存量,订货后的库存仍然保持S不变
(R,Q)策略和(R,S)策略,都属于固定订货点策略,其中的订货量、订货点与安全库存、订货提前期有关	
(T,S)策略:周期性检查,最大库存量	每隔一定时间(T)对库存进行一次检查,只要现有库存小于最大库存S,都发出订货要求,将现有库存补充到S,没有固定的订货点和订货量。该策略主要适用于一些使用量不大并且不是很重要的物品的库存控制
(T,R,S)策略:周期性检查,固定订货点、最大库存量	每隔一个周期T对库存进行检查,如果现有库存水平低于订货点R,则发出订货要求,将库存补充到最大库存S;否则不需要订货。每次的订货量也不是固定值,由现有库存量和最大库存水平决定
(T,S)策略和(T,R,S)策略,都属于定期策略。定期是指确定的订货间隔期,订货点一般不固定,订货数量由目标库存量和当前检查时的库存量确定。目标库存量和订货间隔期、订货提前期以及安全库存有关	

1. 固定订货点策略

在连续性控制库存过程中，需要企业连续地检查库存数量，当库存下降到预定的最低库存量（事先确定的再订货点）时，按规定数量（一般以经济批量 EOQ 为标准）进行订货补充的一种库存控制方法。

再订货点的确立，要保证订购的货物没到以前，生产、销售的正常进行。即再订货点的货物，要保证订货提前期期间，生产、销售的需求量，以及安全库存（客户服务水平）量。经过订货提前期，企业库存水平再次上升，保证生产、销售的顺利进行。

$$\text{再订货点} = \text{提前期间的需求预测量} + \text{安全库存量}$$

提前期间需求预测量的确定，根据订货到货时间和库存消耗的速度确定。

$$\text{再订货点}(R) = \text{日需求量} \times \text{订货提前期} + \text{安全库存}$$

在连续性检查中，如果现有的库存与已订购的库存的数量之和小于再订货点的库存数量，就需要进行补货。

而最佳订购批量一般以经济订购批量（EOQ）为标准。

通过控制订货点 R 和订货批量 Q 两个参数来控制订货，达到既满足库存需求，又能使总费用最低的目的。

【例题 2-1-12】 某公司某种物品库存有关信息如下：年需求数量 3 600 件，购买价格每件 25 元，年储存费率为单价的 16%，每次订购费用 50 元，公司设定的安全库存量为 200 件，订货提前期 10 天。

试计算，该种物品的经济订货批量是多少？存货水平为多少时应补充订货？应为存货准备的资金是多少？

解：

经济订货批量公式参数为年需求量 3 600 件，订购费用 50 元。

$$\text{保管费用} = \text{购买价格} \times \text{年储存率} = 25 \times 0.16 = 4 \text{（元）}$$

$$\text{经济订货批量} = (2 \times \text{年需求量} \times \text{每次订货成本} / \text{单位物资年储存成本})^{1/2}$$
$$= (2 \times 3\,600 \times 50/4)^{1/2} = 300 \text{（件）}$$

$$\text{订货点} = \text{平均日需求量} \times \text{订货天数} + \text{安全库存量}$$
$$= (3\,600 \div 360) \times 10 + 200 = 300 \text{（件）}$$

$$\text{需求资金量} = (\text{采购批量} + \text{安全库存}) \times \text{单价} = (300 + 200) \times 25 = 12\,500 \text{（元）}$$

【例题 2-1-13】 某公司以单价 10 元每年购入 8 000 单位的某种物资，订购成本为每次 30 元，每单位每年存储成本为 3 元。若订货提前期为 2 周，则经济订货批量、年订货储存总成本、年订购次数和订货点各为多少？

解：

$$\text{经济订货批量} = (2 \times \text{年需求量} \times \text{每次订货成本} / \text{单位物资年储存成本})^{1/2}$$
$$= (2 \times 8\,000 \times 30/3)^{1/2} = 400 \text{（单位）}$$

$$\text{年订货储存总成本} = \text{年总订货成本} + \text{年总储存成本} = 30 \times 8\,000/400 + 400/2 \times 3 = 1\,200 \text{（元）}$$

$$\text{年订购次数} N = \text{年需求量} / \text{经济订货批量} = 8\,000/400 = 20 \text{（次）}$$

$$\text{订货点} R = LT \times \text{年需求量} / 365 = 14 \times 8\,000/365 = 307 \text{（单位）}$$

【例题 2-1-14】 某企业年需求量是 14 400 件，该物资的单价为 0.40 元，存储费率为 25%，每次的订货成本为 20 元，一年工作 52 周，订货提前期为一周。

试求经济订货批量为多少？一年应订几次货？全年的订货储存总成本为多少？订货点的库存储备量为多少？

解：

$$经济订货量 = (2 \times 年需求量 \times 每次订货费/保管费)^{1/2}$$
$$= [2 \times 14\,400 \times 20/(0.40 \times 25\%)]^{1/2}$$
$$= 2\,400（件）$$

年订货次 = 年需求量/经济订货量 = 14 400/2 400 = 6（次）

年订货储存总成本 = 年总订货成本 + 年储存成本 = 6 × 20 + 2 400/2 × 0.40 × 25% = 6 000（元）

订货点的库存储备量 = 订货提前期 × 日平均需求量 = 7 × 14 400/365 = 276（件）

订货量的确定除了经济订货批量外，还有批量折扣购货的订货批量、分批连续进货的订货批量。

1）批量折扣购货的订货批量。

供应商为了吸引顾客一次购买更多的商品，往往会采用批量折扣购货的方法，即对于一次购买数量达到或超过某一数量标准时给予价格上的优惠。这个事先规定的数量标准，称为折扣点。在批量折扣的条件下，由于折扣之前购买的价格与折扣之后购买的价格不同，因此，需要对原经济批量模型做必要的修正。在多重折扣点的情况下，先依据确定条件下的经济批量模型，计算最佳订货批量（Q^*），而后分析并找出多重折扣点条件下的经济批量。

【例题 2 – 1 – 15】 如果企业每年销售额是 4 000 件服装，每件价值 300 元，每次订货费用为 500 元，库存成本为服装价格的 15%，如何采购？如果采购有折扣优惠，比如一次采购 300 件以内，300 元/件；一次采购 300~600 件，280 元/件；一次采购 600~1 000 件，260 元/件；一次采购 1 000 件以上，250 元/件，如何采购？

（1）对每一个价格，从低到高分别用 EOQ 计算可行解。

判断可行解是否落在订货范围内。比如，300 元/件，可行解在 250 件，就不合适。选择可行解应在订货数量范围内。

（2）计算可行解和取得最优惠价格、最低数量的总费用。

判断总价位最低者，选择订货量，如表 2 – 1 – 24 所示。

表 2 – 1 – 24　不同订货数量的 EOQ

采购数量/件	年订货量/件	订购费用/元	单价/元	保管费率/%	单位产品保管费用/元	该价位下经济批量取整数/件
300	4 000	500	300	0.15	45	299
300~600	4 000	500	280	0.15	42	309
600~1 000	4 000	500	260	0.15	39	321
1 000	4 000	500	250	0.15	37.5	327
经济批量	计算总费用					
299	总费用 = 299 × 300 +（4 000 ÷ 299）× 500 +（299 ÷ 2）× 45 = 103 117（元）					
309	总费用 = 309 × 280 +（4 000 ÷ 309）× 500 +（309 ÷ 2）× 42 = 99 503（元）					
结论	309 件采购的总费用小于 299 件采购的总费用，实际每次采购数量选择 309 件					

2）分批连续进货的订货批量

在连续补充库存的过程中，有时不可能在瞬间就完成大量进货，而是分批连续进货，甚至是边补充库存边供货，直到库存量最高。这时不再继续进货，而只是向需求者供货，直到库存量降到安全库存量，又开始新一轮的库存周期循环。

分批连续进货的经济批量,仍然是使存货总成本最低的经济订购批量。

定量订购库存控制法适用于销售较稳定的货物,如品种数量少、平均占用资金大、需重点管理的 A 类商品。

2. 定期订货法

定期订货法是指提前设定一个订货间隔期,按预先确定的订货间隔期,检查库存,将库存的数量补充到目标库存量的库存控制方法,如图 2-1-23 所示。

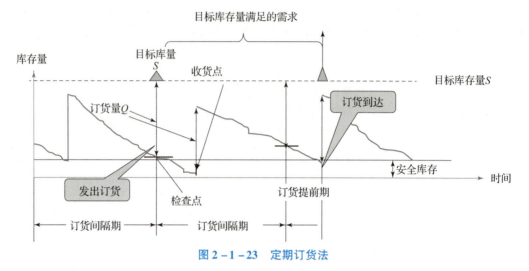

图 2-1-23 定期订货法

目标库存量要保证订货间隔期和提前期以及生产、销售的正常进行。它包括两部分:一部分是订货周期加提前期内的平均需求量;另一部分是根据服务水平保证供货概率的保险储备量。

$$目标库存量 = (订货间隔期 + 订货提前期) \times 日需求量 + 安全库存$$

$$订货量 = 目标库存量 - 现有库存量 - 在途库存 + 顾客延迟购买量$$

订货周期一般根据经验、经营目标、供应商的生产周期、供应周期等确定,或者只根据特定的盘点库存时间(比如每周或每月)确定,主要考虑制定生产计划的周期时间,常取月或季度作为库存检查周期,但也可以借用经济订货批量的计算公式确定使库存成本最有利的订货周期。

$$订货周期 = 1/订货次数 = Q/D$$

【例题 2-1-16】 某种物料的订货周期为 10 天,每日需用量为 20 t,保险储备定额为 200 t。若采取定期订货方式,每 30 天订货一次,订货日的现有库存量为 450 t,已经订货但尚未到货的数量为 45 t,求订货批量。

解:

$$目标库存量 = (30 + 10) \times 20 + 200 = 1\,000 \text{ (t)}$$

$$订货批量 = 1\,000 - 450 - 45 = 505 \text{ (t)}$$

【例题 2-1-17】 某货品的需求率服从正态分布,其日均需求量为 200 件,标准差为 25 件,订货提前期为 5 天,要求的服务水平为 95%,(对应的为服务水平保证的供货概率,查正态分布表对应的 t 值为 1.96)每次订货成本为 450 元,年保管费率为 20%,货品单价为 1 元,企业全年工作 250 天,本次盘存量为 500 件,经济订货周期为 24 天。计算目标库存水平与本次订货批量。

解:

(1) $(T+L)$ 期内的需求量为:

$$Q = (24 + 5) \times 200 = 5\,800 \text{ (件)}$$

T 为订货周期；L 为订货提前期。

（2）$(T+L)$ 期内需求变动的标准差为：

$$S = S_0 \times \sqrt{L+T}$$

S_0 为日变动标准差；T 为订货周期；L 为订货提前期。

即：$(T+L)$ 期内需求变动的标准差为：

$$S_1 = 25 \times (24+5)^{1/2} = 135 \text{（件）}$$

（3）目标库存水平为：

$$Q_0 = 5\,800 + 1.96 \times 135 = 6\,065 \text{（件）}$$

（4）订购批量为：

$$Q = 6\,065 - 500 = 5\,565 \text{（件）}$$

从【例题 2-1-17】的计算结果可以看出，在同样的服务水平下，固定订货期限系统的保险储备量和订货批量都要比固定订货量系统的保险储备量和订货批量大得多。这是由于在固定订货期系统中需满足订货周期加提前期内需求量和防止在上述期间发生缺货所需的保险储备量。这就是为什么一些关键物品、价格高的物品不用固定订货期法，而用固定订货量法的原因。

【例题 2-1-18】 某制造公司每年以单价 10 元购入 8 000 单位的某种物品，每次订货的订货成本为 30 元，每单位每年的储存成本为 3（$J=PH=3$）元，若前置时间为 10 日，一年有 250 个工作日，问经济订货间隔期、最高库存量各为多少？目前库存量为 120 单位，问应订货多少？

解：

$$\text{经济订货间隔期 } T = [2 \times I/(D \times PH)]^{1/2} = [2 \times 30/(8\,000 \times 3)]^{1/2}$$
$$= 1/20 = 0.05 \text{（年）} = 0.05 \times 250 = 12.5 \text{（日）}$$

I 为每次订货成本；D 为年需求量；PH 为单位年储存成本。

$$\text{最高库存量} = \text{日平均需求量} \times (\text{经济订货间隔期} + \text{订货提前期})$$
$$= 8\,000/250(12.5+10) = 720 \text{（单位）}$$

$$\text{订货量} = \text{最高库存量} - \text{当前库存量} - \text{在途库存量} + \text{客户延迟购买量}$$
$$= 720 - 120 - 0 + 0 = 600 \text{（单位）}$$

定期订货法的优点是不需要经常检查库存，可以定期采购，降低订单处理成本和运输成本。定期订货法的缺点是不经常检查库存，动态库存不能及时掌握，遇到突发性的大量需求，容易造成缺货，所以往往库存水平较高。

这种方法适合用于品种数量大、占用资金较少的 C 类库存。

（四）一次性订货的商品采购数量

促销商品或者生鲜商品，有些需求是一次性的，比如节假日促销、大促等。

采用边际经济分析法，当售出下一个单位产品的边际收益等于下一个产品售不出的边际损失时，即 $\sum_{d<q} p(d) \cdot C_u = \left[1 - \sum_{d<q} p(d)\right] \cdot C_o$，得到订货数量。其中 C_u 为边际利润，边际利润 = 单位价格 - 单位成本；C_o 为边际损失，边际损失 = 单位成本 - 单位残值。

当累计概率 $\sum_{d<q} p(d) = \dfrac{C_u}{C_u + C_o}$ 刚大于等于损益转折率时，此时的 Q 值就是最佳订货量。

【例题 2-1-19】 某电子商务企业为中秋节订购一批月饼，每盒综合订货费用 25 元，售价为 45 元，未售出，只能按照 5 元售出。中秋节期间的月饼需求量分布如表 2-1-25 所示，（订货必须是 10 的倍数），求最佳订货量。

表 2-1-25　月饼需求量分布　　　　　　　　　　　　　　　　　　　　　　　　　盒

需求量（d）	100	150	200	250	300	350	400
概率（p）	0.1	0.1	0.2	0.1	0.15	0.2	0.15
累计概率	0.1	0.2	0.4	0.5			

解：
$$C_u = 边际收益 = 45 - 25 = 20$$
$$C_o = 边际损失 = 25 - 5 = 20$$
$$\sum_{d<q} p(d) = C_u / (C_u + C_o) = 20/(20+20) = 0.5$$

取累计概率刚大于或等于 0.5 的 Q 值（0.1+0.1+0.2+0.1），最佳订货量为 250 盒。

【例题 2-1-20】　某电子商务企业计划在教师节期间销售鲜花，每束鲜花的购进费是 2 元，鲜花的销售价格为 5 元，订购成本可忽略不计，而未出售的鲜花必须扔掉。节日期间，每天的鲜花需求量分布如表 2-1-26 所示。

表 2-1-26　鲜花需求量分布　　　　　　　　　　　　　　　　　　　　　　　　　束

需求量（d）	100	110	120	130	140	150	160
概率（p）	0.1	0.15	0.15	0.2	0.15	0.15	0.1
累计概率	0.1	0.25	0.4	0.6			

问该企业每天应订购多少鲜花才能获利最大？

解：
$$C_u = 边际收益 = 5 - 2 = 3$$
$$C_o = 边际损失 = 2 - 0 = 2$$
$$\sum_{d<q} p(d) = C_u / (C_u + C_o) = 3/(3+2) = 0.6$$

取累计概率刚大于或等于 0.6 的 Q 值（0.1+0.15+0.15+0.2），即应订购 130 束鲜花。

考一考

1. EOQ 如何计算？
2. 安全库存如何计算？
3. 订货时间点、订货数量如何计算？

三、商品包装

包装箱

商品包装层数有规定了，过度包装新规将于 2023 年正式实施

想一想

谈一谈，你在网购中有过哪些良好的包装体验。

学一学

（一）包装概述

在社会再生产过程中，包装处于生产过程的末尾和物流过程的开头，既是生产的终点，又是物流的始点。

在国家标准《物流术语》中，包装是指为在流通过程中保护产品、方便储运、促进销售，按一定技术方法而采用的容器、材料及辅助物等的总体名称。也指为了达到上述目的而采用容器、材料

和辅助物的过程中施加一定技术方法等的操作活动。

销售包装（Sales Package）又称内包装，是指直接接触商品并随商品进入零售网点跟消费者或用户直接见面的包装。

运输包装（Transport Package）是指以满足运输贮存要求为主要目的的包装。它具有保障产品的运输安全、方便装卸、加速交接、点验等作用。

包装的主要功能有保护商品、方便储运和促进销售。速卖通平台对商家的包装建议如表2-1-27所示。

表2-1-27　速卖通平台对商家的包装建议

包装要求	内容
包装材料的要求	不要使用带子、绳索或胶带进行缠绕的商品包装。 对于重复使用的盒子或箱子，必须去除包装外侧所有标签、号码、地址信息及一切有可能影响操作人员识别的粘贴物品和信息。 不要使用易破损的材料，如保丽龙、塑料、编织袋等。 不接收公文包、行李袋作为外包装的货物。 不接收客户使用有压垮痕迹、有破洞及有油渍、水渍的使用过的箱子（不影响签收），以及受潮或强度不够的瓦楞纸箱包装的货物。 商品包装不能直接作为运输包装。 使用不带铁箍的打包带，入库时需拆箱去除，非重货无须附加。 对于木质包装，由于拆箱后无法还原，需确认是否去除、无须拆箱，并提供必要的证明等。 任何报刊、报纸、宣传海报等不能作为外包装
适合运输	包装的目地在于防止和避免在运输中由于冲击或震动而产生破损，兼顾防潮和防盗功能
便于装卸	完好的包装有利于货物的装卸，能有效地提高货物的装卸效率，同时能够避免由于第三方的野蛮装卸而可能给货物带来的损害
适度包装	对货物进行包装时，要根据货物尺寸、重量和运输特性选用大小合适的包装箱及包装填充物，尽量避免不足包装造成的货物破损和过度包装造成的包材浪费
保护产品、防盗	重货必须选择强度达到要求的单层或双层瓦楞纸箱包装。 超出原包装箱容量的包装，对原包装箱进行裁剪，为避免货物撑破包装，将视内件和外包装情况，更换新的外包装。 商品包装与运输包装较紧密，应在商品包装与运输包装之间填充缓冲材料，以免物流供应商或海关查验时划伤内件。 包装在保证快件内容的使用特性和外观特性不被损坏的情况下，更要注意防盗——特别是对于高价值货物的包装
包装件成一体	外包装要和快件的保护材料、缓冲材料和内容物成为一体，内容物之间（一个外包装内含有多个内容物时）或内容物与外包装内壁之间不应有摩擦、碰撞和挤压。 以带子、绳索、胶带或气泡膜将两个相同或不同大小的商品连体包装，要根据实际情况确定是否更换包装，如松弛、易分离等情况，要予以更换
内件	内件要定位包装，内件在包装内有明显咣响、滚动（无类似破损声音），需附加缓冲防震材料或更换更加合适的包装箱。 内件要内装保护，内件有锋利角部的物品如零件等，要先用胶带将瓦楞纸板片绑到所有锋利或凸起的边缘以进行保护，并在包装内填充足够的缓冲防震材料。 内件要分隔，多件易碎品装入同一个包装中要采取相应的分隔措施。 内件为手表、读卡器、纽扣、螺丝等小件物品时，必须首先按一定量分隔独立包装后，再外套包装箱，以免遗漏丢失

续表

包装要求	内容
注意方向	对于有放置方向要求的货物,在包装、储存和运输过程中必须保证按照外包装上的箭头标识正确放置货物,杜绝侧放和倒放
重心 中心合一	包装件的重心和其几何中心应该合一或比较接近,这样可以防止货物在运输过程中由于起动、转弯和刹车给货物带来损失。 如果货物笨重,重心明显偏向一边或货物包装经积压或是近似圆形,易滚动,需更换包装
电子产品	电子产品必须使用纸板箱作为外包装

1. 包装防护

不同的商品,防护包装要求不同。

液体胶状物运输时因摇晃,易飞溅、渗漏,在包装时应密封好,再用胶带加固,在包装盒外多加一层包装,同时在包装内添加填充物、缓冲材料(泡沫板、泡沫颗粒、泡沫、皱纹纸)减少碰撞。需要注意的是,颗粒缓冲材料可能会在运输过程中移动,所以如果采用颗粒材料,一定要压紧压实。

服装等软性货物和小五金等货物,除用纸箱包装之外,必须在外加上纤维袋包装,有防水功能最佳。

小件货物零散包装,因体积太小,容易导致丢失,通常使用纤袋包装。

贵重品、精密产品、易碎品、流质品、机械零件、仪器、金属制品、高比重物品以及散落容易丢失的物品等,除用普通纸箱包装外,必须添加木架包装,加固又防挤压,保障货物安全,未采用木架包装的较重货物必须用打包带加固。

玻璃等易碎品需要内包装防护,一般用气柱袋防护,边角、护角有泡沫防护。

小件电子产品在包装时应添加防震填充物(泡沫等材料),减少碰撞。

生鲜食品需要冷链防护,可以在泡沫箱中添加冰袋、冰块,降温运输。

书籍不怕积压,但要防水,可以使用有防水功能的塑料袋包装。

比如某灯管企业规定,为了防止灯具在交付过程中破碎,箱内内衬采用厚度 20 mm 的珍珠棉,主要起到防震与隔离作用,灯管必须加垫珍珠棉;整灯包装材料选用聚乙烯气泡垫,气泡规格 Ø10 × 4 mm,宽 150 mm,主要起到防震作用,一般情况包裹 2 ~ 3 层。

打包封胶带为白色聚乙烯,印有企业 Logo 较为合适。根据外箱尺寸确定打包带圈数,一般打 2 圈,大包装箱采用十字交叉打包法。

2. 包装材料

常用的货物包装材料有纸箱、泡沫箱、牛皮纸、文件袋、编织袋、自封袋、无纺布袋、镀铝膜、珠光膜等新型复合材料等。常用的包装辅材有封箱胶带、警示不干胶、气泡膜、珍珠棉等。其中以纸箱包装最为常用。

物流服务商一般也会提供包装服务,比如德邦①。

GB/T 16606.2—2009(《快递封装用品》第 2 部分:包装箱)规定,快递包装箱是以瓦楞纸为主要原料,经模切、压痕、印刷和钉合等加工后,提供给用户使用的可装载快件的箱式封装用品。

---

① 德邦包装 https://www.deppon.com/newwebsite/products/detail?contentid=8a7b021c6b6daa86016c50a6f6df01a0&tagname=%E4%BA%A7%E5%93%81%E4%BB%8B%E7%BB%8D-%E6%95%B4%E8%BD%A6。

按做纸箱用的纸板（瓦楞板）的层数不同，包装箱分为三、五、七层纸箱。纸箱的强度以三层最弱、七层最高。服装等不怕压、不易碎的产品，一般用三层箱就够了。玻璃、数码产品、电路板等贵重物品，建议最好用五层箱，再配以气泡膜，以确保产品在运输途中的安全性。

1）邮政纸箱的尺寸

邮政纸箱的规格尺寸如表 2–1–28 所示。

表 2–1–28 邮政纸箱的规格尺寸   cm

1号	2号	3号	4号	5号	6号
53×29×37	53×23×29	43×21×27	35×19×23	29×17×19	26×15×18
7号	8号	9号	10号	11号	12号
23×13×16	21×11×14	19.5×10.5×13.5	17.5×9.5×11.5	14.5×8.5×10.5	13×8×9

2）亚马逊包装尺寸要求

尺寸：外箱任意一边的长度不超过 25 英寸[①]，即 25×25.4＝635（mm）。

重量：外箱和里面的货物一起不能超过 22.67 kg。

3）丰巢快递柜格口的尺寸

丰巢快递柜格口的尺寸如图 2–1–24 所示，重量不超过 5 kg。

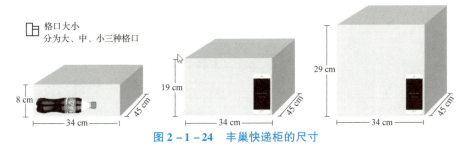

图 2–1–24 丰巢快递柜的尺寸

（二）包装标志

运输包装的标志，其主要作用是在储运过程中识别货物、合理操作，按其用途可分为运输标志、指示性标志、警告性标志、重量体积标志和产地标志。

对于电子商务企业而言，商品包装是企业向客户传递企业品牌、建立联系、传达营销信息的非常重要的一个实物沟通渠道。

因此，商品的包装要包含企业的 Logo、企业名称、联系方式、二维码以及企业经营理念、促销信息、客户服务信息等内容。

比如，某企业规定，商品外包装箱面上要印有企业的基本信息，如公司 Logo、公司名称、地址联系方式、产品名称、数量；与物流有关的箱号、发货地与到货地等；与防护有关的标志，如向上、易碎、怕雨等；箱面印刷要求整体布局美观，符合企业品牌定位。

（三）包装与成本

1. 包装材料与成本

近年来，电商快速发展，以纸箱为主的一次性使用包装需求激增；同时，由于环保的压力，

关于印发《商品包装政府采购需求标准（试行）》、《快递包装政府采购需求标准（试行）》的通知

---

① 1 英寸＝2.54 厘米。

2017年瓦楞纸箱价格出现一波涨价风潮，这直接增加了包装成本。因此，在选择包装材料时，要注意环保和经济效益的统一。

《快递包装政府采购需求标准（试行）》

2. 包装体积与重量的计费

商家发货时包裹的计费重量有两种方式：实际重量、体积重量。包装的实际重量和实际尺寸（物品加上快递包装物后的尺寸）会影响到产品的运费成本。因此，在设计包装时，要注意包装材料的重量和包装尺寸。

 考一考

1. 包装有哪些功能和分类？
2. 谈一谈如何设计包装。

《商品标准政府采购需求标准（试行）》

四、仓库管理信息系统

WMS 是 Warehouse Management System（仓库管理信息系统）的缩写。用 WMS 系统，可以进行库存管理并集成仓库内的智能物流作业设备，提升仓配中心的物流作业与管理，如图 2-1-25 所示。

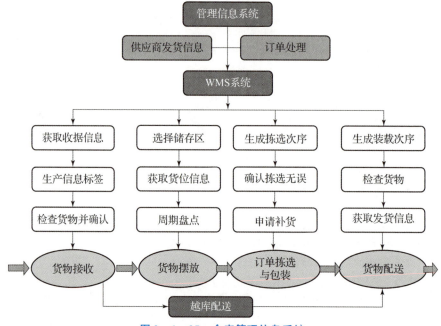

图 2-1-25 仓库管理信息系统

仓库管理信息系统的功能模块如下：

（一）基础信息

基础信息有客户档案、产品档案、批次属性、包装、库位、库区等。

库存物品信息有品名、型号规格、计量单位、数量、价格、入库时间、有效期、生产厂家、储存货架层位、安全库存、订货点、订货批量等。

设施设备信息有库区分布、货位划分、状态、各库区容器具数量、状态、分拣理货的设备配置、数量等。

（二）规则设置

业务规则设置主要有上架规则、质检规则、周转、预配、分配规则，补货规则，序列号规则，波次计划规则，配送规则等。

上架规则主要是指商品上架的规则，即按仓库、库区工作区、货类、随机、区分包装、智能、库存为零推荐到暂存区上架。

分配规则是指商品出库的规则，即按默认顺序、先进先出、先到先出的规则出库。

波次是指一些订单的集合，以波次为基础，可以对波次执行合并、成批更新、分配库存以及发放拣货等特定功能。波次规则是指订单集合的规则，有按订单来源、快递公司、单品单件、是否少量单品生成多品、店铺名称、发票需求、单品订单数量阈值等规则。

补货规则有选择系统触发补货和订单触发补货等规则。

（三）作业管理

入库处理，包括签订采购订单/预到货通知、收货/上架/质检、收货异常处理/取消收货。

库存管理，包括库存余量/库存事务、库存移动/库存转移、库存调整/库存冻结/释放、循环盘点。

出库处理，包括发运订单/波次计划、预配/分配/拣货、出库复核/单品复核/波次复核、配送单/发货/装箱单/装车单/出库放行单、集货/拣货异常处理/取消发货。

RF 作业管理，包括收货/上架/拣货、装箱/发货/补货、盘点/移库/质检/查询。

任务管理，包括补货任务、归档管理/后台作业查询、杂项作业管理、上架任务/拣货任务。

（四）作业考核

作业考核的指标有收货完好率、库存准确率、库位利用率等。

仓库管理信息系统有哪些功能模块？

五、仓配中心管理

想一想

谈一谈，你在网购中，有哪些售后投诉是由仓配中心作业引起的。

学一学

（一）仓库管理

1. 仓库工作负荷

（1）库容量利用系数（元/m³）= 平均库存金额/库容量。

（2）仓库面积利用率（%）= 存货占用面积/仓储面积×100%。

（3）单位面积储存金额（元/m³）= 平均库存金额/存货占用面积。

（4）平均库存金额（元）=（期初库存金额+期末库存金额）/2。

（5）货物周转（吞吐）金额（元）= 入库金额（件数或托盘）+ 出库金额（件数或者托盘，

不含直通）。

（6）全员平均劳动生产率（元/人）= 货物周转金额/仓库总人数 × 100%。

2. 仓库服务成本

（1）流出运费率（总仓至门店，门店至客户）(%) = 运费总额/出库总金额 × 100%。

（2）流入运费率（%）= 供应商至仓库运费总额/入库总金额 × 100%。

（3）销售仓储费用率（%）= 仓储费用总额/销售额 × 100%。

（4）单位存储费用（%）= 仓储费用总额/平均库存金额 × 100%。

（5）车辆费用（元），维修按车统计、燃油均摊。

（二）仓配中心管理

1. 仓配中心作业管理

（1）日均发货件数（件）。

（2）日均收货件数（件），不区分托盘与单件。

（3）日均出库订单个数（个）、行数（行）。

（4）日均入库订单个数（个）、行数（行），含新品、积压退货。

（5）日均索赔单据个数（个）、行数（行），指索赔退货。

（6）延迟订单个数（个）和次数（次），包括新品、退货、索赔、提货延迟。

（7）拣选差错率 = 拣选出错订单行数/订单总行数 × 100%。

（8）单据传递差错率 = 单据传递差错个数/总订单个数 × 100%。

（9）单位时间订单处理效率（行/小时）= 订单行数/所用工时 × 100%（订单从打印至发运）。

（10）单位时间单据处理效率（行/小时）= 所有单据行数/所用工时 × 100%（含进出库、退货）。

（11）装箱质检效率（行/小时）= 装箱质检总行数/所用工时 × 100%。

（12）拣货效率（行/小时）= 拣货总行数/所用工时 × 100%。

（13）质检有效率 = 质检岗位发现的拣货差错次数/（质检岗位发现的拣货差错次数 + 门店反馈的发货差错次数）× 100%。

2. 仓配中心库存管理

（1）账货差异率 =（盘盈 + 盘亏）/货物周转金额 × 100%。

（2）库存损耗率 = 报废金额/平均库存金额 × 100%。

（3）仓库缺货率 = 缺货量/总发货量 × 100%。

（4）库存周转率 =（货物周转量/库存总量）× 100%。

（5）长库龄物料金额/总库存金额 × 100% = 长库龄物料占比。

（6）库位利用率 = 被占用的库位数量/总库位数量 × 100%。

（7）平均 SKU 占用库位数 = 总库位数量/库位上总 SKU × 100%。

（8）库位周转率 = 有变动的库位数量/总库位数量 × 100%。

库位利用率、平均 SKU 占用库位利用率和库位周转率是和仓库库位使用情况相关的指标，反映的是仓库储存物料的剩余能力。通过这些指标，一是了解现状；二是预报预警；三是长期来看，仓库是否要扩容或者收缩。

3. 电子商务仓配中心发货管理

（1）按时发货率 = 按时发货的订单数量/发货的订单总数。

（2）退货率 = 退货金额/发货金额 × 100%。

(3) 每订单平均品种数（行/单）= 订单行数/订单个数。
(4) 发货差错率 = 从仓库发出的商品差错行数/总订单行数×100%（含产品多、少、错）。
(5) 配送差错率 = 从仓库发出的出错商品总件数/总发货件数×100%（含发错地址）。
(6) 客户投诉次率 = 客户投诉次数/发货订单数。

（三）电子商务仓配中心商品管理

1. 商品周转率
(1) 商品周转率 = 月度售出商品的成本/月度平均库存总值×100%。
(2) 商品周转次数 = 360/周转天数，周转天数 = 360×周转率。

商品周转率越高，说明商品给公司带来的利润越高。

比如说某 SKU 的利润是 100 元，一年周转 12 次，其带来的年利润是 1 200 元；一年周转 4 次，那么该商品的年利润就只有 400 元。

所以商品周转率是指具体某 SKU 商品的价值高低，商品周转率是对 SKU 进行点的管控。

2. 商品动销率
商品动销率 = 动销品种数/仓库总品种数×100%。

动销品种数，是本月实现销售的所有商品（去除不计毛利商品）数量。可以用来衡量整个仓库的销售情况，也可以用来指导品牌、品类的管理。

3. 商品 SKU 动销率
商品 SKU 动销率 = 动销 SKU/实际 SKU×100%。

动销 SKU，指在界定期间的有销售记录的单品数量。

实际 SKU，指在界定期间期末的实际库存单品数，不包括已经是零库存的商品，但是包括负库存的商品。

动销率等于 100%，就是正常，动销率小于 100%，说明有滞销商品。商品的动销率越高，滞销产品就越少。

调整店铺/仓储 SKU 结构，可以看品类动销率，调整单个 SKU 的毛利率，就要看周转率。

当整个仓储动销率低时，意味着该减少 SKU。当确定减少 SKU 后，就要分析 SKU 的周转率。周转率低的 SKU，就要分析其周转率低的原因，是选品问题、季节问题，还是运营问题。

电商把钱变成库存很容易，但把库存变成钱却很难。产品规划得好，就能够用有限的 SKU，去实现尽量多的销售；产品规划不到位，SKU 面面俱到，就会造成库存的增加，所以，SKU 不是越多越好。

4. 库销比
$$库销比 = (一个周期内)库存量/销售额的比率$$

如：
$$月库销比 = 月平均库存量/月销售额$$
$$年平均库销比 = 年平均库存量/年销售额$$

库存量，是指月度每天总库有库存的所有商品销售金额的平均值。

库销比是一个检测库存量是否合理的指标，该比率高，说明库存量过大，销售不畅；过低，则可能是生产跟不上。

5. 存销比
$$存销比 = 月末库存/月总销售$$

存销比是指在一个周期内，商品库存与周期内日均销量的比值，是用天数来反映商品库存销售的天数，一般按照月份来计算。

存销比就是反映用多少个单位的库存来实现了1个单位的销售，是反映周转率的一个指标。越是畅销的商品，存销比越小，周转效率越高；越是滞销的商品，存销比就越大。

6. 售罄率

$$售罄率 = （一个周期内）销售件数/进货件数$$

可以通过售罄率来确定哪些产品是滞销产品，需要开展促销活动。

7. 库存周数

$$库存周数 = 库存数量/周销量$$

通过计算出库存周数，可以预估出哪些产品在未来多少天内需要补货，而哪些商品在未来多少天内都可能卖不掉。

8. 品类管理

（1）单品库存占比 = 单品数量（金额）/库存数量（金额）。
（2）类目库存占比 = 类目数量（金额）/库存数量（金额）。
（3）盈利商品占比 = 盈利商品类目数量/总的商品类目数量。

通过计算单品库存占比、类目库存占比、盈利商品占比，可提高库存管理的科学性，提高经营效益。

 考一考

1. 结合仓配中心作业流程，谈一谈你对电子商务仓配中心评价指标的认识。
2. 建立仓配中心作业与管理的三级评价指标体系。

做任务

一、任务指导书

在掌握仓配中心作业、包装、库存管理相关知识的基础上，按照表2-1-29电子商务仓配中心作业与管理任务单的要求，完成任务。

表2-1-29　电子商务仓配中心作业与管理任务单

任务名称	电子商务仓配中心作业与管理	任务编号	2.1
任务说明	一、任务要求 　　在掌握仓配中心入库、在库、出库作业流程和商品库存管理、包装的相关知识和技能的基础上，规划和设计仓配中心作业流程、库存管理，收集商品包装材料、设计产品的包装，并对仓配中心的作业和商品库存进行管理。 二、任务实施所需的知识 　　重点：仓配中心作业流程、库存管理、包装设计、仓库管理信息系统的应用。 　　难点：库存管理和仓配中心管理的评价指标体系。 三、小组成员分工 　　按照收集资讯、计划、决策、实施、检查、评价的过程，完成每一个任务步骤		
任务内容	围绕拟选的电子商务企业，规划设计仓配中心作业流程。在满足一定服务水平的条件下，制定库存控制策略。选择包装材料，设计商品的包装尺寸和包装信息，达到保护商品、节约仓库和运输空间、有效传播企业信息的目的		
任务资源	Excel		

续表

任务名称		电子商务仓配中心作业与管理	任务编号	3.1
任务实施	一、仓配中心作业需求 提示：选择不同类型的电子商务企业，绘制其仓配中心作业流程图			
	二、入库作业 提示：入库预约、检验、库位分配			
	三、在库作业 提示：在库管理、库存管理、包装、调库			
	四、出库作业 提示：确定订单、订单分配、订单拣选、出库			
	五、电子商务仓配中心作业评价 提示：建立电子商务仓配中心评价指标体系			

二、任务评价

小组提交 Word 文档的任务单，以 PPT 汇报。

自我、组内、组间、教师，主要从团队协作、任务单完成的数量和质量、任务的逻辑性、专业知识的掌握和应用、方法和能力的提升几个方面进行评价，如表 2-1-30 所示。

表 2-1-30 任务考核表

任务名称：_____ 专业_____ 班级_____ 第_____小组
小组成员（学号、姓名）_____

成员分工	任务汇报			
任务评价	自我评价	组内评价	组间评价	教师评价
评价维度	评价内容		分值/分	得分/分
知识	电子商务仓配中心作业流程		5	
	库存管理		5	
	拣货策略		10	
	商品包装		10	
能力	电子商务仓配中心作业能力		5	
	电子商务仓配中心的库存管理		20	
	商品包装规划与设计		15	
	电子商务仓配中心的信息化应用能力		5	
	电子商务仓配中心的作业规划能力		5	
职业素养	团队协作		5	
	语言表达		5	
	工作态度		5	
	是否遵守课堂纪律、实训室规章制度		5	

巩固与拓展

一、知识巩固

1. 仓配作业与仓储作业有何区别？

_____

2. 请选择 3~5 个核心关键词，表达本任务的主要知识点。请以逻辑思维导图的形式，归纳整理本任务的知识体系。

在线测试题

_____

3. 完成在线测试题。

在线测试题

_____

二、拓展

1. 有哪些新的技术和方法，能够提高仓配中心的拣选效率？

2. 以逻辑思维导图的形式，归纳整理仓配中心的仓配岗位和组织结构。

3. 梳理自己所掌握的知识体系，并与同学相互交流、研讨，以逻辑思维导图的形式，归纳整理，分析不同企业仓配中心的作业流程有何区别。

4. 阅读《物沙：电商仓库的作业流程和拣选模式，哪种最优？》后，回答如何选择拣选方式和设备？如何提高拣选效率？如何规划仓配中心作业流程？如何提高仓配中心的作业效率和作业质量？

自我分析与总结

自我分析 学习中的难点和困惑点	总结提高 完成本任务需要掌握的核心知识点和技能点
	完成本任务的典型过程

继续深入学习提高
需要继续深入学习的知识与技能内容清单

任务2 电子商务配送作业与管理

学习目标

一、知识目标
1. 掌握配送作业流程。
2. 掌握配载的方法。
3. 掌握配送线路规划方法。

二、能力目标
1. 能够应用 Excel 进行配载。
2. 能够应用 Excel 进行配送线路规划。

三、重点难点
1. 配送作业流程。
2. 配载、配送线路规划。

全国物流行业劳动模范：湖南星都物流有限责任公司配送调度员吕晶

工作任务

一、任务描述
A 公司有一个配送中心，服务五个配送点，作为企业的物流调度人员，应用 DRP（企业分销管理系统）和配送线路规划方法，合理调度安排配送作业。

二、任务分析
要完成本任务，需要解决以下问题：
1. 什么是配？什么是送？
2. 配送作业流程是怎样的？
3. 如何进行配送作业评价？

三、任务实施
电子商务配送作业与管理任务实施框架如图 2-2-1 所示。

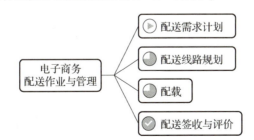

图 2-2-1 电子商务配送作业与管理任务实施框架

做中学

- 任务引入

1. 应用所给材料，计算调拨方案。
2. 应用所给材料，计算最短总路径。

3. 应用所给材料，进行配载。

步骤一　确定配送需求

某企业建立了配送中心网络，现有 3 个一级配送中心 A1、A2、A3 往 4 个二级配送中心 B1、B2、B3、B4 调拨货物。其中 A1 调拨能力为 400 件，A2 调拨能力为 300 件，A3 调拨能力为 800 件。B1 需要调入 300 件，B2 需要调入 200 件，B3 需要调入 600 件，B4 需要调入 400 件。3 个一级配送中心到 4 个二级配送中心的单件产品运费如表 2－2－1 所示。试求调拨费用最小的调运方案。

表 2－2－1　单件产品运费

一级配送中心	B1	B2	B3	B4
A1	3	2	7	6
A2	7	5	2	3
A3	2	5	4	5

解：
应用 Excel 规划求解。

（1）设定 A_i 拟调拨给 B_j 的量为 X_{ij}，i 为供应，j 为需求，X_{ij} 对应的单元格的数量如表 2－2－2 所示。

表 2－2－2　拟设的调拨数量

一级配送中心	B1	B2	B3	B4
A1	X_{11}	X_{12}	X_{13}	X_{14}
一级配送中心	B1	B2	B3	B4
A2	X_{21}	X_{22}	X_{23}	X_{24}
A3	X_{31}	X_{32}	X_{33}	X_{34}

（2）设定条件，如表 2－2－3 所示。
一个一级配送中心供应之和，等于各个二级配送中心的需求之和。
一、二级配送中心的需求之和，等于各个二级配送中心的供应之和。
供应之和与需求之和相等，为 1 500。

表 2－2－3　设定条件

一级配送中心	B1	B2	B3	B4	一级配送中心供应之和
A1	X_{11}	X_{12}	X_{13}	X_{14}	400
A2	X_{21}	X_{22}	X_{23}	X_{24}	300
A3	X_{31}	X_{32}	X_{33}	X_{34}	800
二级配送中心需求之和	300	200	600	400	1 500

(3) 设定目标。

在 Excel 中，应用函数 SUMPRODUCT（ ），设定表 2-2-1 和表 2-2-2 对应的单元格相乘之和。

应用 Excel 规划求解，单元格相乘之和的目标值最小，如图 2-2-2 所示。

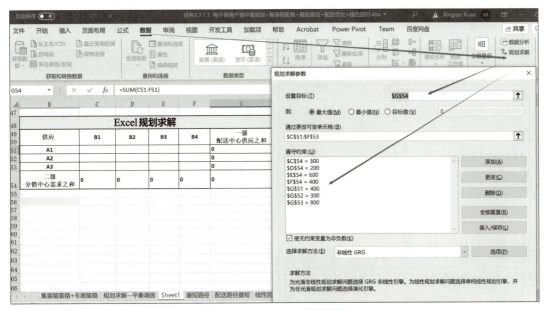

图 2-2-2　Excel 规划求解

应用规划求解，获得各个一级配送中心的调拨数量，最小值为 8 700（400×7+300×7+200×5+200×4+400×5=8 700），如表 2-2-4 所示。

表 2-2-4　规划求解

供应	B1	B2	B3	B4	一级 配送中心供应之和
A1	0	0	400	0	400
A2	300	0	0	0	300
A3	0	200	200	400	800
二级 分销中心需求之和	300	200	600	400	8 700

步骤二　规划配送线路

利用节约里程法（以下简称节约法）确定配送路线的主要出发点是，根据配送中心的运输能力和配送中心到各个用户以及各个用户之间的距离来制定使总的车辆运输的吨公里数最小的配送方案。

节约里程法的核心思想是依次将运输问题中的两个回路合并为一个回路，如图 2-2-3 所示。每次使合并后的总运输距离减小的幅度最大（$a+b-c$），直到达到一辆车的装载限制时，再进行下一辆车的优化。

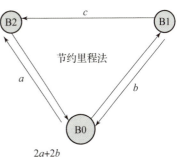

图 2-2-3　节约里程法的基本原理

【例题 2-2-1】① 已知配送中心 P0 向 5 个用户 P1、P2、P3、P4、P5 配送货物,其配送运输里程以及用户需求量如表 2-2-5 所示,配送中心有 3 台 2 t 卡车和 2 台 4 t 车辆可供使用。如果由配送中心直接送货,则配送线路有 5 条,需要车 5 辆,配送距离 = (8+8+6+7+10) × 2 = 78(km)。

请利用节约里程法制定最优的配送方案。

表 2-2-5 配送运输里程以及用户需求量

用户	需求量	P0					
P1	1.5	8	P1				
P2	1.7	8	12	P2			
P3	0.9	6	13	4	P3		
P4	1.4	7	15	9	5	P4	
P5	2.4	10	16	18	16	12	P5

(1) 按节约里程求得相应的节约里程数。

如果,P1P2 连接,则

$$节约的里程 = P0P1 \text{ 的距离} + P0P2 \text{ 的距离} - P1P2 \text{ 的距离}$$
$$= 8 + 8 - 12 = 4 \text{ (km)}$$

如果,P3P5 连接,则

$$节约的里程 = P0P3 \text{ 的距离} + P0P5 \text{ 的距离} - P3P5 \text{ 的距离}$$
$$= 6 + 10 - 16 = 0 \text{ (km)}$$

以此类推,获得节约里程表如表 2-2-6 所示。

表 2-2-6 配送中心、用户间节约里程表

用户	需求量	P0					
P1	1.5	8	P1				
P2	1.7	8	12/4	P2			
P3	0.9	6	13/1	4/10	P3		
P4	1.4	7	15/0	9/6	5/8	P4	
P5	2.4	10	16/2	18/0	16/0	12/5	P5

(2) 将节约里程按从大到小的顺序排列,如表 2-2-7 所示。

形成配送线路:P2P3→P3P4→P2P4→P4P5→P1P2→P1P5→P1P3→P2P5→P3P5→P1P4。

表 2-2-7 配送中心、用户间节约里程排序表

序号	线路	节约里程/需求量合计
1	P2P3	10

---

① https://baike.baidu.com/item/%E8%8A%82%E7%BA%A6%E9%87%8C%E7%A8%8B%E6%B3%95/8080463。

续表

序号	线路	节约里程/需求量合计
2	P3P4	8
3	P2P4	6
4	P4P5	5
5	P1P2	4
6	P1P5	2
7	P1P3	1
8	P2P5	0
9	P3P5	0
10	P1P4	0

（3）根据载重量约束与节约里程大小，顺序连接各客户节点。

首先，P2P3 连接，配送的总需求量为 1.7+0.9=2.6，没有超过车载限制，可以继续连接 P3P4（2.6+1.4=4），满足一辆车（4 t）的满载，构成一条配送线路 P0→P2→P3→P4→P0。

其次，剩下 P1P5 连接，配送的总需求量为 1.5+2.4=3.9，没有超过车载限制，安排一辆车（4 t）配送。

形成两个配送线路。

（4）得出结果。

配送线路一：运量=1.7+0.9+1.4=4（t）；运行距离=8+4+5+7=24（km）；用一辆 4 t 车运送，节约距离为 18 km。

配送线路二：运量=2.4+1.5=3.9（t）<4（t）；运行距离=8+10+16=34（km）；用一辆 4 t 车运送，节约距离为 2 km。

优化后的方案是，2 条配送线路，2 辆 4 t 车，配送距离=24+34=58（km）。

步骤三 配载

配载是指对某一时段待运送的货物，依据其性质、数量（体积）、流向、直达或中转等，按照一定的原则，如安全、不污染、不影响运输质量等，选择安排适当吨位或容积的车辆装载货物的业务活动。

货物的配载原则和方法如下：

（1）中转先运、急件先运、先托先运、合同先运，后送先装，不能超载。

（2）重不压轻、大不压小；货物间距合理，加衬垫，门端处稳固，防止开门货物倾倒，桶装垂直放。

（3）充分利用车辆载重量和容积，轻重搭配，最理想的装载方案是体积、重量满载。

【例题 2-2-2】某专线现装一台 150 m^3、限载 30 t 的货车，有如下三种货物可装运：甲 150 m^3/15 t（轻货，费率 150 元/m^3）、乙 15 m^3/45 t（重货，费率 750 元/t）、丙 50 m^3/15 t（重抛，费率 175 元/m^3）。请问：如何配载，才能充分利用车辆载重量和容积，使收入最大化？

解：

结果如表 2-2-8 所示。

表 2-2-8　配载方案

货类	方案一	方案二	方案三	方案四
甲	150 m³/15 t			145 m³/14.5 t
乙		10 m³/30 t		5 m³/15 t
丙			2×(50 m³/15 t)	0
收入/元	22 500	22 500	17 500	33 000

（4）货物性质搭配严格执行混装限制规定，性质或灭火方法相抵触的货物严禁混装于同一车。

外观相近，容易混淆的货物分开。

异味货物与吸味货物、粉尘货物与清洁货物、渗水货物与吸潮货物分开。

【例题 2-2-3】 车辆载重 10 t，38 m³，货运单信息如表 2-2-9 所示。请问：如何配载，才能保证安全、保证服务质量，使效益最大化？

表 2-2-9　货运单信息

货物名称	单位重量/kg	规格/m	数量	包装	承重级别	自身最大堆码层数	堆码方向
电视机	33	1.2×0.3×0.8	15 箱	纸箱	2	3	只能立放
微波炉	66	0.9×0.6×0.6	15 箱	纸箱	8	15	只能平放
香皂	100	0.8×0.8×0.6	20 箱	纸箱	5	5	无
洗发水	250	1×1×0.8	30 箱	纸箱	2	5	只能立放
食醋	166	0.6×0.6×1	30 箱	纸箱	5	5	只能立放
奶茶	467	1.2×1×0.6	30 箱	纸箱	5	8	无
小苏打	2	1×0.5×0.06	500 袋	袋装	5	10	无
面粉	20	1×0.8×0.05	400 袋	袋装	5	10	无

（1）按照分类配载的方式，如表 2-2-10 所示。

表 2-2-10　分类配载

项目	电视机+微波炉	香皂+洗发水	食醋+奶茶+小苏打	面粉
重量	0.5+0.99	2+7.5	4.98+14+1	8
体积	4.3+4.9	7.7+24	1.8+22+15	16
车辆	1 辆	1 辆	2 辆	1 辆

(2)考虑到经济性,按照性质搭配原则,如表 2-2-11 所示。

表 2-2-11　考虑到经济性的配载

项目	电视+微波炉+面粉	香皂+洗发水	香醋+奶茶+小苏打
重量	0.5+0.99+8	2+7.5	4.98+14+1
体积	4.3+0.99+16	7.7+24	1.8+22+15
车辆	1 辆	1 辆	2 辆

(3)食醋和小苏打,不适合放在一起,进行调整,如表 2-2-12 所示。

表 2-2-12　考虑到货物属性的配载

项目	电视机+微波炉+洗发水+香皂	面粉+小苏打	奶茶	食醋+奶茶
重量	0.5+0.99+2+7.5	8+1	10 吨	4 吨+5.01
体积	4.3+0.99+24+7.7	16+15	7	1.8+7
车辆	2 辆	1 辆	1 辆	1 辆

(4)考虑到重量限制、体积限制,选择合理的搭配方式,配载如表 2-2-13 所示。

表 2-2-13　搭配优化

项目	电视机+洗发水+香皂	面粉+小苏打+微波炉	食醋+奶茶
重量	0.5+2+7.5	8+1+0.99	14+5.01
体积	4.3+24+7.7	16+15+4.9	1.8+22
车辆	1 辆	1 辆	2 辆

步骤四　配送签收与评价

(一)配送签收

根据车辆容积、载重量和货物的性质、形状、长度和大小进行合理配载后,填制货物交接清单。填单时应按货物先远后近、先重后轻、先大后小、先方后圆的顺序进行,以便按单顺次装车。

客户收到货物后,核对订单和送货单(交接单),检验无误后,签收送货单,即签名实收情况。如有问题,及时反馈,明确责任。

(二)电子商务配送作业绩效指标

《电子商务物流服务规范》中提出,电子商务物流服务的配送服务质量应满足以下要求:

妥投率=(成功配送订单量/配送总订单量)×100% ≥95%

配送及时率=(约定时间内成功配送订单量/配送总订单量)×100% ≥90%

遗失率 =（遗失订单量/配送总订单量）×100% ≤0.02%
破损率 =（破损订单量/配送总订单量）×100% ≤0.05%
消费者投诉率 =（有效投诉订单量/配送总订单量）×100% ≤0.2%

所以，应根据以上指标评价配送服务。

学中做

配送是经济合理区域内的货物运输，包括分拣、配货、配装、运输和送达服务。"配"是送的前提，是多品种、小批量的配货；"送"是配的指向目标，空间辐射范围应具有经济可行性。

电子商务配送作业与管理知识要点如图2-2-4所示。

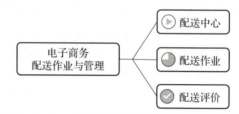

图2-2-4　电子商务配送作业与管理知识要点

一、配送中心

想一想

举例说明配送在实践中的应用。

学一学

（一）配送中心的概念

1. 配送中心的定义

按照国家标准物流术语，配送中心（Distribution Center）是指从事配送业务的场所或组织，是集加工、理货、送货等多种职能于一体的物流据点，如图2-2-5所示。

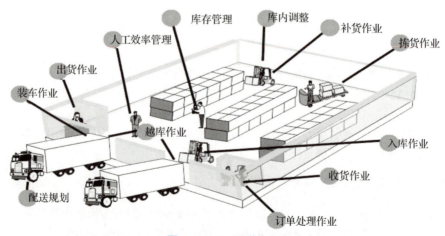

图2-2-5　配送中心

配送中心应基本符合下列要求：主要为特定的用户服务，即以用户的需求为出发点，直接面对客户的需求，按用户的种类、数量、时间、地点，提供最终配置，提供门到门服务。配送中心一般拥有完善的信息网络，物流功能健全，以配送为主，存储为辅。

配送中心有储存功能、分拣功能、集散功能、衔接功能、加工功能。

2. 配送的分类

按照不同的分类标准，配送有不同的分类，如表2-2-14所示。

表2-2-14 配送的分类

按配送商品种类及数量不同分类			
少品种大批量配送	多品种少批量配送		配套型配送
按配送的组织形式不同分类			
集中配送	共同配送	分散配送	加工配送
按配送的职能不同分类			
销售配送	供应配送	销售与供应相结合的配送	代存代供配送
定时配送	定量配送	定时定量配送	即时配送	定时定路线配送

（二）配送需求

配送中心配送作业的基本流程如图2-2-6所示，根据出库指令，拣货和分拣后，进行配货、配载和配送，完成货物的交付。

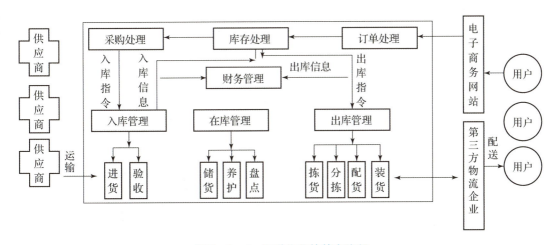

图2-2-6 配送作业的基本流程

DRP（Distribution Requirements Planning，配送需求计划）是MRP（企业制造资源计划）原理在物品配送中的应用，主要解决既要有效地满足市场需求，又要降低物流费用的要求。配送中心根据订货合同、提单和市场预测，产生商品的需求量。考虑到当前库存量、安全库存量、订货批量和前置期，确定订货计划和送货计划。配送需求计划（DRP）逻辑结构如图2-2-7所示。

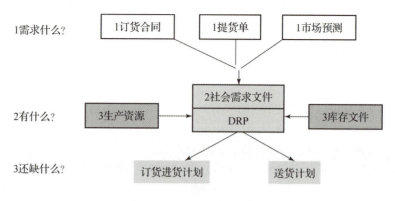

图 2-2-7　DRP 逻辑结构

 考一考

1. 有哪些配送方式？
2. 配送中心有哪些功能？

二、配送作业

 想一想

配送作业的基本流程是怎样的，还有其他的配送作业流程吗？

 学一学

配送作业流程是根据客户订单的要求、货物特征、客户分布、通行条件等，确定送货的线路和车辆的配载，调度车辆和人员，进行配货、送货服务，如图 2-2-8 所示。

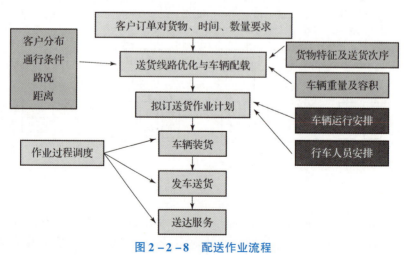

图 2-2-8　配送作业流程

（一）配送线路设计

1. 配送线路设计的目标

配送线路设计的目标是效益最高、成本最低、路径最短、吨公里最小、准确性最高、运力利用合理、劳动消耗最低。

2. 配送线路设计的约束条件

配送线路设计的约束条件如下：满足所有收货人对货物品种、规格和数量的要求；满足收货人对收到货物的时间范围要求；满足收货人对或货物接收地点的要求；在允许通行的时间内、允许通行的线路运行；各种配送路线的货物重量和体积，不允许超过车辆容积和载重的限制；在经济上具有可行性的配送空间范围内配送。

3. 配送线路规划

配送线路规划有两种情况：一种是两点之间，最短路径的选择；另一种是多点配送线路规划。

配送线路优化常用的方法是节约里程法。

B0：配送中心，B1～B12：需求点，BJ 表示配送中心到各个需求点的运量，B0 与 B1～B12 相互的交叉点表示双方间的距离。已知里程表如表 2-2-15 所示。

表 2-2-15 里程表

BJ	B0												
1.2	9	B1											
1.7	14	5	B2										
1.5	21	12	7	B3									
1.4	23	22	17	10	B4								
1.7	22	21	16	21	19	B5							
1.4	25	24	23	30	28	9	B6						
1.2	32	31	26	27	25	10	7	B7					
1.9	36	35	30	37	35	16	11	10	B8				
1.8	38	37	36	43	41	22	13	16	6	B9			
1.6	42	41	36	31	29	20	17	10	6	12	B10		
1.7	50	49	44	37	31	28	25	18	14	12	8	B11	
1.1	52	51	46	39	29	30	27	20	16	20	10	10	B12

（1）节约里程的计算。

  B1 到 B2 节约的里程 = B0 到 B1 的里程 + B0 到 B2 的里程 − B1 到 B2 的里程
         = 9 + 14 − 5 = 18

以此类推，

  B5 到 B6 节约的里程 = B0 到 B5 的里程 + B0 到 B6 的里程 − B5 到 B6 的里程
         = 22 + 25 − 9 = 38

节约里程表如表 2-2-16 所示。

表 2-2-16 节约里程表

1.2	B1	
1.7	18	B2

续表

1.5	18	28	B3								
1.4	10	20	34	B4							
1.7	10	20	22	26	B5						
1.4	10	16	16	20	38	B6					
1.2	10	20	26	30	44	50	B7				
1.9	10	20	20	24	42	50	58	B8			
1.8	10	16	16	20	38	50	54	68	B9		
1.6	10	20	32	36	44	50	64	72	68	B10	
1.7	10	20	34	42	44	50	64	72	76	84	B11
1.1	10	20	34	46	44	50	64	72	70	84	92	B12

（2）连接节约里程最多的节点，并根据是否能够转载车辆，判断是否连接下一个节点。如果满载，回到 B0，重新选择车辆运载。

（二）配载装车

配载是指对某一时段待运送的货物，依据其性质、数量（体积）、流向、直达或中转等，按照一定的原则如安全、不污染、不影响运输质量等，选择安排适当吨位或容积的车辆装载货物的业务活动。

110S 回顾北斗发展历程

（三）物流运输管理系统

物流运输管理系统（TMS）适用于运输公司、企业运输等的管理，通过对车辆、驾驶员、线路等进行全面详细的统计考核，能大大提高运作效率，降低运输成本。主要包括订单管理、配载作业、调度分配、行车管理、GPS 车辆全球定位系统、地理信息系统、车辆管理、人员管理、数据报表、基本信息维护、系统管理等功能模块。比如，阿里云运输管理系统（TMS）①，其通过对订单、运单、承运人、计划、财务等物流环节的智能管理，提高物流效率，降低费用。

全球定位系统，目前，世界范围内有四大系统，分别是美国的 GPS、欧洲的伽利略、俄罗斯的格洛纳斯、中国的北斗卫星导航系统。

地理信息系统（GIS）是一种为了获取、存储、检索、分析现实定位数据而建立的计算机化数据库管理系统。它是把各种资源信息和环境参数按空间分布或地理坐标，以一定格式和分类编码输入、处理、存贮、输出，以满足应用需要的人—机交互信息系统。

新时代北斗精神

在运输管理中，GPS/GIS 结合，通过线路监控、停车考核、路途异常（事故、堵车、灾害），保证时效。通过异常开门、危险路段提醒、劫警、剪线报警、区域报警，提供安全保障。通过空车排队、甩挂运输的准时对接、司机工作量考核、调度指令下发、车辆异常情况上报（故障、货物交接异常），进行车辆调度管理。

物流运输管理系统功能模块如表 2-2-17 所示，主要实现运输管理过程的信息化、可视化、智能化，静态线路规划和动态线路优化，其具体功能有基础设置、业务规则、订单管理、调度管理、统计分析、跟踪执行、计费管理、APP 等。

---

① https://www.aliyun.com/solution/iot/transportmanagement。

表 2-2-17　物流运输管理系统功能模块

功能模块	内容
基础设置	客户档案/产品档案，承运商档案/行政区域/提送货地址，路线管理/车辆管理/车型管理
业务规则	系统配置/列表配置，调度规则/跟踪规则/消息推送，公告栏管理/定时器
订单管理	订单建立/订单审核，订单查询/订单拆分
调度管理	提货调度/干线调度，市内调度/波次匹配
统计分析	送货及时率/签收完好率/人员作业指标，运输工具负荷/运输费用指标，客户满意度/承运商考核，自定义查询/自定义报表
跟踪执行	装车/发运确认/在途跟踪，到达签收/卸货入库/回单管理，异常管理/影像保存
计费管理	费率设置/费用账单/账单发票，账单核销/费用审核，应收账单/应付账单
APP	提货/卸货/装车，签收/运单查询/图片上传，接口管理/预警

考一考

集装箱如何配载？

三、配送评价

想一想

如何评价运输企业的配送服务质量？

学一学

（一）配送作业绩效指标

1. 配送质量评价指标

货物完好率、差错率、送货准时率、正确率、单证正确率、无误交货率。

2. 配送作业效率评价指标

订单响应时间、收发货时间、车辆利用率、车辆实载率、单位时间配送量、进出货时间占比。

3. 配送作业成本评价指标

配送费用占货物价值比率、平均配送费用、单位货物运输成本、平均装卸成本、平均流通加工成本、百公里油耗、车辆维修费、货损货差赔偿率。

4. 配送作业安全评价指标

物安全、人员安全。

5. 客户服务效果评价指标

客户投诉率、意见处理率、市场占有率、客户忠诚度、新增顾客数。

（二）配送合理化

1. 合理化的判断标志

库存标志（库存总量及周转）、资金标志（资金总量及周转）、成本和效益标志（总效益、

商务部行业标准《城市配送统计指标体系及绩效评估方法》

宏观效益、微观效益)、供应保证标志、社会运力节约标志(社会总量、承运量、空驶)、整个物流合理化标志(中转减少、衔接有序)。

2. 配送合理化可采取的做法

推行一定综合程度的专业化配送、推行加工配送、推行共同配送、推行送取结合、推行准时配送系统、推行即时配送。

(三) 配送优化

应用因素分析法进行配送优化。因素分析法是指利用统计指数体系分析现象总变动中各个因素影响程度的一种统计分析方法,包括连环替代法、差额分析法、指标分解法等。

使用这种方法能够使研究者把一组反映事物性质、状态、特点等的变量简化为少数几个能够反映出事物内在联系的、固有的、决定事物本质特征的因素。

因素分析法是将分析指标分解为各个可以计量的因素(成本),并根据各个因素之间的依存关系,顺次用各因素的比较值(通常即实际值)替代基准值(通常为标准值或计划值),据以测定各因素对分析指标的影响。

设物流成本指标 N 是由 A、B、C 三个因素乘积所组成的,其计划成本指标与实际成本指标分别列示如下:

$$计划成本指标\ N_1 = A_1 \times B_1 \times C_1$$
$$实际成本指标\ N_2 = A_2 \times B_2 \times C_2$$
$$差异额\ G = N_2 - N_1$$

计算程序如下:

$$计划成本指标\ A_1 \times B_1 \times C_1 = N_1$$

第一次替换 $N_3 = A_2 \times B_1 \times C_1$,$A$ 变动带来的影响为 $G_1 = N_3 - N_1$

第二次替换 $N_4 = A_2 \times B_2 \times C_1$,$B$ 变动的影响为 $G_2 = N_4 - N_3$

第三次替换 $N_2 = A_2 \times B_2 \times C_2$,$C$ 变动的影响为 $G_3 = N_2 - N_4$

以上三个因素变动影响的总和为:

$$(N_3 - N_1) + (N_4 - N_3) + (N_2 - N_4) = G$$

【例题 2-2-4】 某物流公司运输部门将某产品的实际运输成本、计划成本情况进行比较,数据如表 2-2-18 所示。

表 2-2-18 某产品计划成本与实际成本对比

产品	单位	计划成本	实际成本	差额
运输量	kg	300	310	10
单位成本	元	800	820	20
额外附加费率	%	4%	3%	-1%
成本	元	249 600	261 826	12 226

用因素分析法中的连环替代法分析该公司某产品运输成本增加的原因。

解:

运输成本实际比计划增加 12 226 元。

根据连环替代法,运输成本受运输量、单位成本、额外附加费率的影响。因素的替代顺序为运输量、单位成本、额外附加费率。各因素变动对该公司某产品运输成本实际比计划提高 12 226 元的测定结果如下：

$$该公司某产品运输计划成本 = 300 \times 800 \times (1 + 4\%) = 249\ 600(元) \quad (1)$$

$$第一次替代 = 310 \times 800 \times (1 + 4\%) = 257\ 920(元) \quad (2)$$

$$第二次替代 = 310 \times 820 \times (1 + 4\%) = 264\ 368(元) \quad (3)$$

$$该公司某产品运输实际成本 = 310 \times 820 \times (1 + 3\%) = 261\ 826(元) \quad (4)$$

各因素变动对某产品运输成本提高 12 226 元的影响程度如下：

由于运输量变动对运输成本的影响 = (2) − (1)
$$= 257\ 920 - 249\ 600 = 8\ 320（元）$$

由于运输单位成本变动对运输成本的影响 = (3) − (2)
$$= 264\ 368 - 257\ 920 = 6\ 448（元）$$

由于额外附加费率变动对运输成本的影响 = (4) − (3)
$$= 261\ 826 - 264\ 368 = -2\ 542（元）$$

三个因素变动对运输成本的影响 = 8 320 + 6 448 − 2 542 = 12 226（元）

从上述分析中，可以得知影响运输成本的三个因素中，其中运输量的提高使运输成本增加 8 320 元，单位运输成本的提高使运输成本增加 8 320 元，额外附加费率的降低使运输成本减少 2 542 元。

【例题 2 – 2 – 5】 假定某配送中心为某超市进行定点配送，2020 年 1 月份计划配送成本为 24 000 元（N_1），实际成本为 30 400 元（N_2），比计划成本增加 6 400 元（G）。根据表 2 – 2 – 19 的资料，分析其增加的原因。

表 2 – 2 – 19 配送成本变化

项目	计划成本（N_1）	实际成本（N_2）
货物量（A）/t	160	200
里程数（B）/km	100	95
运输单价（C）/（元·km^{-1}）	1.5	1.6
配送成本/元	24 000	30 400

解：
(1) 计划成本：
$$N_1 = A_1 \times B_1 \times C_1 = 160 \times 100 \times 1.5 = 24\ 000（元）$$
(2) 实际成本：
$$N_2 = A_2 \times B_2 \times C_2 = 200 \times 95 \times 1.6 = 30\ 400（元）$$
(3) 第一次替代，货物量因子变动的影响：
$$N_3 = A_2 \times B_1 \times C_1 = 200 \times 100 \times 1.5 = 30\ 000（元）$$
$$G_1 = N_3 - N_1 = 30\ 000 - 24\ 000 = 6\ 000（元）$$
(4) 第二次替代，里程数因子变动的影响：
$$N_4 = A_2 \times B_2 \times C_1 = 200 \times 95 \times 1.5 = 28\ 500（元）$$
$$G_2 = N_4 - N_3 = 28\ 500 - 30\ 000 = -1\ 500（元）$$
(5) 第三次替代，运输单价因子变动的影响：
$$N_2 = A_2 \times B_2 \times C_2 = 200 \times 95 \times 1.6 = 30\ 400（元）$$

$$G_3 = N_2 - N_4 = 30\ 400 - 28\ 500 = 1\ 900\ (元)$$
总差异为 $G = 6\ 000 - 1\ 500 + 1\ 900 = 6\ 400\ (元)$

(6) 各因素变化造成成本变化的分析：

货物量增加，引起成本增加 6 000 元，里程数减少，引起成本减少 1 500 元，运输单价增加，引起成本增加 1 900 元，累计成本增加 6 400 元。

如何建立配送评价指标体系？

做任务

一、任务指导书

在掌握电子商务配送作业与管理相关知识的基础上，按照表 2 – 2 – 20 电子商务配送作业与管理任务单的要求，完成任务。

表 2 – 2 – 20　电子商务配送作业与管理任务单

任务名称	电子商务配送作业与管理	任务编号	2.2
任务说明	一、任务要求 　　在掌握计算配送需求的基础上，能够应用 Excel 进行货物的配载、配送线路的规划，应用物流运输管理系统，完成货物的配送签收。 二、任务实施所需的知识 　　重点：配送作业流程、配送方式、配送评价和管理。 　　难点：配送评价指标体系。 三、小组成员分工 　　按照收集资讯、计划、决策、实施、检查、评价的过程，完成每一个任务步骤		
任务内容	围绕拟选的电子商务企业，计算配送需求，制定货物的配载计划，规划配送线路，完成配送签收和配送评价		
任务资源	Excel		
任务实施	一、配送需求的产生 提示：应用 DSR、Excel 计算配送需求 二、规划配送线路 提示：应用 Excel 规划配送线路、车辆配载 三、配载 提示：应用物流运输管理系统，调度和管理车辆		

续表

任务名称	电子商务配送作业与管理	任务编号	2.2
任务实施	四、配送 提示：签收流程和验收 五、配送评价与优化 提示：建立配送评价指标体系，提出优化方案		

二、任务评价

小组提交 Word 文档的任务单，以 PPT 汇报。

自我、组内、组间、教师，主要从团队协作、任务单完成的数量和质量、任务的逻辑性、专业知识的掌握和应用、方法和能力的提升几个方面进行评价，如表 2-2-21 所示。

表 2-2-21 任务考核表

任务名称：_____ 专业_____ 班级_____ 第____小组
小组成员（学号、姓名）

成员分工	任务汇报			
任务评价	自我评价	组内评价	组间评价	教师评价
评价维度	评价内容		分值/分	得分/分
知识	DSR		5	
	最小路径		5	
	配载		10	
	配送合理化		10	
能力	配送需求		5	
	配送线路规划		20	
	配载方案的制定		15	
	配送签收		5	
	配送评价		5	

续表

成员分工	任务汇报			
任务评价	自我评价	组内评价	组间评价	教师评价
评价维度	评价内容		分值/分	得分/分
职业素养	团队协作		5	
	语言表达		5	
	工作态度		5	
	是否遵守课堂纪律、实训室规章制度		5	

知识巩固与拓展

一、知识巩固

1. 配送作业的基本流程是怎样的？

2. 请选择 3～5 个核心关键词，表达本任务的主要知识点。请以逻辑思维导图的形式，归纳整理本任务的知识体系。

在线测试题

3. 完成在线测试题。

二、拓展

1. 规划配送线路有哪些方法？

2. 以逻辑思维导图的形式，归纳整理如何配载与配送。

3. 梳理自己所掌握的知识体系，并与同学相互交流、研讨，以逻辑思维导图的形式，归纳整理配送作业、评价和管理的基本步骤和方法。

4. 有哪些新的技术可应用于配载和配送线路的规划，提高配送效率？

自我分析与总结

自我分析
学习中的难点和困惑点

总结提高
完成本任务需要掌握的核心知识点和技能点

完成本任务的典型过程

继续深入学习提高
需要继续深入学习的知识与技能内容清单

项目任务

某企业开展618大促活动,为其策划电子商务仓配中心作业方案,支持大促活动的开展。

一、项目任务清单

1. 商品本地配送

大促期间,选择配送商,制定配送计划,与配送商合作,保证商品的配送。

2. 大促入库、在库和出库

制定618大促期间入库、在库和出库作业流程,设计618大促商品的包装。

3. 大促分仓

制定分仓和配送计划,完成货物的异地配送。

4. 大促复盘

制定评价618大促期间配送作业绩效的指标,优化流程、分析风险,为再一次开展大促活动奠定基础。

二、项目任务评价表

1. 评价方式

自我评价、任务小组组内评价、组间互评、教师评价。

2. 评价内容

团队协作、任务清单完成的数量和质量、任务的逻辑性、专业知识的掌握和应用、方法和能力的提升。

项目考核表如表2-2-22所示。

表2-2-22 项目考核表

考核项目	评分项目	考核内容	评价方式	比重	得分/分
过程表现	纪律出勤	有无迟到、早退、旷课等现象,实训期间,能否做到安全、卫生,能否严谨细致地完成实训任务,是否养成良好的职业素养	组内教师	20	
	团队协作	能否积极参与小组任务,工作态度是否认真,团队协作能力如何,能否创新思考,能否提出建设性意见,能否积极发言		10	
学习成果	专业知识	是否掌握入库、在库、包装、出库、配送作业与管理等相关知识	自评组内组间教师	20	
	专业技能	是否具备为电商企业参加的大促活动策划配送方案、支持大促活动的能力		30	
	方法能力	是否具备策划活动方案的能力		20	
总分					

项目三
电子商务物流规划与设计

项目导读

电子商务物流系统的条形码规划和设计、仓配中心的规划设计、供应链系统的规划设计,是电子商务物流系统运营的基础,也是影响电子商务物流系统绩效的重要因素。

本项目通过商品条形码的申请与设计、电子商务仓配中心的规划与设计、电子商务供应链的规划与设计三个任务,培养学生构建电子商务物流系统的能力,本项目知识结构如图 3-0-1 所示。

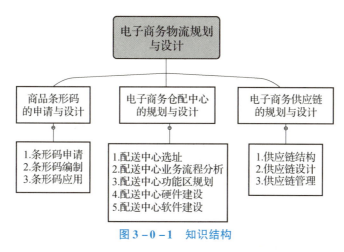

图 3-0-1 知识结构

学习目标

一、知识目标
1. 掌握商品条形码、电子产品编码、物联网的原理和功能。
2. 掌握仓配中心的规划与建设。
3. 掌握供应链与供应链管理。

二、能力目标
1. 能够申请、设计商品条形码。
2. 能够规划和设计仓配中心的功能区、软硬件建设。
3. 能够分析、借鉴和掌握供应链的结构和运作方式,为电商企业供应链运作提出建议。

三、思政目标
1. 让学生树立富强、文明、和谐的社会主义核心价值观。
2. 培养学生合作、竞争的团队精神。

项目组织

一、时间安排

12 个学时，4 个课时一个任务。

二、教学组织

本项目围绕着拟选的企业，采取小组团队合作的形式，通过借鉴、学习和小组讨论，让学生完成商品条形码的申请与设计、电子商务仓配中心的规划与设计、电子商务供应链的规划与设计三个任务。

三、学习成果

通过三个任务的学习，学生要掌握商品条形码的设计与应用、仓配中心的规划与设计方法、供应链的结构和运作，从供应链的视角，对企业的电子商务物流系统进行规划、设计和优化。

能够针对双十一大促，与供应链上的企业合作，预测需求，完善采购、仓配流程，构建仓配、供应网络，开展物流活动，完成大促活动货物的交付。

任务1　商品条形码的申请与设计

学习目标

一、知识目标
1. 了解一维码、二维码的基本原理、应用范围和特点。
2. 了解零售商品、非零售商品、物流单元的含义。
3. 掌握 RFID（射频识别技术）、EPC（电子产品编码）、物联网的工作原理和应用。

二、能力目标
1. 能够为商品在不同的流通阶段，申请、设计和应用条形码（以下简称条码或码），提高商品流通的效率。
2. 能够制作和应用商品条码。

三、重点难点
1. 零售商品、非零售商品、物流单元条形码的编制。
2. 二维码的基本原理。

工作任务

一、任务描述
某食品生产企业，预计产品种类在100种以内，主营 A、B 两种产品。请为该企业申请并设计商品流通所需的商品条码。商品流通实物与数据如图 3-1-1 所示。

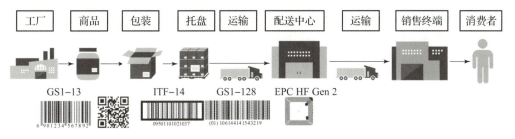

图 3-1-1　商品流通实物与数据

根据分销商的需求，A 产品分别设计了 24 个一组、48 个一组的定量包装箱；B 产品的箱码和零售包装条形码相同；A+B 组合为一个新的包装，固定数量 20 个为一个包装箱。请分别为 A 产品、B 产品、A+B 组合设计商品条形码和箱码。

现在有一批 A 产品生产日期为 2021 年 8 月 12 日，保质期为 2022 年 8 月 12 日，集装为托盘进行物流运输，请设计托盘的 SSCC（系列货运包装箱代码），并用 AI 标识生产日期和保质期。

砥砺奋进——物流信息标准化

二、任务分析
要完成本任务，需要解决以下问题：
(1) 什么是商品条形码？
(2) 如何申请商品条形码？
(3) 如何编制商品条形码？

三、任务实施

商品条形码的申请与设计任务实施框架如图 3－1－2 所示。

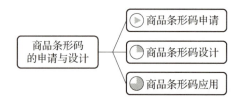

图 3－1－2　商品条形码的申请与设计任务实施框架

做中学

• 任务引入

查询 4006387000776，853065000412，1853065000686 等商品条码代表的商品、生产企业和注册条形码的管理机构。

步骤一　零售商品条码查询

应用条形码查询工具①，收集商品条形码信息，查询以下产品条形码的位数、类型、注册地，并看看该商品是否是注册地生产的，查询结果如表 3－1－1 所示。

表 3－1－1　商品条形码查询结果

条形码	查询结果
4006387000776 条形码图像	13 位 GTIN－13 条码② 注册地德国
8809261550109 条形码图像	13 位 GTIN－13 条码 注册地韩国
中国商品条形码图像	13 位 GTIN－13 条码 注册地中国

注册地是指企业申请商品条码时，注册的条形码管理机构，其所在地与企业生产商品的所在地不一定是同一个地方。

---

① 条形码查询：www.sptxm.com；我查查：http://www.wochacha.com/。
② 全球贸易单位编码。

步骤二　非零售商品条码查询

某商品贴的条形码为853065000412，外包装纸箱上的条形码为10853065000686。通过中国物品编码中心查询条形码的类型、含义和注册地，如图3-1-3所示。

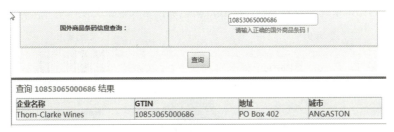

图3-1-3　商品条形码查询

经查询，两个条形码是一个厂家的商品。853065000412是12位的EAN.UCC-12码（美国、加拿大应用较多，适合室内良好的环境）；10853065000686是ITF-14非零售商品条形码（交叉25码，外围有方框，适应环境较为广泛），其中，首位1，表示是定量包装；85（085）是前缀码，表示注册地是美国。

学中做

商品条形码是电子商务物流信息化、标准化的基础，也是电子商务物流一体化的基础。有了条形码，能够快速识别商品，做好物流规划，提高物流系统的运作效率。

商品条形码的申请与设计知识要点如图3-1-4所示。

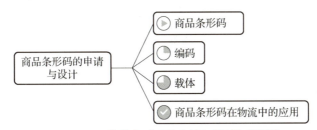

图3-1-4　商品条形码的申请与设计知识要点

一、商品条形码

谈一谈，你在网购中见过哪些商品条码？

我国《商品条码管理办法》规定，商品条码是由一组规则排列的条、空及其对应代码组成的表示商品特定信息的标识。

我国采用国际通用的商品代码及条码标识体系，即国际物品编码协会（GS1）制定的商品编码体系及条码表示方法。

（一）GS1 系统

《电子商务商品条码应用指南》

商品条码发展到现在，已经完全构成了一套成熟的技术体系，即全球统一编码标识系统（GS1 系统）。目前这套体系在商品零售、加工制造、物流配送、电子商务等经济领域得到广泛应用。

全球统一编码标识系统不仅有编码，还有自动识别技术和数据交换体系①，如图 3－1－5 所示。

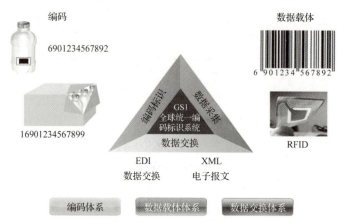

图 3－1－5　GS1 系统

物流标准化，车同轨

编码是指对商品信息进行标识的一组数字或字符代码。一个代码能唯一地标识一个分类对象，而一个分类对象只能有一个唯一的代码，作为实体的唯一标识。

GS1 系统为在全球范围内标识货物、服务、资产和位置提供了准确的编码，如图 3－1－6 所示。在提供唯一的标识代码的同时，GS1 系统也提供附加信息，例如保质期、系列号和批号。这些编码都能够以条码符号来表示，以便进行商务流程所需的电子识读。目前数据载体是条码，但 EPC global（全球产品电子代码管理中心）也在开发射频标签以作为 GS1 数据的载体。

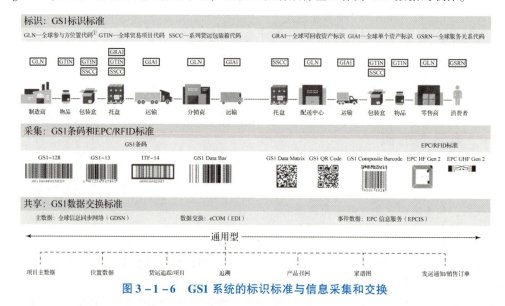

图 3－1－6　GS1 系统的标识标准与信息采集和交换

---

① http://www.ancc.org.cn/Knowledge/GS1System.aspx?id=189。

GS1 编码是 GS1 系统的核心，广泛应用于电子数据交换（EDI）、电子报文（XML）、全球数据同步（GDSN）和 GS1 网络系统，可以应用程序来自动处理 GS1 系统数据。

1. 编码体系

GS1 编码体系如图 3-1-7 所示，由标识代码和附加属性代码构成。

标识代码由零售商品代码、非零售商品代码、物流单元代码等组成。

附加属性代码，由 AI（标识符）+附加属性代码构成。附加属性代码不能脱离标识代码独立存在。

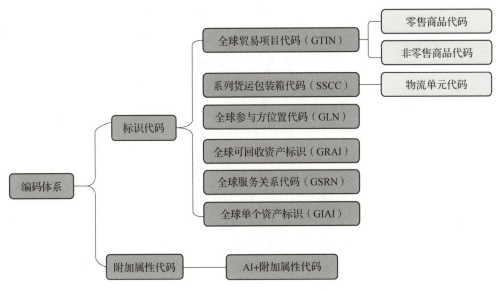

图 3-1-7　GS1 系统编码体系

标识代码和附加属性代码共同构成 GS1 的编码体系结构，如图 3-1-8 所示，其中附加属性代码可选。

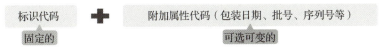

图 3-1-8　GS1 编码体系代码结构

1) 全球贸易项目代码（GTIN）

GTIN 有四种不同的编码结构：GTIN-13、GTIN-14、GTIN-8 和 GTIN-12，如图 3-1-9 所示。这四种结构可以对不同包装形态的商品（零售商品和非零售商品）进行编码。GTIN-14 适合于非零售商品标识。

2) 系列货运包装箱代码（SSCC，物流单元的编码）

SSCC 是指对物流中临时性商品包装单元所编制的代码。

SSCC 由扩展位、厂商识别代码、系列号和校验码（也叫校验位）四部分组成，是 18 位的数字代码。它采用 UCC/EAN-128 条码符号表示，有四种结构，如图 3-1-10 所示。

---

① GLN 也叫供应链参与方位置代码。

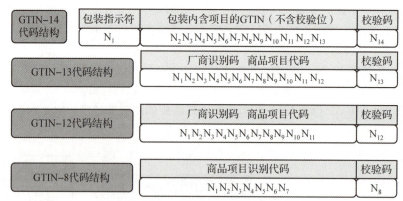

图 3－1－9　GTIN 的四种代码结构

结构种类	扩展位	厂商识别代码	系列号	校验码
结构一	N_1	$N_2N_3N_4N_5N_6N_7N_8$	$N_9N_{10}N_{11}N_{12}N_{13}N_{14}N_{15}N_{16}N_{17}$	N_{18}
结构二	N_1	$N_2N_3N_4N_5N_6N_7N_8N_9$	$N_{10}N_{11}N_{12}N_{13}N_{14}N_{15}N_{16}N_{17}$	N_{18}
结构三	N_1	$N_2N_3N_4N_5N_6N_7N_8N_9N_{10}$	$N_{11}N_{12}N_{13}N_{14}N_{15}N_{16}N_{17}$	N_{18}
结构四	N_1	$N_2N_3N_4N_5N_6N_7N_8N_9N_{10}N_{11}$	$N_{12}N_{13}N_{14}N_{15}N_{16}N_{17}$	N_{18}

图 3－1－10　SSCC 代码结构

扩展位，用于增加 SSCC 内系列代码的容量，由编制 SSCC 的公司自行分配。扩展位为 1、2、3、4、5、6、7、8，表示物流单元内的贸易项目是定量贸易项目。扩展位为 9 时，表示物流单元内的贸易项目为变量贸易项目。变量储运单元编码由 14 位数字的主代码和 6 位数字的附加代码组成，如表 3－1－2 所示。

表 3－1－2　SSCC 变量代码结构

主代码			附加代码	
变量储运单元包装指示符	厂商识别代码与商品项目代码	校验码	商品数量	校验码
$L_1(9)$	$X_{12}X_{11}X_{10}X_9X_8X_7X_6X_5X_4X_3X_2X_1$	C_1	$Q_1Q_2Q_3Q_4Q_5$	C_2

3）全球参与方位置代码结构（GLN）。

我国《商品条码管理办法》规定，位置代码与条码是指对厂商的物理位置、职能部门等所编制的代码与条码标识，如图 3－1－11 所示。

结构种类	厂商识别代码	位置参考代码	校验码
结构一	$N_1N_2N_3N_4N_5N_6N_7$	$N_8N_9N_{10}N_{11}N_{12}$	N_{13}
结构二	$N_1N_2N_3N_4N_5N_6N_7N_8$	$N_9N_{10}N_{11}N_{12}$	N_{13}
结构三	$N_1N_2N_3N_4N_5N_6N_7N_8N_9$	$N_{10}N_{11}N_{12}$	N_{13}

图 3－1－11　GLN 代码结构

2. 数据载体

商品编码的数据载体有一维条码（简称一维码）、二维条码（简称二维码）和射频识别技术。

一维码只能在一个方向（一般是水平方向）上表达信息，由数字和字母组成。

二维码能够在横向和纵向两个方向同时表达信息，能存储汉字、数字和图片等信息。二维码按表达信息的方式，分为堆叠式二维码、行排式二维码和矩阵式二维码。

射频识别技术（Radio Frequency Identification），是指利用射频信号及其空间耦合和传输特性进行非接触双向通信，实现对静止或移动物体的自动识别，并进行数据交换的一项自动识别技术（GB/T 18354—2006）。

（二）EPC 编码、RFID 载体和物联网

EPC（Electronic Product Code）即电子产品编码，是一种编码系统，可以对供应链中的对象（包括物品、货箱、货盘、位置等）进行全球唯一的标识。

EPC 标签是射频识别技术应用于 GS1 系统 EPC 编码的电子标签，是按照 GS1 系统的 EPC 规则进行编码，并遵循 EPC global 制定的 EPC 标签与读写器的无接触空中通信规则设计的标签。

EPC 标签是产品电子代码的载体，当 EPC 标签贴在物品上或内嵌在物品中时，该物品与 EPC 标签中的编号是一一对应的。

EPC global 由 EAN（欧洲物品编码协会）和 UCC（美国统一编码协会）2003 年合资组建。

EPC 编码建立在 EAN. UCC（即全球统一标识系统）条形码的基础之上，并做了一些扩充，用以实现对单品进行标志。

EPC 编码体系是新一代的与 GTIN 兼容的编码标准，它是全球统一标识系统的延伸和拓展，是全球统一标识系统的重要组成部分，是 EPC 系统的核心与关键。

EPC 二进制编码格式如图 3 – 1 – 12 所示。它是由一个版本号和另外三段数据（依次为域名管理码、对象种类、序列号）组成的一组数字。

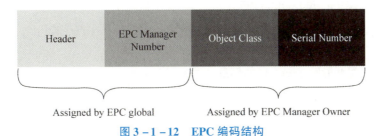

图 3 – 1 – 12　EPC 编码结构

标头，识别 EPC 的长度、类型、结构、版本号，它使得 EPC 随后的码段可以有不同的长度。

厂商识别代码，是描述与此 EPC 相关的生产厂商的信息，识别公司或企业实体，例如"可口可乐公司"。

对象分类，类似于库存单位（SKU）记录产品精确类型的信息，例如"美国生产的 330 ml 罐装可乐"。

序列号，加标签的对象类的特例，唯一标识货品，它会精确地告诉人们所说的究竟是哪一罐 330 ml 罐装可乐。

EPC 编码的二进制格式有 96 位、170 位等多种，其中版本号（Header）是固定的 8 位，其余三段数据的长度是不固定的，以 SGTIN – 96 编码方式为例：

例如：

SGTIN – 96 编码：30. 7800190. 000060. 000000010。

其中 30 是版本号，7800190 是域名管理码，均由 EPC 组织决定，而对象种类 000060 和序列号 000000010 是由公司管理者决定的。

96 位的 SGTIN – 96 编码方式可以为 2.68 亿公司赋码，每个公司可以有 1 600 万种产品分类，每类产品有 680 亿的独立产品编码，形象地说，可以为地球上的每一粒大米赋一个唯一的编码。

EPC 编码与 RFID 载体的结合，加入新的技术，是构成物联网的基础。其基本工作过程如下：

EPC 编码读写器读出商品中的 EPC 编码信息；由 EPC 产品管理中间件，传输到 Internet 中；经过网络传到 ONS（对象名称解析服务）服务器，找到该 EPC 对应的 IP 地址 URI；由 IP 地址找到 EPC 信息服务（EPCIS）服务器，从产品信息的数据库中，获取相关实物信息并作相应处理。

 考一考

登录中国物品编码中心，学习《商品条码在电子商务领域的应用》《电子商务商品条码应用指南》《全球参与方位置代码》《储运包装在供应链中的应用》等相关资源，进一步了解商品条码在电子商务活动中的应用。

二、商品条形码的编制和应用

 想一想

谈一谈，怎样申请商品条码？

 学一学

（一）商品条形码的申请

企业应用条形码的基本流程是，首先向物品编码中心申请，其次结合自身应用需求进行编码，对代码进行设计、印刷和应用。

1. 在申请条码前，首先要明确的问题

1）编码什么类型的信息

不同的条形码类型能够编码不同的信息。通常包含大写字母、小写字母、数字、特殊字符和函数等。因此，了解你所使用的条形码能够编码什么样的信息，是非常重要的。

2）条形码的应用场景

一些条形码类型，如 Code39 会根据编码字符的数目变多而变大，而一些高密度条形码，如 Code128 在较小的宽度内表示更多的信息，128 码可表示 128 个字符，密度高。

二维（2D）码 Data Matrix 和 QR Code 可以编码 800 个字符信息，而且尺寸比其他同类更小。

2. 申请

登录中国物品编码中心①，学习了解商品条码的办理业务流程。

（1）准备资料：准备好企业法人营业执照或营业执照（副本）复印件、组织机构代码、企业公章等资料，向中国物品编码中心分中心索取《中国商品条码厂商识别代码注册申请表》，并按照要求填写。

（2）交纳费用：根据企业类型，交纳相应的费用，并保留交费凭证。

（3）提交资料：将准备好的资料文件提交相关部门。

（4）初审阶段：申请人的申请资料经所在地的编码中心分支机构初审后，符合条件的资料，由编码中心分支机构签署意见并报送到中国物品编码中心审批。

（5）核准阶段：中国物品编码中心收到初审合格的申请资料及申请人交纳的费用后，对确实符合规定要求的，中国物品编码中心向申请人核准注册厂商识别代码，并通知分支机构。

浙江省《电子商务商品编码与追溯管理规范》

---

① http://www.ancc.org.cn/index.aspx。

(6) 注册完成：中国物品编码中心对申请企业颁发《中国商品条码系统成员证书》、商品信息服务平台会员卡。

(二) 商品条码的设计

商品条码设计的原则是唯一性、稳定性、易识别性，具有可扩展性。

唯一性要求为基本特征相同、同一项目的商品分配相同的商品代码，作为该类商品唯一的标识。基本特征是指商品的名称、商标、种类、规格、数量、包装类型等。不同行业的商品，基本特征不同。同一行业、不同厂家的商品，可以自行设置商品的特征项，在此基础上，归类、编码。

稳定性要求商品条码一旦分配，只要商品的基本特征没有变化，就应保持不变。即使商品停止生产，一般要求至少保持4年，不应用于其他商品上。

对项目（商品、物流单元）进行标识时，首先要根据一定的编码规则为其分配一个条码，然后再用条码符号或者数字载体进行标识，便于机器识读。

在GS1中，全球贸易代码（GTIN）包括零售商品和非零售商品的编码，系列货运包装箱代码（SSCC）包括应用物流单元的编码。

对贸易项目进行编码和符号表示，能够实现商品零售（POS）、进货、存补货、销售分析及其他业务运作的自动化。GTIN中的贸易类型和可选编码结构如表3-1-3所示。

表3-1-3 GTIN中的贸易类型和可选编码结构

贸易类型		可选编码结构	条形码码制
零售贸易项目	零售贸易项目	EAN/UCC-8	EAN-8
		UCC-12	UPC-A、UPC-E、ITF-14、EAN-128
		EAN/UCC-13	UPC-A、UPC-E、EAN-13、ITF-14、EAN-128
	非零售变量贸易	UCC-12	UPC-A、UPC-E、ITF-14、EAN-128
		EAN/UCC-13	UPC-A、UPC-E、EAN-13、ITF-14、EAN-128
		EAN/UCC-14	UPC-A、UPC-E、ITF-14、EAN-128

1. 零售商品编码

零售商品是根据预先定义的特征而进行定价、订购或交易结算的任意一项产品或者服务。

商品的基本特征主要由名称、商标、种类、规格、数量、包装类型等构成，基本特征相同的商品视为同一商品项目，对同一商品项目的商品必须分配相同的商品标识条码，方便计算机系统零售结算。

基本特征不同的商品视为不同的商品项目，编制不同的条码。

只要商品的一项基本特征发生变化，就必须分配一个不同的商品条码。

比如，就服装而言，将商标、品种、款型、面料、颜色作为服装的5个基本特征项。那么如果一个特征项发生变化，比如面料，就必须分配不同的商品标识码来标识商品。对于不同种类、不同规格、不同包装的商品，均应视为不同的商品项目。

EAN商品条码也称通用商品条码，主要用于对贸易项目中零售商品的条码标识。由国际物品编码协会制定，通用于世界各地，是目前国际上使用最广泛的一种商品条码。EAN/UPC商品条码包括EAN-13、EAN-8和UPC-A与UPC-E四种形式。

1）EAN - 13 码

国内主要应用的是 EAN - 13 码。EAN - 13 通用商品条码（代码）一般由前缀码、厂商识别代码、商品项目代码和校验码，共 13 位组成，如图 3 - 1 - 13 所示。

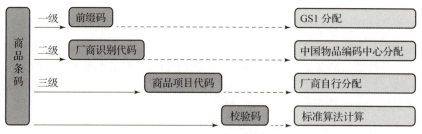

图 3 - 1 - 13　EAN - 13 码

前缀码是用来标识国家或地区的代码，即国家代码（国别代码），赋码权在国际物品编码协会，如 00 ~ 09 代表美国、加拿大。45 ~ 49 代表日本。690 ~ 692 代表中国大陆，471 代表我国台湾地区，489 代表我国香港特区。

厂商识别代码（即厂商代码）的赋权在各个国家或地区的物品编码组织，我国由中国物品编码中心赋予厂商识别代码。厂商识别代码，4 ~ 8 位，以企业名义申请的，相当于企业身份证号，企业不能修改。

商品项目代码（即商品代码）是用来标识商品的代码，赋码权由产品生产企业自己行使，生产企业按照规定条件自己决定在自己的何种商品上使用哪些阿拉伯数字为商品条码。产品编码，9 ~ 12 位，企业可以自由编写，0000 ~ 9999 适用于企业的 1 万种产品。商品条码的分段图例如图 3 - 1 - 14 所示。

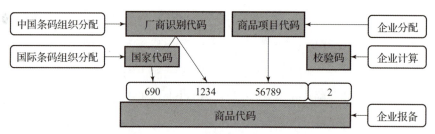

图 3 - 1 - 14　商品条码的分段图例

商品条码最后用 1 位校验码来校验商品条码中左起第 1 ~ 12 数字代码的正确性。即前面 12 位确定后，最后一位通过数学公式即可计算出来。

EAN - 13 码有四种结构，如表 3 - 1 - 4 所示。

表 3 - 1 - 4　EAN - 13 码的四种结构

结构种类	前缀码、厂商识别代码	商品项目代码	校验码
结构一	$X_{13}X_{12}X_{11}X_{10}X_9X_8X_7$（690、691）	$X_6X_5X_4X_3X_2$	X_1
结构二	$X_{13}X_{12}X_{11}X_{10}X_9X_8X_7X_6$（692）	$X_5X_4X_3X_2$	X_1
结构三	$X_{13}X_{12}X_{11}X_{10}X_9X_8X_7X_6X_5$	$X_4X_3X_2$	X_1
	中国物品编码中心分配给企业	企业自行编制	计算

EAN-13 码的编码结构如图 3-1-15 所示。

图 3-1-15　零售商品 EAN-13 码的结构

2) EAN-12 码和 EAN-8 码

出口到北美的商品可以申请 EAN-12 码和 EAN-8 码，EAN-12 码的结构如表 3-1-5 所示。

表 3-1-5　EAN-12 码的结构

厂商识别代码	商品项目代码	校验码
$X_{12}X_{11}X_{10}X_9X_8X_7X_6X_5X_4X_3X_2$		X_1
X_{12}：系统字符，0、6、7 应用于一般商品；2 应用于商品变量单元；3 应用于药品及医药用品；4 应用于零售商品；5 应用于代金券；1、8、9 保留。 厂商识别代码（6~10 位）是中国物品编码中心分配给厂商的。 商品项目代码（1~5）由厂商编制		计算

EAN-8 码也由中国物品编码中心分配和管理，其结构如表 3-1-6 所示。

表 3-1-6　EAN-8 码的结构

前缀码	商品项目代码	校验码
$X_8X_7X_6$	$X_5X_4X_3X_2$	X_1
由国际物品编码协会分配给中国物品编码中心（690~695）	由中国物品编码中心分配和管理	计算

EAN-8 码的条码标识如图 3-1-16 所示。

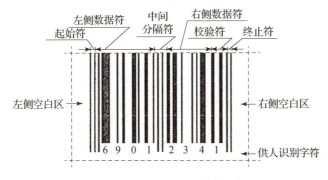

图 3-1-16　EAN-8 码的条码标识

【例题3-1-1】 某服装企业申请了厂商识别代码69290001。现在有一款新的产品要上市,按照表3-1-4的结构二,需要分配4位商品项目代码(如0001),相应的校验码为2,则该款服装产品的完整商品标识代码为6929000100012。其后如有第二款产品上市,应当分配另一个4位商品项目代码(如0002),并得到另一个完整的商品标识代码6929000100029。企业如果将商品项目代码0000~9999这10 000个号码全部用完,再生产新产品时,就需要申请一个新的厂商识别代码(如69290002)。此时,商品项目代码(如0001)和新的厂商识别代码69290002组合成一个新的商品条码,整个13位商品标识代码也就不同,不会导致重码。

2. 非零售商品

非零售商品储运包装用UPC/EAN-14位码,首位字符1~9,其中1~8表示定量,9表示变量。

零售商品同时是储运包装,可以采用UPC/EAN-13码表示;也可以在零售商品编码的基础上,增加一位包装指示符,在前面补0,变成14位,用ITF-14或UCC/EAN-128码表示,如图3-1-17所示。

图3-1-17 ITF-14码

UCC/EAN-128码既可用于对物流单元、非零售商品的条码标识,也可用于对厂商的物理位置、职能部门等位置的条码标识。

【例题3-1-2】 一家服装企业某款袜子产品的零售单元(假设为1件)的商品标识代码为6929000100012。现在希望对其内装12件的套装产品进行标识,有两种编码与条码符号表示方法。

一种方法是采用另一个EAN/UCC-13代码来表示,例如6929000100029,并采用相应的EAN-13条码符号表示。但如果该包装单元不会用于POS扫描结算,且包装材料为瓦楞纸箱,则通常用14位的EAN/UCC-14代码结构表示。这时应当在其原来零售单元的12位代码(去掉第13位校验码)前加上1、2…8中的任一位数字,同时按相关标准规定的公式重新计算校验码。数字1~8表示定量和9表示非定量编码。因此,相应的EAN/UCC-14代码可以为16929000100019。其他包装箱码如表3-1-7所示。

表3-1-7 其他包装箱码

包装级别	名称	代码
消费单元	单双袜子	6929000100012
一级包装	非零售内包装(含24个)	16929000100019
二级包装	纸箱(含100个内包装)	26929000100016
三级包装	货盘(含12个纸箱)	36929000100013

为了防止服装产品在销售过程中发生不同区域之间的串货，服装企业希望标明一款产品的每一件的序列号和销售地。可以应用附加属性代码（AI+属性代码）进行标识，并用UCC/EAN-128码来表示。常用属性代码（应用标识符）如表3-1-8所示。

表3-1-8 常用属性代码

AI	内容	格式
00	系列货运包装箱代码	$n_2 + n_{18}$
01	全球贸易项目代码（GTIN）	$n_2 + n_{14}$
02	物流单元中的全球贸易项目代码	$n_2 + n_{14}$
10	批号或组号	$n_2 + an\cdots 20$
11	生产日期	$n_2 + n_6$
15	保质期	$n_2 + n_6$
17	有效期	$n_2 + n_6$
21	序列号	$n_2 + an\cdots 20$
310X	净重（千克）	$n_2 + n_6$
37	在一个物流单元中所含贸易单元的数量	$n_2 + n\cdots 8$
401	托运代码	$n_3 + an\cdots 30$
420	收货方邮政编码	$n_3 + an\cdots 20$

比如，(11)、(21)、(420)三个属性代码分别表示其后为生产日期、序列号及收货方邮政编码。这种表示方法可用于服装企业对单件产品的跟踪追溯。

储运单元条码符号印刷位置如图3-1-18所示。

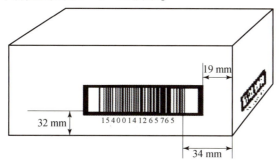

图3-1-18 储运单元条码符号印刷位置

3. SSCC – Serial Shipping Container Code（系列货运包装箱代码）

在国际贸易往来中，除了要标识零售商品、包装箱外，还要标识托盘、集装箱等货运单元，即物流单元。

物流单元是为了便于运输和/或仓储而组合成的任意包装单元，在供应链过程中需要对其进行管理。例如一箱有不同颜色和尺寸的12件裙子和20件夹克的组合包装，一个含有40箱饮料的托盘（每箱12盒装）都可以视为一个物流单元。

我国《商品条码管理办法》规定，物流单元代码是指对物流中临时性商品包装单元所编制的代码标识。通过扫描每个物流单元上的条码标签，对物流单元进行个体的跟踪与管理，实现物流与相关信息流的链接，可分别追踪每个物流单元的实物移动。并通过物流编码资料的收集、反馈、共享资料，提高整个供应链的效率。

SSCC – Serial Shipping Container Code，系列货运包装箱代码，用于对物流单元（运输/储藏）唯一标识的代码（或称数据结构），具有全球唯一性。

任何两个物流单元，即使它们内装商品及其数量完全相同，一般也应当赋予不同的标识代码，以便对每一个物流单元进行跟踪。

系列货运包装箱代码的结构如图 3 – 1 – 19 所示，系列货运包装箱代码的含义如表 3 – 1 – 9 所示。

图 3 – 1 – 19　系列货运包装箱代码的结构

表 3 – 1 – 9　系列货运包装箱代码的含义

代号	码别	长度	说明
A	应用识别码	2	00代表其后的资料内容为运送容器序号，为固定18位数字
B	包装类型码	1	3代表包装指示码
C	EAM前缀码和企业码	7	代表EAN前缀码与公司码
D	序列号	9	由公司指定序号
E	校验码	1	用于校验
F	应用识别码	3	420代表其后的资料内容为配送邮政码
G	配送邮政码	4	代表配送邮政码

其中，企业代码需申请。包装类型码、序列号，由具有厂商识别代码的厂商自行分配。校验码，用于校验。

系列货运包装箱代码的应用如图 3 – 1 – 20 所示。

AI（00）标识系列货运包装箱代码 SSCC（006141411234567890）。

AI（02）标识物流单元内的贸易项目编号（00614141000418），AI（15）标识保质期（000214），AI（10）标识批号或组号（4512XA），AI（37）标识本单元包含贸易单元的数量（20）。

4. 物流标签的印刷和贴标

尺寸，建议标签的宽度为 A6（105 mm），高度可以根据所需信息的量变化，包括 SSCC 在内的条码最小高度为 32 mm。

物流单元标签条码的空与条应垂直于物流单元的底面。SSCC 条码符号应位于标签的最下端，也可以是其他位置。物流标签的贴标位置选择顺序如图 3 – 1 – 21 所示。

每个物流单元至少有一个标签。如果有两个标签，最好固定在相邻的两个侧面上，以方便扫描，如图 3 – 1 – 21 所示。

图 3 – 1 – 20　系列货运包装箱代码的应用

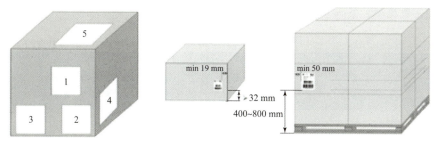

图 3－1－21　系列货运包装箱代码粘贴位置

考一考

1. 假如任务中中国物品编码中心批复的厂商识别代码是 69254321，商品项目代码可自定，按照图 3－1－22 所示场景，分别为 A、B、A＋B，编写零售商品条码、非零售商品条码、物流单元条码。

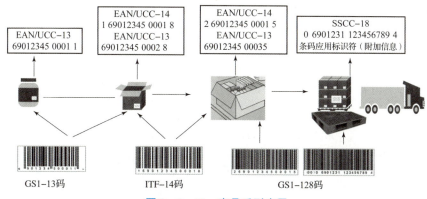

图 3－1－22　商品系列应用

（1）编写零售商品条码，完成表 3－1－10。

表 3－1－10　编写零售商品条码

零售商品	申请厂商码	企业编码	校验码	商品编码

（2）编写非零售商品条码，完成表 3－1－11。

表 3－1－11　编写非零售商品条码

非零售商品	定量（1－8）变量（9）	编码＋校验码
定量包装 A12 一组		
定量包装 A24 一组		
定量包装 A＋B		

（3）编写物流单元条码，SSCC + 标识符，完成表 3 – 1 – 12。

表 3 – 1 – 12　编写物流单元条码

SSCC			生产日期码	保质期
标识符	厂商识别码	企业编码	标识符 + 日期码	标识符 + 保质期

2. 选择一个条码标识符号，应用条形码软件，打印条形码。

应用在线条形码制作软件①，制作条形码。

应用商品条码工具软件（Free Barcode），制作打印条形码。

3. 印刷条形码。

参考规范，整理出条形码的印刷尺寸、位置等要求，印刷条形码。

做任务

一、任务指导书

在掌握条形码相关知识的基础上，按照表 3 – 1 – 13 商品条形码的申请与设计任务单的要求，完成任务。

表 3 – 1 – 13　商品条形码的申请与设计任务单

任务名称	商品条形码的申请与设计	任务编号	3.1
任务说明	一、任务要求 　　在掌握商品条形码、条形码申请、设计和应用的基础上，能够为拟选的企业编制条形码。 二、任务实施所需的知识 　　重点：商品条码的类型、商品条码的申请、设计和印刷。 　　难点：商品条形码的编码。 三、小组成员分工 　　按照收集资讯、计划、决策、实施、检查、评价的过程，完成每一个任务步骤		
任务内容	围绕拟选的电子商务企业，申请、设计、编制和印刷商品条形码、零售商品和非零售商品的条形码、物流单元的条形码		
任务资源	中国物品编码中心		
任务实施	一、条形码申请 　　提示：申请的部门、流程、费用		

---

①　条码生成器 http：//barcode. cnaidc. com。

续表

任务名称	商品条形码的申请与设计		任务编号	3.1
任务实施	二、编制商品条形码 提示：编制零售商品条形码、非零售商品条形码的方法			
	三、编制物流单元条形码 提示：编制物流单元条形码的方法			
	四、打印条形码 提示：应用打印软件打印条形码。如果印刷，需要注意印刷服务商的资质、印刷的标准和质量			
	五、应用条形码 提示：条形码在物流信息系统中的应用			

二、任务评价

小组提交 Word 文档的任务单，以 PPT 汇报。

自我、组内、组间、教师，主要从团队协作、任务单完成的数量和质量、任务的逻辑性、专业知识的掌握和应用、方法和能力的提升几个方面进行评价，如表 3-1-14 所示。

表 3-1-14 任务考核表

任务名称：＿＿＿＿＿＿＿＿＿＿ 专业＿＿＿＿ 班级＿＿＿＿ 第＿＿＿＿小组
小组成员（学号、姓名）＿＿＿＿＿＿＿＿＿＿＿＿＿＿＿＿＿＿＿＿＿＿

成员分工	任务汇报			
任务评价	自我评价	组内评价	组间评价	教师评价
评价维度	评价内容		分值/分	得分/分
知识	商品条码		5	
	零售商品		5	
	非零售商品		10	
	物流单元		10	
能力	编制零售商品条码		5	
	编制非零售商品条码		20	
	编制物流单元条码		15	
	选择和打印商品条码		5	
	物联网		5	
职业素养	团队协作		5	
	语言表达		5	
	工作态度		5	
	是否遵守课堂纪律、实训室规章制度		5	

巩固与拓展

一、知识巩固

1. 简答条形码的类型、结构和应用。

＿＿＿＿＿＿＿＿＿＿＿＿＿＿＿＿＿＿＿＿＿＿＿＿＿＿＿＿＿＿＿＿＿＿＿＿＿＿

＿＿＿＿＿＿＿＿＿＿＿＿＿＿＿＿＿＿＿＿＿＿＿＿＿＿＿＿＿＿＿＿＿＿＿＿＿＿

2. 请选择 3~5 个核心关键词，表达本任务的主要知识点。请以逻辑思维导图的形式，归纳整理本任务的知识体系。

＿＿＿＿＿＿＿＿＿＿＿＿＿＿＿＿＿＿＿＿＿＿＿＿＿＿＿＿＿＿＿＿＿＿＿＿＿＿

＿＿＿＿＿＿＿＿＿＿＿＿＿＿＿＿＿＿＿＿＿＿＿＿＿＿＿＿＿＿＿＿＿＿＿＿＿＿

3. 完成在线测试题。

二、拓展

1. 随着信息技术的发展，出现了哪些新型的标示货物的方式？

2. 以逻辑思维导图的形式，归纳整理编制物流单元条码的方法。

3. 梳理自己所掌握的知识体系，并与同学相互交流、研讨，以逻辑思维导图的形式，归纳整理条形码申请、编制的基本步骤和方法。

4. 作为一个电子商务企业，如何构建自己的条形码体系？

自我分析与总结

自我分析	总结提高
学习中的难点和困惑点	完成本任务需要掌握的核心知识点和技能点
	完成本任务的典型过程

继续深入学习提高
需要继续深入学习的知识与技能内容清单

任务 2　电子商务仓配中心的规划与设计

学习目标

一、知识目标
1. 掌握仓配网络的结构和功能。
2. 掌握仓配中心选址的方法。
3. 掌握仓配中心硬件和软件的构成和功能。

二、能力目标
1. 具备仓配中心选址能力。
2. 具备规划仓配中心功能区的能力。
3. 具备规划仓配中心软硬件的能力。

工作任务

一、任务描述
某企业历史悠久，主要生产皮鞋、运动鞋、鞋材、皮具、服装等系列产品。公司销售渠道很广，既有线下，也有线上 B2B、B2C、O2O。为了提供更好的物流服务，在原仓配网络的基础上，需要新建一个仓配中心，请你为其设计一个方案。

二、任务分析
要完成本任务，需要解决以下问题：
1. 为何构建仓储网络？
2. 仓储选址有哪些方法？要考虑哪些因素？
3. 仓配中心建设的基本内容是什么？

三、任务实施
电子商务仓配中心的规划与设计任务实施框架如图 3 – 2 – 1 所示。

京东智慧仓储

图 3 – 2 – 1　电子商务仓配中心的规划与设计任务实施框架

做中学

- 任务引入

仓配中心建设

某企业根据 B2B、B2C、O2O 不同类型客户的批量订单和单品订单的货品成本、体积，制定了为不同类型客户服务的水平。根据运输距离（300 km、500 km、1 000 km）、仓配中心成本（分仓的人工、场地和运营成本等）和客户服务时效（$T+0.5$、$T+3$），按照区域、省、城市、商圈需求，构建了三级仓配网络。

中央配送中心为一级，在全国七大城市建立二级仓配中心。一级配送中心主要是批量发货到各二级仓配中心。二级仓配中心主要负责辐射其附近的多个三级仓配中心、经销商的批量发货。其中价值高、占用资金大的商品,在二级仓配中心统一调度。对于销量大的区域,设立三级仓配中心,辐射范围一般规定空间小于 500 km,配送时效小于 3 天,三级仓配中心既负责批量发货,又负责所在地区的 C 端客户,仓配网络如图 3-2-2 所示。

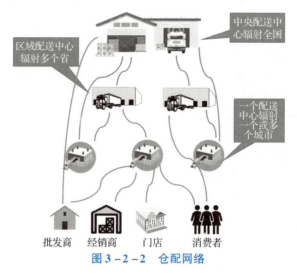

图 3-2-2　仓配网络

三级仓配中心节点少的劣势是距离客户空间远、发货到货时间长、运输成本高,优势是总的库存水平低、投入三级仓配中心的资源少。节点多的优势是距离客户空间近、发货到货时间短、运输成本低,劣势是增加了三级仓配中心的投入、库存水平高。现在需要在甲地建设一个二级仓配中心,如何建设?

步骤一　仓配中心建设财务可行性

拟将该区域企业的二级仓配中心设于甲地,对各个三级仓配中心采取多频次、小批量供货。根据统计,企业平均每年要运输 2 010 次,每次运输的量平均在 200 件左右,总件数为 2 010 × 200 = 402 000(件),每件产品的平均运输成本为 9.8 元,每次运输的平均成本为 1 960 元。每次运输货品的批量越大,则单位货品所分摊的运输成本就越低,所以企业希望通过建立中转仓库来降低运输成本。经过考察,企业在乙地找到了一个可以租赁的仓库。如果租赁了该仓库,企业便可以按以下方式进行产品的运输。

企业先将产品以 8 000 件的批量从甲地运往乙地,此时每件产品的运输成本降为 2.9 元,这样每批产品从甲地至乙地的运输成本为 23 200 元。在产品进入仓库后,企业再根据配送要求将产品配送至各配送中心,此时每次依然运送 200 件,每年平均运送 2 010 次,但由于运输距离的缩短,每件产品平均的运输成本变为 2 元,每次运送的平均成本为 400 元。如果一年中租赁仓库的成本为 700 元/m^3、共租赁 1 000 m^3,仓库中的仓储作业共耗费成本 450 000 元,库存持有成本为 250 000 元。

试计算,从物流成本的角度看,是否租赁中转仓库?

解:

物流成本包含运输成本、配送成本、仓储成本、仓储租赁成本、库存成本、仓储作业成本。

(1)没有中转仓库的物流成本。

在没有租赁中转仓库,实行工厂至零售网点的直接运输时,企业一年的运输总成本为:

$$9.8 \times 200 \times 2\,010 = 3\,939\,600（元）$$

（2）有中转仓库的物流成本。

$$物流成本 = 运输成本 + 仓储成本$$

其中：

$$运输成本 = 工厂到中转仓库运输成本 + 中转仓库至零售网点运输成本$$
$$200 \times 2\,010 \times (2.9 + 2) = 1\,969\,800（元）$$
$$仓储成本 = 仓储租赁费 + 仓储作业费 + 库存成本$$
$$= 700 \times 1\,000 + 450\,000 + 250\,000 = 1\,400\,000（元）$$

（3）节约的运输成本。

建立中转仓库实行集运，在保持原有客户服务水平的前提下，节约的运输成本为：

$$节约的运输成本 = 3\,939\,600 - 1\,969\,800 - 1\,400\,000 = 569\,800（元）$$

租赁中转仓库虽然增加了成本（1 400 000 元），但总成本减少了 569 800 元，所以从经济的角度看，应当租赁该仓库。

如果在该地自建仓配中心并对外提供服务。累计需要投入固定成本 600 万元，使用 10 年，残存率 10%。对外提供仓配服务，平均每件收入 2.6 元，变动成本 0.6 元，如果采用固定成本分摊法，试计算盈亏平衡点。

解：

自建仓配中心，对外提供服务的盈亏平衡点为：

$$盈亏平衡点 = 年固定成本/(单件收入 - 单件变动成本)$$
$$= [600 \times (1 - 10\%)/10]/(2.6 - 0.6) = 27（万件）$$

即，对外提供服务，年均 27 万件，才能够达到盈亏平衡点。

步骤二　仓配中心建设

（一）仓配中心功能区布局

该企业的仓配中心功能区布局如图 3-2-3 所示，有入库理货区、在库货架区和出库理货区，以及办公区。

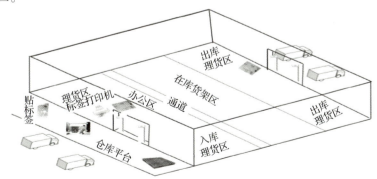

图 3-2-3　仓配中心功能区布局

（二）仓配中心设施建设

（1）理货区主要有托盘、标签打印机、地牛和叉车。
（2）仓储区和理货区，主要有货架和拣选设备。

该企业在商品入库上架后,在仓储物流订单生产环节,为了提升拣选效率,有 3 种可能的拣选模式,在单品拣货、先集后分、边摘边播。

单品拣货和先集后分这 2 种拣选模式,在拣选设备选择上,可参考传统的散件拣选,比如选用大的拣货笼框或者类似超市购物的拣货小车等。

而边摘边播,要在一趟拣选任务中同时完成多个订单商品的拣选,并且在拣选过程中就能按照各个订单将商品分好,因此所选用的拣选设备要能够相互隔开。

为提高拣选效率,订单分拣设备可以应用拣货车、自动化订单分拣设备、语音拣货设备等。

(3) 应用 WMS 系统和拣货系统,提高仓配中心作业效率。

步骤三　仓配中心组织架构建设

该企业构建了以下电子商务仓配中心组织架构,如图 3-2-4 所示。

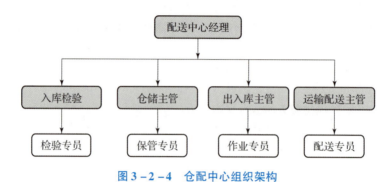

图 3-2-4　仓配中心组织架构

学中做

电商企业发展到一定规模,为了提供更好的服务,提质增效,建设仓配中心是一个可行的途径。大促期间物流需求激增,分仓也是一个不错的选择。

电子商务仓配中心的规划与设计知识要点如图 3-2-5 所示。

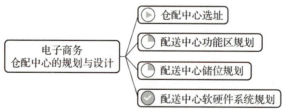

图 3-2-5　电子商务仓配中心的规划与设计知识要点

一、仓配中心选址

 想一想

仓配中心选址的方法和影响因素有哪些?

> 学一学

商品出厂后会经过品牌商，进入工厂所属的总仓，根据全国或全球销售布局的预测，将商品通过干线运输的方式移动到不同的分仓，通过区域分仓控制大区库存，商品出厂链条如图3-2-6所示，一是线下渠道；二是线上渠道。

在线下渠道内，商品从区域仓、前置仓用多点配送的方式配送到门店，再通过门店直达消费者。

在电商渠道内，则会通过电商平台将商品售卖给消费者，并通过快递、仓配、即时配的方式将商品配送到消费者手中。

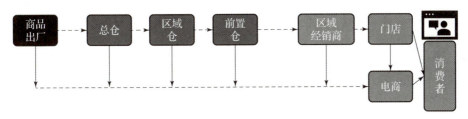

图3-2-6 商品出厂链条

（一）仓配中心选址的可行性分析

选址时，要考虑到选址地点的交通运输、货物流向、区域布局、自然因素和经营方面的因素。

经营因素主要包括竞争环境、客户服务、客户需求分布、物流费用，以及带来的成本价值、距离价值和时间价值。比如有了配送中心，该区域周边每单运费可以均降多少、该区域用户的回头率可能提升多少、该区域送货时间能够降多少、增加多少销量，这些因素都需要考虑。

（二）仓配中心选址基础资料收集和分析

1. 基础资料

仓配中心选址前要搜集影响仓配中心规划的基础数据和背景资料，主要包括如下几个方面：

C—Custome：指配送的对象或客户。

I—Item：指配送货品的种类。

Q—Quantity：指配送货品的数量或库存量。

R—Route：指配送的通路。

S—Service：指物流服务水平。

T—Time：指物流的交货周期。

C—Cost：指配送货品的价值或建造的预算。

2. 分析可行性

根据收集的资料，分析确定仓库负责的发货区域，预估库存量。选择仓库面积、仓储设备和人员配置，预估成本构成。综合考虑物流成本和物流速度，确定是否需要选址，建设配送中心。

选择建设模式，结合区域用户服务战略和自身的能力，确定是选择第三方仓储企业①还是自建。

分析时还应考虑仓配中心的运营模式，仓配中心的运营模式有供应商配送模式、自营配送模式、第三方物流配送模式、共同配送模式和连锁企业仓配中心。

（三）仓配中心选址的方法

仓配中心选址要采用定量分析与定性分析相结合的方法。

定量分析主要有重心法、运输规划法等。

重心法是指用重心数学意义上的技巧，进行供应链节点位置决策的方法。通常其目标是追求最低的运输成本。这里的重心并不是严格意义上的重心，因为用这种方法选址，运输成本不仅与节点的相对距离有关，还与运输量、运输费率等因素有关。

【例题 3-2-1】 假设在市区建一个仓配中心，给位于东、西、南、北、中五区的商场配送，各商场的空间位置及配送量如表 3-2-1 所示。

表 3-2-1 各商场的空间位置与配送量

区域	空间位置	配送量/T
东	10，4	4 000
西	2，3	8 000
南	7，0	10 000
北	5，8	8 000
中	6，4	20 000

解：

$$x = \frac{4\,000 \times 10 + 8\,000 \times 2 + 10\,000 \times 7 + 8\,000 \times 5 + 20\,000 \times 6}{4\,000 + 8\,000 + 10\,000 + 8\,000 + 20\,000} = 5.72$$

$$y = \frac{4\,000 \times 4 + 8\,000 \times 3 + 10\,000 \times 0 + 8\,000 \times 8 + 20\,000 \times 4}{4\,000 + 8\,000 + 10\,000 + 8\,000 + 20\,000} = 3.68$$

新建的仓配中心位置是 $xy(5.72, 3.68)$。

考一考

1. 仓配中心选址应收集和分析哪些基础资料？
2. 仓配中心重心法选址中的重心是什么的中心？

二、仓配中心功能区规划

想一想

仓配中心的作业流程是怎样的？

---

① http://www.fineex.com/。

> 学一学

仓配中心的主要功能区，以平面布局规划为例，主要有收货暂存区、存储区、拣货区、分播作业区、复核打包区、集货区/发货区、退货区，如表3-2-2所示。

表3-2-2 仓配中心主要功能区

功能区	功能
收货暂存区	完成接货及入库前的工作，如接货、卸货、清点、检验、分类、暂存和入库准备
存储区	储存或分类储存所进的货物
拣货区	进行拣货、分货等作业；如果电商企业规模小或者SKU少，货品存储和发货区域高度重合
分播作业区	集合拣货货品，按单进行分播
复核打包区	待出货货品进行复核打包
集货区/发货区	待出货货品暂存/第三方物流交接区
退货区	退货货品的分拣和存放

除此之外，一般还会包含辅助功能区，如图3-2-7所示。

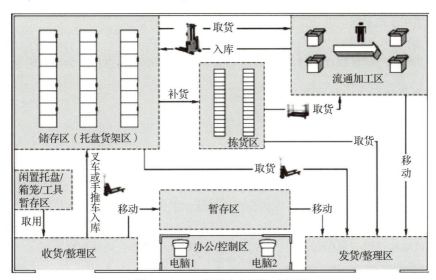

图3-2-7 仓配中心辅助功能区

（一）作业路线

仓配中心作业路线如图3-2-8所示。

1. 直线形
直线形适用于作业简单、规模较小的仓配中心。

2. 双直线形
双直线形出入口在两端，作业流程类似，但有两种不同的进货出货形态。

3. 锯齿形
锯齿形适用于多排并列的库存货架区域内。

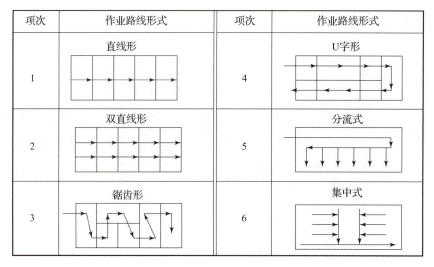

图 3-2-8 仓配中心作业路线

4. U 字形

U 字形出入口在两侧，根据进出频率安排靠近进出口的仓储区，缩短拣货搬运路线。

5. 分流式

分流式适用于批量拣货的分流作业。

6. 集中式

集中式是根据仓储区特性把订单分割在不同的区域，拣货后再进行集货作业的方式。

(二) 电商仓配中心平面布局规划的原则

1. 单一的物流方向

在出入库过程中，货物尽可能做单向和直线运动，避免逆向操作和大幅度改变方向的操作。

2. 最短的运距

尽量减少迂回操作。专用线的布局应该在库区中部，并根据仓库的规模和功能，货物的品种、数量、进出库的频率，合理安排库区分布、专线和主干道，减少拣货路径。

3. 减少装卸环节，提高效率

采用高效的搬运设备及操作流程，商品卸货、验收、堆码作业最好一次完成。

4. 最大利用空间

在物料搬运设备的类型、转弯半径的限制下，尽量减少对通道所占用空间。

尽量利用仓库的高度，有效地利用仓库的容积，其形式主要有就地堆码、上货架存放、架上平台、空中悬挂等。

5. 横列式布局与纵列式布局相适应

(1) 横列式布局是指货垛或货架的长度方向与仓库的侧墙互相垂直。

其主要优点是主通道长且宽，副通道短，整齐美观，便于存取盘点，还有利于通风和采光。

(2) 纵列式布局是指货垛或货架的长度方向于仓库侧墙平行。

其主要优点是可以根据库存物品在库时间的不同和进出频繁程度安排货位；在库时间短、进出频繁的物品放置在主通道两侧；在库时间长、进出不频繁的物品放置在里侧。

(3)纵横式布局是指在同一保管场所内,横列式布局和纵列式布局兼而有之,可以综合利用两种布局的优点。

6. 倾斜式布置

倾斜式布置是指货垛或货架与仓库侧墙或主通道成60°、45°或30°夹角。

具体包括货垛或货架倾斜式布局和通道倾斜式布局。

(1)货垛或货架倾斜式布局是横列式布局的变形,它是为了便于叉车作业、缩小回转角度、提高作业效率而采用的布局方式。

(2)通道倾斜式布局是指仓库的通道斜穿保管区,把仓库划分为具有不同作业特点的区域,如大量储存和少量储存的保管区等,以便进行综合利用。在这种布局形式下,仓库内形式复杂,货位和进出库路径较多。

(三)作业区布局

根据选择的作业路线,分析各作业区的相互关系,按照作业量大小、相关性的原则,综合考虑仓配的空间特点,将各功能区进行安排,形成作业区布置图。

总SKU少的某企业在日常或大促情况下,收货、发货等关键作业流程规划与仓配中心布局如图3-2-9所示。

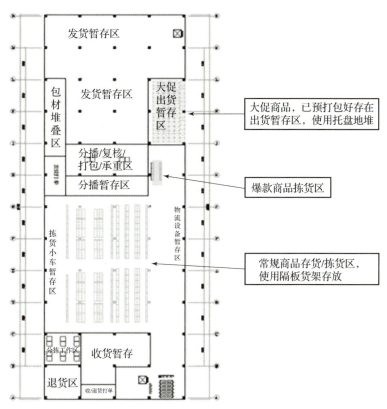

图3-2-9 关键作业流程规划与仓配中心布局

考一考

1. 仓配中心有哪些功能区?
2. 仓配中心功能区如何衔接?

三、仓配中心储位规划

想一想

仓配中心储位如何规划和编码？

学一学

（一）储位的规划

1. 分区分类、定位储存

仓库物品的分区分类储存是根据"四一致"的原则（性能一致、养护措施一致、作业手段一致、消防方法一致），把仓库划分为若干保管区域；把储存物品划分为若干类别，以便统一规划储存和保管。

仓库分区就是根据库房建筑形式、面积大小和库内外道路的分布情况，并结合考虑商品分类情况和各类商品的储存量，将仓库划分为若干区域，确定每类商品储存的区域。

分类就是根据商品的不同属性将储存商品划分为若干大类；

定位就是在分区分类的基础上固定每种商品在仓库中具体存放的位置。

由于仓库的类型、规模、经营范围、用途各不相同，各种物品的性质、养护方法也迥然不同，因而分区分类储存的方法也有多种，需统筹兼顾，科学规划。

吉客云仓库功能区规划

2. 储位划分的方法

以流通转运为主的电子商务仓库，主要考虑保管空间的储位如何能够提高拣货和出货的效率。

在进行储位规划时，需先确定储位空间。储位空间的确定必须综合考虑空间大小、珩柱排列、有效储存高度、通道、搬运机械的回旋半径等基本因素。

商品的品种、规格、体积、重量、包装、进货量、周转速度、库存量、进出批量、理化性能等因素，在进行储位规划时也应充分考虑。储位规划的方法如表3-2-3所示。

吉客云仓库货架规划

表3-2-3 储位规划的方法

规划方法	内容
根据商品周转率确定储位	计算商品的周转率，将库存商品按周转率进行排序，然后将排序结果分段或分列。将周转率大、出入库频繁的商品储存在接近出入口的位置，以加快作业速度和缩短搬运距离。将周转率小的商品存放在远离出入口处，在同一段或同一列内的商品则可以按照定位或分类储存法存放；将周转率高的商品放在最便于存取的位置（与视线平行）
根据商品相关性确定储位	有些库存的商品具有很强的相关性，相关性大的商品，通常会同时采购或同时出仓，对于这类商品，应尽可能规划在同一储区或相近储区，以缩短搬运路径和拣货时间；同品名不同产地品种不挨着摆放
根据商品特性确定储位	为了避免商品在储存过程中相互影响，性质相同或要求保管条件相近的商品应集中存放，并相应安排在条件适宜的库房或货场。即将同一种货物存在同一保管位置，产品性能类似或互补的商品放在相邻位置。将相容性低，特别是互相影响其质量的商品分开存放。这样既可提高作业效率，又可防止商品在保管期间受到损失

续表

规划方法	内容
根据商品体积、重量特性确定储位	在仓库布局时，必须同时考虑商品体积、形状、重量单位的大小，以确定商品所需堆码的空间。通常，重的大的物品保管在地面上或货架下层位置。为了适应货架的安全并方便人工搬运，人的腰部以下的高度通常宜储放重物或大型商品
根据商品先进先出的原则确定储位	先进先出指先入库的商品先安排出库，这一原则对于寿命周期短的商品尤其重要，如食品、化学品等。对于易变质的商品，应考虑的原则是"先到期的先出货"

除上述原则外，为了提高储存空间的利用率，还必须利用合适的积层架、托盘等工具，使商品储存向空间发展。储存时尽量使货物面对通道，以方便作业人员识别标号、名称。保管商品的位置必须明确标示，保管场所必须清楚，易于识别、联想和记忆。另外，在规划储位时还应注意保留一定的机动储位，以便当商品大量入库时可以调剂储位，避免打乱正常储位安排。

（二）储位的编码

1. 编码的方法

编码的方式有区段方式、品类群类别方式、地址方式和坐标方式。

1）区段方式

以区段为单位，每个标注号码代表货位区域，适用于单元化装载的存货，以及量大或保管周期短的货物。ABC 分类中的 A、B 类，适合这种编码方式。货物以物流量大小来决定其所占的区段大小，以进出货的频率次数来决定其配置顺序。

2）品类群类别方式

即把一些相关性货物经过结合以后，区分成好几个品类群，再对每个品类群进行编码。适用于品类群类别报关及品牌差距大的货物，如服饰、五金类。

3）地址方式

即利用仓库商品的分区分类、货架的排行层格物理空间的顺序进行编码。这种编码方式由于其标注代表的区域以一个货位为限，且相对顺序可依循，使用起来简明方便，目前较常用。例如，有一商品存放在第四号库房、第七货架、第五层、第六储位上，采取四号定位法的货位编码，它的储位缩号就可写成 4756。

4）坐标式

即利用空间概念来编排货位的方式，由于对每个储位划分很细，管理上比较复杂，适合于流通率低、长期储存的货物。

2. 储位编码的规则

企业制定统一的编码规则，方便管理和应用。储位编码的规则有地址法编码规则和品群法编码规则。

在收发多品种物品及进行拼装作业的仓库，往往在一个库房有许多货架，每个货架有许多格，作为存货的货位。按照库位、货架、货架行、货架列和货架层规则进行的货架编码，如图 3-2-10 所示。

1）地址法编码规则

地址法编码规则是应用库房—区段—排—层—位的规则，进行地址编码。

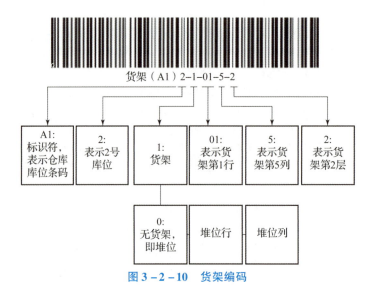

图 3-2-10 货架编码

【例题 3-2-2】 一个货物存放在 1 号库的托盘第 3 排第 4 层、第 120 号货位的托盘货架。应用地址法编码规则，如表 3-2-4 所示，其地址在哪里？

表 3-2-4 地址法编码规则

项目	名称	代码	位置（左起）	位数
库房	1 号库房	1	第 1 位	1
货架	托盘货架	T	第 2 位	1
货架	栈板货架	Z	第 3 位	1
货架排数	排	00	第 4、5 位	2
货架层数	层	00	第 6、7 位	2
位置	货位	000	第 8、9、10 位	3

解：
1T0304120。

2）品群法编码规则

品群法编码规则是应用商品分类区—区段—排—层—位的规则，进行地址编码。

【例题 3-2-3】 一个宝洁的牙膏存在 1 号库的托盘第 3 排第 4 层、第 120 号货位的托盘货架。应用品群法编码规则，如表 3-2-5 所示，其地址在哪里？

表 3-2-5 品群法编码规划

项目	名称	代码	位置（左起）	位数
库房	1 号库房	1	第 1 位	1
商品分类区	牙膏	牙膏	第 2 位	1
商品分类区	洗衣粉	洗涤品	第 3 位	1

续表

项目	名称	代码	位置（左起）	位数
货架排数	排	00	第4、5位	2
货架层数	层	00	第6、7位	2
位置	货位	000	第8、9、10位	3

解：

1 – 牙膏 – 0304120。

 考一考

1. 储位如何划分？
2. 储位如何编码？

四、仓配中心软硬件系统建设

 想一想

仓配中心的软硬件系统有哪些？

学一学

现代化的仓配中心软硬件系统包括管理系统（WMS 系统、ERP 系统）、信息采集系统（如条形码、RFID、手持终端、无线局域网）和作业系统（拣货车、托盘、货品包装单元）等。

（一）仓配中心硬件系统规划

仓配中心硬件系统规划主要包含储存、搬运、复核、打包等相关设备的规划，选择合适的设备，配合完成各个操作。

仓配中心的作业设备如图3–2–11所示。

图3–2–11 仓配中心的作业设备

1. 储存设备

现在各种库房都离不开仓储货架。货架有各种型号，要结合商品的特性、出入库量、存取性、搬运设备和库房结构选择。

选择货架时，要注意型号和性能要与需求相匹配。型号有托盘货架、窄港式、驶入式、流动货架、重力货架和后退式货架。每种货架的面积、储存能力、空间利用、存取性、先进先出、通道数、货格储位数、堆码高度、适合的存取设备、出入库的能力各有不同。

2. 拣选设备

拣选设备有人工拣货设备、无人化拣货设备（自动拣货设备）。人工拣货设备有无纸化拣货设备和纸单拣货设备，如图 3-2-12 所示。

图 3-2-12　仓配中心的拣货设备

3. 运输设备

运输设备有托盘、纸箱、塑胶箱容器、周转箱、笼车、叉车、拣货车、输送机等。

4. 流通加工设备

根据流通加工需要，选择设备。

（二）仓配中心软件系统规划

1. 仓配中心信息管理系统

应用仓配中心信息管理系统，能够缩短订单处理周期，提高接受订货和发出订货效率，简便、精确，提高仓储作业效率，保证库存水平适量，提高运输配送效率，提高发货、配送准确率，提高客户服务水平，降低物流总成本。仓配中心信息管理系统功能模块如表 3-2-6 所示。

表 3-2-6　仓配中心信息管理系统功能模块

功能模块	功能
基础信息管理	负责配送中心管理信息系统涉及的物品编码、人员、货位等基础信息的维护，是信息系统应用的基础
订单管理	负责配送中心对外业务的处理，包括受理客户的收、发货请求，配送中心出具的单据的验证、复核、打印与传递
合约管理	负责有关合同、客户档案的管理
入库管理	负责处理不同要求、不同形式的入库指令，生成入库单
理货管理	负责物品外观质量检验与验收，条码录入与打印，储存区域、货位分配，堆垛、苫盖，在库保管与养护，盘点作业管理

续表

功能模块	功能
出库管理	负责处理各种出库方式的出库指令
采购单管理	负责对采购明细信息进行管理
采购预警	负责列出需要采购的备选商品
供应商管理	负责对供货商资料进行维护与分析
采购过程跟催	负责记录对商品采购入库跟催的信息
配送计划管理	配送业务人员负责根据订单数将当日预定出货订单汇总,查询当前车辆信息表、车辆调用信息表、客户信息表、地图信息表等,先将客户按其配送地址划分区域,然后统计该区域出货商品的体积与重量,以体积或重量最大化等条件为首选配送条件来分配配送车辆的种类与数量
车辆调度	负责按照配送中心出货订单与自有车辆和外雇车辆状况合理安排车辆
配载	负责根据配送中心的出库单,按一定算法将轻重货物指派到指定车辆上,以实现车辆较高的利用率。生成货物装车明细清单
货物跟踪	负责物品运输过程中信息的反馈与发送。可连接 GPS 装置,实现货物跟踪的功能。主要包括在途监控、事故处理、在途货物装卸三部分内容
到货交接	负责配送签收管理。运输车辆按派车单要求,将货物运至目的地,收货人核查实际到货数量,确认并签收。签收单是收货人对所到货物的实际情况进行验收记录的单据,同时也是运输人向承运人出示的货物运抵凭据
费用结算	负责配送业务相关费用的结算、业务单据和报表的打印与传递
客户信息服务系统	负责在配送中心门户网站上及时发布在库信息及发运信息,供客户、收货人、货运公司实时查询;客户服务人员按客户查询条件生成统计报表,保存数据,进而与客户信息系统进行数据交换

2. 仓配中心条形码系统①

条形码系统应用于 WMS 系统,如图 3-2-13 所示,可提高入库的效率和准确性。

对仓库的到货检验、入库上架、分拣出库、移库移位、库存盘点等各个作业环节的数据进行自动化的信息采集,保证仓库管理的各个环节数据录入的准确性和效率,确保企业能够及时准确地掌握库存的数据,合理地控制库存。

考一考

1. 仓配中心硬件系统由什么构成?
2. 仓配中心软件系统由什么构成?

---

① http://www.docin.com/p-838542340.html。

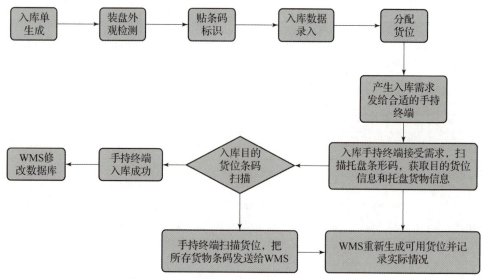

图 3-2-13　条形码系统应用于 WMS 系统

五、仓配中心的组织架构

想一想

仓配中心有哪些岗位？

学一学

某电商企业仓配中心的岗位分布和岗位工作内容如表 3-2-7 所示。

表 3-2-7　某电商企业仓配中心的岗位分布和岗位工作内容

作业流程	岗位	操作步骤
收货	收货员	打印采购单；理货分箱；验收
入库	入库员	定义箱子；入库扫描
采购上架	采购上架员	箱子交接；摆货上架
散货处理	散货组	扫描商品；散货信息维护
盘点维护	维护/盘点岗位	盘点计划；盘点盈亏处理
查货	查货员	查货；查货信息维护
内部收货	内部收货上架员	内部送货；核对送货单；配货收货；摆货上架
内部配货	内部配货员	采购配货；配货单配货；定义箱子；理货分箱
出库	出库员	订单打印；出库员登记；按集合单出库；按面单分货
扫描开票	扫描与开票员	扫描；开票

续表

作业流程	岗位	操作步骤
打包	打包员	分类打包；打包录入
退货	退货员	客户退货；系统入库；退货商品交接；返修处理
投诉处理	客户服务员	收集投诉信息；信息传达；分析投诉内容；按照客户要求处理投诉；将补发单号反馈客服部
问题单处理	处理员	系统查询；汇总问题单

做任务

一、任务指导书

在掌握电子商务仓配中心的规划与设计相关知识的基础上，按照表3-2-8所示的电子商务仓配中心的规划与设计任务单的要求，完成任务。

表3-2-8 电子商务仓配中心的规划与设计任务单

任务名称	电子商务仓配中心的规划与设计	任务编号	3.2
任务说明	一、任务要求 　　在掌握仓配中心选址、功能区布局、软件和硬件系统的基础上，能够为拟选的企业规划设计仓配中心。 二、任务实施所需的知识 　　重点：仓配中心选址、仓配中心功能区划分和布局、仓配中心硬件系统和软件系统建设。 　　难点：仓配中心功能区划分和布局。 三、小组成员分工 　　按照收集资讯、计划、决策、实施、检查、评价的过程，完成每一个任务步骤		
任务内容	围绕拟选的电子商务企业，完成仓配中心功能区划分和布局		
任务资源			
任务实施	一、建设仓配中心必要性分析 提示：仓配中心的网络布局，仓配中心的职能定位 二、仓配中心选址 提示：影响仓配中心选址的因素 		

续表

任务名称	电子商务仓配中心的规划与设计任务单		任务编号	3.2
任务实施	三、仓配中心功能区建设 提示：仓配中心功能区划分和布局			
	四、仓配中心硬件系统建设 提示：仓配中心的硬件种类和功能			
	五、仓配中心软件系统建设 提示：仓配中心的软件种类和功能，仓配中心的组织架构			

二、任务评价

小组提交 Word 文档的任务单，以 PPT 汇报。

自我、组内、组间、教师，主要从团队协作、任务单完成的数量和质量、任务的逻辑性、专业知识的掌握和应用、方法和能力的提升几个方面进行评价，如表 3-2-9 所示。

表 3-2-9 任务考核表

任务名称：_____ 专业_____ 班级_____ 第____小组

小组成员（学号、姓名）_____

成员分工	任务汇报			
任务评价	自我评价	组内评价	组间评价	教师评价
评价维度	评价内容		分值/分	得分/分
知识	仓网结构		5	
	重心法选址		5	
	仓配中心功能区		10	
	仓配中心作业路线规划		10	

续表

成员分工	任务汇报			
任务评价	自我评价	组内评价	组间评价	教师评价
评价维度	评价内容		分值/分	得分/分
能力	明确仓配中心的作用		5	
	调查仓配中心的需求		20	
	影响仓配中心选址的因素		15	
	仓配中心功能区的规划		5	
	仓配中心软硬件系统规划		5	
职业素养	团队协作		5	
	语言表达		5	
	工作态度		5	
	是否遵守课堂纪律、实训室规章制度		5	

知识巩固与拓展

一、知识巩固

1. 怎样进行仓配中心的选址和内部建设？

2. 请选择 3~5 个核心关键词，表达本任务的主要知识点。请以逻辑思维导图的形式，归纳整理本任务的知识体系。

3. 完成在线测试题。

在线测试题

二、拓展

1. 在电子商务下，出现了哪些新型的仓配中心？

2. 以逻辑思维导图的形式，归纳整理影响仓配中心选址的因素。

3. 梳理自己所掌握的知识体系，并与同学相互交流、研讨，以逻辑思维导图的形式，归纳整理仓配中心选址、建设的基本步骤和方法。

4. 作为一个企业，如何构建自己的多渠道仓配中心网络？

自我分析与总结

自我分析
学习中的难点和困惑点

总结提高
完成本任务需要掌握的核心知识点和技能点

完成本任务的典型过程

继续深入学习提高
需要继续深入学习的知识
与技能内容清单

任务 3　电子商务供应链的规划与设计

学习目标

一、知识目标
1. 理解供应链、供应链管理的内涵。
2. 掌握供应链的类型、特点和应用。
3. 了解牛尾效应、涟漪效应对供应链管理带来的挑战。
4. 了解 QR（快速反应）、ECR（有效客户反应）、供应商管理库存、融通仓、供应链金融在供应链中的应用。

二、能力目标
1. 能够分析供应链。
2. 能够以供应链思维，设计、管理和优化物流功能。

工作任务

一、任务描述
小李在天猫、亚马逊和速卖通开设了渔具专营店，经销本地区渔具企业的产品，年销售额达到 500 万元。渔具是本地优势产业，区域内生产企业众多。随着市场规模的扩大，出现了同质化竞争，小王希望有自己的品牌，并能为客户提供个性化的定制渔具。为此，小王希望了解现有的渔具供应链，在此基础上，构建自己的供应链，提高市场的反应能力和竞争力。

二、任务分析
要完成本任务，需要解决以下问题：
1. 什么是供应链？
2. 供应链的结构如何？
3. 如何管理供应链？

三、任务实施
电子商务供应链的规划与设计任务实施框架如图 3－3－1 所示。

图 3－3－1　电子商务供应链的规划与设计任务实施框架

中国供应链为世界做贡献

做中学

- **任务引入**

阅读《可口可乐供应链管理》，分析可口可乐的价值链、供应链、供应链信息系统、供应链的运作与管理、供应链下物流的运作与管理。

步骤一　价值链

中国农村电商物流发展相关行业政策

可口可乐的价值链如图 3-3-2 所示，主要由原材料、浓缩液、装瓶、配销系统、客户和消费者组成。

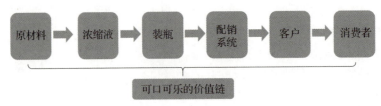

图 3-3-2　可口可乐的价值链

步骤二　供应链

可口可乐的供应链主要包括可口可乐浓缩液制造商、装瓶商、分销商、经销商、零售商、消费者，以及协作企业，如配方材料供应商、广告商、物流商、瓶子回收商等。如图 3-3-3 所示。

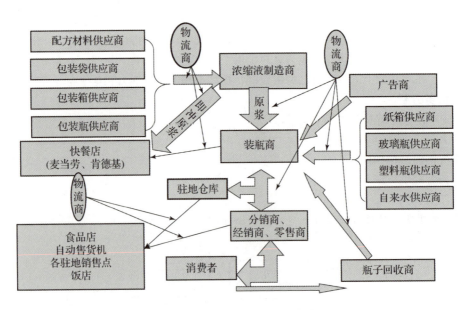

图 3-3-3　可口可乐的供应链

在可口可乐的供应链中，核心企业是可口可乐浓缩液制造商，主要研发产品、建立和维护品牌。

包装物供应商和甜味剂（即冲原浆）生产公司是主要供应商。

可口可乐控制浓缩液制造商，其他环节根据市场调控进行供应链管理。

可口可乐公司通过供应链，把浓缩液制造商、装瓶商、经销商、零售商和消费者等结合起来，很好地利用各方资源，抢占市场先机。可口可乐在中国的供应链如图 3-3-4 所示。

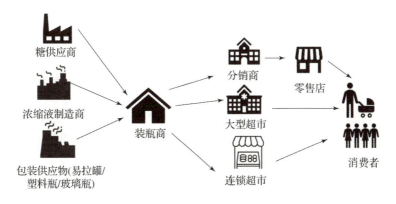

图 3-3-4 可口可乐在中国的供应链

步骤三 供应链管理

可口可乐在供应链上,让不同的公司扮演不同的角色,建立彼此间的长期伙伴关系。可口可乐以长期合同、控股或持股的方式管理供应链,提高供应链的生产力和附加值,改善供应链的获利能力。

可口可乐通过这样一套严格的供应链管理制度和服务规范,执行对装瓶商、经销商、零售商各个环节的服务和监控,通过定期审查各经销商和零售商,收集有关产品信息,并根据审查结果和反馈情况指导经销商、零售商的经营服务。在供应链上,不同的节点企业之间通过建立长期合作伙伴关系,合作共赢。

在物流方面,最初为了全面控制市场,可口可乐物流全部由自身装瓶厂完成。可口可乐公司与装瓶厂业务分工如图 3-3-5 所示。销售部和市场部管市场,仓储部管仓库,运输部管车辆运输,采购部管原材料物料采购,生产部管生产计划,部门相互独立、平级,内部协调难。这种物流系统,与可口可乐产品的特点和消费特点不适应,造成物流成本畸高。

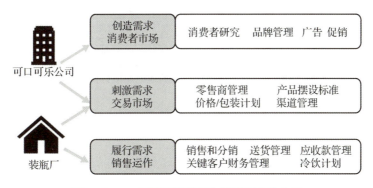

图 3-3-5 可口可乐公司与装瓶厂业务分工

由于可口可乐等饮料属于典型的快速消费品,整体运输体积大,成本高,价值低,时效性要求极高。后来可口可乐采取了物流外包策略,有了装瓶商、瓶子回收商等协作企业,通过供应链信息系统,管理供应链中的企业。

比如,在每个区域都会找一个运输商,将物流压力分散给运输商。由运输商按可口可乐的标准完成当地市内配送、库存管理。甚至让他们使用公司的信息管理系统，将信息透明化，由可口可乐总公司来控制各区域订单管理、库存管理、运营管理等。

这样可口可乐就建立了供应链集成与协作系统，如图3-3-6所示。

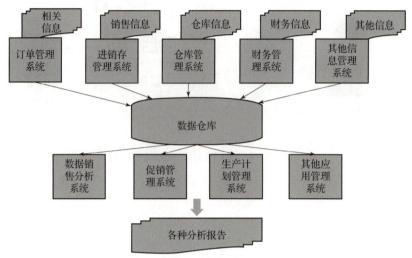

图3-3-6 可口可乐供应链集成与协作系统

学中做

当前企业的竞争，不再是单个企业之间的竞争，而是供应链和供应链之间的竞争。企业作为价值链、产业链和供应链上的一环，其战略和运营时刻受到供应链的影响。在供应链视角下，企业的采购、仓储、包装、运输、配送和信息系统应一体化设计和运作，这样才能有效提高企业的竞争力。

电子商务供应链的规划与设计知识要点如图3-3-7所示。

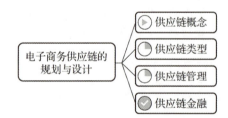

图3-3-7 电子商务供应链的规划与设计知识要点

一、供应链

想一想

供应链是如何产生的？

学一学

（一）供应链的概念

《物流术语》中指出，供应链（Supply Chain）是指在生产及流通过程中，涉及将产品或服务提供给最终用户所形成的网链结构。

供应链一般围绕核心企业构建,通过对信息流、物流、资金流的控制,从采购原材料开始,制成中间产品以及最终产品,最后由销售网络把产品送到消费者手中,将供应商、制造商、分销商、零售商直到最终用户连成一个集成的、动态调整的网链,如图3-3-8所示。

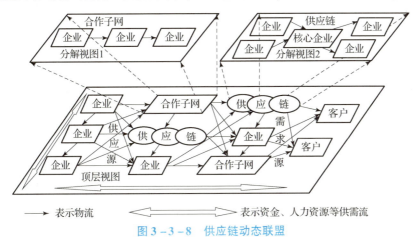

图3-3-8 供应链动态联盟

供应链提供了一个系统、全局的视角,协同链条上的企业在业务流程上更准确、更快速、更优质地响应。比如汽车制造供应链如图3-3-9所示。

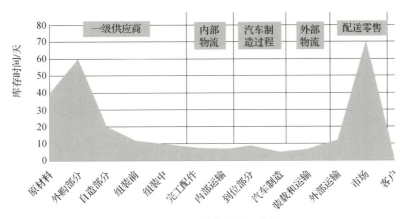

图3-3-9 汽车制造供应链

(二)供应链的发展历史

1. 从企业物流的角度看,供应链产生于价值链的扩展

价值链提供了系统的方法,人们可以凭此看待企业内部的采购、生产、销售和物流活动。以价值链为线索,可以将企业的经营管理活动扩展到企业间,特别是精益管理,而精益管理又(1996年)引出了"供货链"和"销售链"的概念,这是供应链产生的雏形。

2. 从物流的角度看,供应链产生于物流协同一体化

美国物流领域知名的学者,密歇根大学的教授唐纳德·J·鲍尔索克斯,应美国供应链管理协会之邀,为《供应链》季刊的创刊号写的《供应链管理:序幕刚刚拉开》[1],从物流的角度阐

---

[1] 《国际物流与供应链管理》,曼根(英)等著,刘志学等译,北京:电子工业出版社,2011年。

述了供应链的产生和发展。

(三) 供应链的类型

按照供应链的驱动方式分类,可将供应链分为推式供应链、拉式供应链和推拉式供应链,如图 3-3-10 所示。

对供应链中的大多数企业而言,它们既是下游企业的供应方,也是上游企业的需求方。客户需求是驱动供应链的主要因素。

犀牛智造

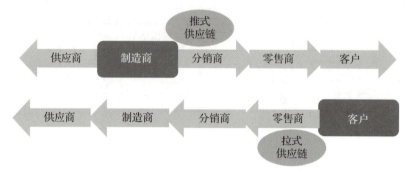

图 3-3-10 推式供应链和拉式供应链

1. 推式供应链

传统的大规模生产是一种推式供应链。以上游企业对下游市场的需求预测为基础,进行供应物流、生产物流和销售物流的计划和组织,驱动供应链的运转,这是一种备货型生产。

市场需求预测得准确与否,即对市场需求预测的有效性,决定了供应链运转的效果。这种推式供应链,依靠供应链中各个节点持有一定数量的库存,保证生产和物流系统的良好运转,适合短缺经济时代的社会要求,单品种、大规模、长提前期的前置时间,有助于企业按照精益生产的方式组织生产。但面对市场需求的剧烈波动,又缺乏适应力,往往造成库存的积压和浪费。

2. 拉式供应链

拉式供应链是以下游客户的需求,而不是预测的需求来拉动供应链的运转。

拉式供应链起源于丰田汽车生产系统的精益生产及精益物流,是在福特的单品种、标准化、大批量生产的基础上,进一步对库存控制、流程再造、成本管理、供应链协同进行优化和管理的基础上发展而来的。与其他生产系统采用推式系统不同,丰田采用的是通过下游的预测来拉动库存系统,这就避免了库存的堆积和无效率,因此,又称为准时制库存补货。

精益物流就是在物流系统优化的基础上,剔除物流过程中的无效和不增值作业,用尽量少的投入满足客户需求,实现客户的最大价值,并获得高效率、高效益的物流。

而基于电子商务的拉式供应链,就是以客户的订单为起始点,拉动零售商和制造商的运作,如图 3-3-11 所示。

3. 推拉式供应链

推式供应链与拉式供应链各有优缺点,现实中,许多供应链采用推—拉组合策略,即推拉式供应链,供应链上的企业既有按预测需求驱动供应链运转的,也有按用户需求驱动供应链运转的。

理想的供应链的推动与拉动的分界点,存在于供应链中计划预测的需求推动与客户发出需求拉动供应链运转,达成一致的点,如图 3-3-12 所示。

推拉分界点的下游,是客户发出需求,供应链开始运转,能够按要求满足客户需求的点。这个点的上游,企业由预测的需求,驱动着供应链运转,能够满足这个点下游企业的需求。对于延迟制造策略而言,这个点是供应链规模化生产和个性化定制的分界点。

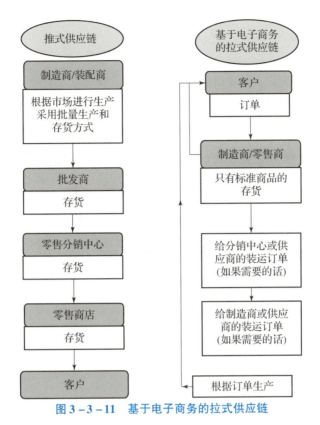

图 3-3-11 基于电子商务的拉式供应链

（四）供应链的结构

供应链是由供应链上多个节点企业构成的网络。根据这些节点企业之间的关系及其工序连接的方式，供应链的结构可分为链状结构和网状结构。

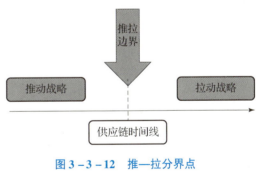

图 3-3-12 推—拉分界点

1. 链状结构

链状结构，即每一个节点企业只与一个上游节点企业和下游节点企业相连接。链状结构的供应链设计简单，供应链管理难度小。

2. 网状结构

网状结构，即每一个节点企业不只与一个上游节点企业和下游节点企业相连接。网状结构的供应链具有以下特征：

(1) 不同的节点企业构建的供应链网络结构复杂；

(2) 网状供应链中的节点企业动态更新；

(3) 节点企业构建的网状供应链都是基于市场需求；

(4) 节点企业之间交叉构成网状链接；

(5) 供应链管理难度大。

（五）供应链的风险

供应链涉及众多企业，都是独立的经营体，企业间存在竞争，又离不开合作。由于供应链不同环节的目标相互冲突或者信息传递发生延误和扭曲，都会造成供应链的缺陷，主要表现为两点：牛鞭效应和涟漪效应。

1. 涟漪效应

即供应链中某一点的延误，造成供应链系统的延误。就像丢入水面一个石头，泛起一圈圈的涟漪，扩散到整个水面。涟漪效应会对供应链产生很多负面影响，如停工待料、缺货、压货、降低顾客满意度等。

2. 牛鞭效应

即订单的波动沿着供应链，从零售商到批发商到制造商再到供应商不断加剧的现象。该效应的产生与供应链的需求预测、价格波动、订货批量、环境变异、短期博弈、库存失衡、缺少协作等因素有关。

构建一个具有鲁棒性和弹性的供应链，能够有效地提高供应链的防风险能力。鲁棒性是指坚固的组织结构，坚强、健壮，能够有效地处理除灾难之外的正常需求波动。弹性是指被扰乱的系统恢复原始（或期望）的状态的能力。

易木啤酒游戏说明

 考一考

1. 什么是供应链？
2. 供应链有什么结构？

二、供应链管理

 想一想

供应链有哪些风险？如何管理？

 学一学

（一）供应链管理概述

1. 供应链管理与运营

美国供应链协会给供应链管理的定义如下：

供应链管理包括了涉及外包和获取、转化的计划和管理活动，以及全部的物流管理活动。更为重要的是，它也包括与渠道伙伴之间的协调与合作，这些渠道伙伴包括供应商、分销商、第三方物流服务提供商和客户。从本质上说，供应链管理是企业内部和企业之间供给和需求的集成。

在国家标准《物流术语》（2001年）中，供应链管理是指利用计算机网络技术全面规划供应链中的商流、物流、信息流、资金流等，并进行计划、组织、协调和控制的活动。2006年进行了修订，指出供应链管理对供应链涉及的全部活动进行计划、组织、协调与控制。

密歇根州立大学提出了供应链一体化的基本管理模式。供应链一体化是指在考虑受到关键资源限制的条件下，多个企业之间形成合作关系。为了获得竞争优势，企业必须与客户、分销网络和供应商网络结成联盟，从而形成供应链结构和战略。

供应链运营是指在满足一定的客户服务水平的条件下，为了使整个供应链系统成本最小化，而把供应商、制造商、仓库、配送中心和渠道商（批发商、零售商）、物流商等有效地组织在一起进行的产品制造、转运、分销及销售的管理方法。

2. 供应链管理的内容

供应链管理的内容主要涉及的领域有供应管理、生产计划、物流管理、需求管理四个模块，如图3-3-13所示。

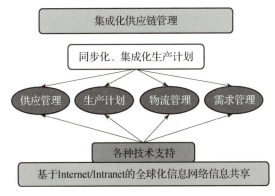

图3-3-13 供应链管理的内容

供应链管理以同步化、集成化、一体化为策略，以各种信息技术为支撑，尤其以互联网为依托，围绕着供应、生产计划、物流、需求来实施，通过平衡总的交易成本最低化、客户服务最优化、总库存最小化、总周期最短化以及物流服务质量最优化等目标之间的冲突，最终实现供应链的绩效最大化。

为实现供应链管理的目标，供应链中的企业通过一体化的协作，出现了新的合作模式。围绕着需求，出现了企业间的协同计划、预测与补货；围绕着采购和供应的协作，出现了计算机辅助采购订货；围绕着库存的协作，出现了联合库存管理策略；围绕着仓储的协作，出现了第三方仓储和免检入库；围绕着运输与配送的协作，出现了越库运输、即时配送、快速响应；围绕着包装的协作，出现了可以免除包装的周转箱、集合包装；围绕着更好地适应市场的变化、降低总成本的要求，出现了延迟生产、模块化组装等延迟策略。

（二）供应链管理策略

1. 有效性供应链和反应性供应链

产品按需求模式可以分为功能性产品和创新性产品。

功能性产品能满足基本需要，重视产品的物质功能，需求稳定且可以预测，生命周期长。创新性产品新颖，需求不可预测，生命周期短，具有边际利润高、需求不稳定的特点。

费舍尔根据产品的需求模式把供应链管理策略划分为两类：有效性供应链和反应性供应链。① 供应链和产品的匹配如图3-3-14所示。

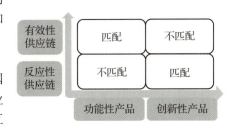

图3-3-14 供应链与产品的匹配

1）有效性供应链

有效性供应链即有效客户反应（ECR），这是美国食品市场营销协会提出的，为了提高美国日杂百货业生产厂家、批发商和零售商等供应链组成的各方相互协调和合作，实现用更好、更快、更低成本服务满足消费者的需求而发展起来的一种供应链管理策略。

《物流术语》中指出，有效客户反应是以满足顾客要求和最大限度降低物流过程费用为原

---

① 《供应链管理》，朱占峰，北京：高等教育出版社，2012年。

则,能及时作出准确反应,使提供的物品供应或服务流程最佳化的一种供应链管理策略。

有效性供应链主要体现供应链的物理功能,即以最低的成本将原材料转化成零部件、半成品、产品,并在供应链中运输。

2) 反应性供应链

反应性供应链即快速反应 (QR),这是美国纺织与服装行业发展起来的一种供应链管理策略。

《物流术语》中指出,快速反应是供应链成员企业之间建立战略伙伴关系,利用 EDI 等信息技术进行信息交换和共享,用高频率、小批量配送方式,以达到缩短交货期、减少库存、提高客户服务水平和企业竞争力的一种供应链管理策略。

反应性供应链主要体现供应链的市场中介功能,即把产品分配到满足用户需求的市场,对未预知的需求作出快速反应。

快速反应指企业面对多品种、小批量的买方市场,不是储备了产品,而是准备了各种要素,在用户提出要求时,能以最快速度抽取要素,及时组装,为客户提供所需服务或产品。有效性供应链和反应性供应链的比较如表 3-3-1 所示。

表 3-3-1 有效性供应链和反应性供应链的比较

项目	有效性供应链	反应性供应链
基本目标	以最低成本供应可预测的需求	尽可能对不可预测的需求作出反应,使缺货、库存最小化
制造核心	高的平均利用率	配置多余的缓冲库存
库存策略	创造高收益供应链、库存最小	安排原材料和产品的缓冲库存
提前期	尽可能缩短提前期	大量投资以缩短提前期
供应商标准	成本和质量	速度、质量、柔性
产品设计策略	绩效最大化、成本最小化	模块设计,尽可能差异化

2. 精益供应链、敏捷供应链与精敏供应链

克里斯托弗等在费舍尔的基础上,根据需求的预测性和前置时间的长短,提出了精益供应链、敏捷供应链和精敏供应链管理策略。

1) 精益供应链

精益供应链来源于精益生产管理。精益生产管理的目的是精简生产过程中一切无用的、多余的没有价值的部分。其基本思想可概括为"旨在需要的时候,按需要的量,生产所需的产品",即 Just In Time,简称 JIT,又叫准时制生产方式、适时生产方式或看板生产方式。

JIT 是一种追求无库存生产或使库存达到极小的生产系统。其认为企业保持库存是为了解决企业经营中的不确定性,比如供应物流、生产物流和销售物流的不稳定以及供应商管理不善等一系列企业经营过程中的问题。但库存的增加,提高了企业经营的成本并降低了企业对市场的快速反应能力。

精益供应链,适合于需求可预测、长生命周期、产品种类少以及前置期长的产品的供应链。

2) 敏捷供应链

市场的变化、客户的个性化追求、企业竞争和信息技术的发展,要求供应链具有敏捷性和快

速反应性。克里斯托弗将敏捷供应链定义为"对需求不确定变化快速响应的能力"。

敏捷供应链系统提高了对市场的反应,适合于需求难以预测、生命周期短、产品种类多和前置期短的创新性产品。

3）精敏供应链

随着精益供应链向需求端的延伸,供应链的前置期越来越短,伴随着市场需求多样化和不确定性,增加了精益供应链运作的难度。为了应对客户需求的变动和个性化需求,达到既能大规模生产,又能对市场需求作出及时反应,出现了一种大规模定制的延迟定制策略（简称延迟策略），即精敏供应链管理策略。

延迟策略将最后的生产环节或物流环节推迟到客户提供订单以后进行。

延迟策略是大规模定制实现的核心技术,是实现精敏供应链的有效途径。

延迟策略有生产延迟和物流延迟。

（1）生产延迟,又称成型延迟,通过设计产品和生产工艺,把产品分为基础产品和最终产品。基础产品,大批量生产,然后储存起来。最终产品,接到客户订单后,企业按照客户的要求对产品进行配置和包装。这样基础产品能够实现规模化经济,最终产品能够满足消费者的个性化需求。延迟制造的分界点如图3-3-15所示。

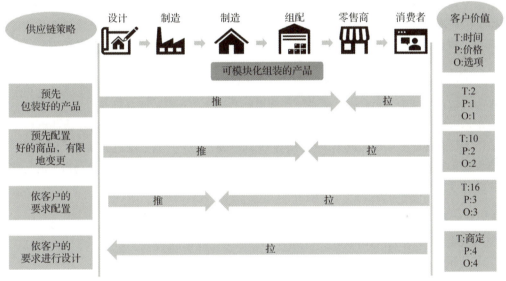

图3-3-15 延迟制造的分界点

（2）物流延迟,又称时间延迟,未接到订单前,是在一个或若干个具有战略意义的地区建立储备仓库,采取集中库存策略,接到订单后,进行分拨和配送。

油漆的购买方式就是一例。市场上油漆的颜色和罐装尺寸（1升、5升），能够组合成不同的潜在库存单元（SKU），变化范围非常广泛。并非所有的门店存有所有的SKU,每个门店只储存几种基础色的油漆和一台配色机,根据配方将几种基础色油漆混合,就能生产出客户所需的特定颜色,其他的材料就是不同尺寸的油桶以及印刷油漆名字标签的简易印刷机。SKU（库存单元），就是针对某个特定产品,根据尺寸、包装、规格所确定的特定单元,例如,2公升的罐装白漆是一个SKU,2公升罐装丰收黄漆也是一个SKU,1公升硬纸盒装丰收黄漆则是另一个SKU。

延迟策略存在的基础是产品的零部件可标准化、通用化地生产,成品可模块化、差异化组装。

零部件、半成品,能够在预测的基础上,大规模生产、存储和运输,可以精益生产。

成品模块化生产可缩短生产前置期,差异化组装可响应客户的个性化需求,可以满足客户的个性化需求。

大规模制造与延迟定制策略,既能发挥规模经济的精益生产,又能及时面对市场的需求变化,即精敏供应链。其中,大规模制造是上游企业在预测的基础上组织模块式、规模化生产,采取的是推式供应链。临近市场的需求端,采用的是拉式供应链,接到客户的订单,按客户订单要求,组装模块,形成符合客户需求的个性化商品,交付货物,采取的就是拉式供应链。

通过快速物流系统,缩短大规模制造与个性化组装在空间、时间上的间隔。通过分仓,半成品可就近存放于需求点附近,缩短相应客户需求的时间,通过高效地配送和快递,缩短企业生产的前置期,缩短消费者的配送或者交付时间,降低不确定性,满足客户需求。这样既提高了供应链系统的效率,也提高了供应链的效益。

4)产品需求的预测性、前置时间的长短和精益供应链、敏捷供应链、精敏供应链的匹配

对于可预测需求、短提前期的产品,采取精益供应链、持续补货策略。强调通过持续补货系统、供应商管理库存、快速高效的运输系统,缩短生产的前置期。通过快速交货,提高供应链的效益。

对于可预测需求、长提前期的产品,采取精益供应链策略,强调计划与执行。通过计划与执行,协调供应链上合作企业的供应物流、生产物流和销售物流。通过精益生产,提高供应链的效率与效益。精益供应链是传统供应链改造、优化和提升的基本策略,难度相对较为容易。

对于不可预测需求、长提前期的产品,采取精敏供应链(生产/物流延迟策略)。通过把需求分为基本需求和变动需求,应用延迟策略,缩短供应链前置时间,满足需求的变化。精敏供应链管理的难点在于基本需求和可变需求、大规模制造和个性化组装的分界点的确定。

对于不可预测需求、短提前期的产品,采取敏捷供应链(快速响应策略)。敏捷供应链,要求供应链上的企业能够实现无缝集成与协同,共同预测、协同计划,通过高频率、小批量、高速的物流系统来实施;敏捷供应链需要利用信息技术和柔性制造,以快速反映市场需求的变化,提高供应链的效率和效益。

1. 供应链管理的内容有哪些?
2. 如何根据企业的竞争战略,选择供应链管理策略?

三、供应链设计

如何构建供应链?

(一)供应链设计

基于产品供应链设计的基本步骤如下:

1. 分析市场竞争环境

通过市场竞争环境分析,明确针对哪些产品市场开发供应链才有效。需要了解就当下的市

场而言，用户需求是什么、产品的类型和特征怎样、市场竞争压力如何等，同时要评价市场的不确定性。

2. 分析企业现状

研究供应链开发的方向，分析和找出企业存在的及影响供应链设计要解决的问题。

3. 提出供应链设计项目

针对存在的问题，提出供应链设计项目，分析其必要性。

4. 建立供应链设计目标

设计目标包括在提高客户服务水平、降低单位产品成本之间取得平衡，同时也应该包括进入新市场、新产品开发、新营销渠道开发、改善售后服务、提高供应链的效率和柔性。

5. 分析供应链的组成，提出供应链的基本框架

（1）供应链的流程分析，包括计划、采购、生产、半制品和成品的制造、商品配送和退换货。

（2）分析供应链的组成，包括供应商、生产商、分销商、零售商和消费者。

6. 分析和评价供应链设计的可行性

在可行性分析的基础上，结合企业的实际情况，为开发供应链提出技术选择建议和支持。

7. 设计供应链

（1）设计供应链的组成。

（2）设计原材料的来源，包括采购商、供应商的材料价格和运输方式。

（3）生产设计，包括需求预测、生产能力、生产产品等。

（4）设计分销任务与能力，包括产品服务于哪些市场、如何运输、价格如何等。

（5）供应链物流系统设计。

（6）供应链信息系统设计。

8. 实施、运营、检验并持续优化供应链

供应链设计后，应先检验试运行。如果有问题，进行改进或者重新设计。实施过程需要核心企业的协调、控制和信息系统的支撑，使供应链成为一个整体。

供应链的优化，从财务的角度看，可以包括三个方面，即闲置时间最小化、现金转化周期短、资金效益高。闲置时间可以是单件商品在仓库存放的时间、库存移动中的时间和销售出去的时间。现金转化周期，是指将原材料或者采购的物品转化为销售收入的时间，与库存周转率密切相关，供应链设计的目标之一就是控制和降低从订货到交货所需的时间，从而加快库存周转。资金效益高，指供应链中资金投入所带来的收益高。

供应链会随着市场的变化而动态调整，因此，企业的供应链也要进行调整、优化，以适应市场环境的变化。

（二）供应链构建

供应链的构建，是从企业内部的价值链到外部的供应链逐步深入、集成和协调的过程，包括企业内部的基础建设、职能集成、内部供应链集成、外部供应链集成和集成化供应链动态联盟的过程。供应链集成如图3-3-16所示。

外部集成的供应链，各节点企业之间一般有主次之分，如图3-3-17所示。核心企业在与其他企业协作中处于主导地位，该企业对其他企业具有强烈的辐射和吸引能力，主导供应链中的商流、物流、资金流和信息流的运转，决定供应链的效率与效果。核心型供应链如图3-3-17所示。

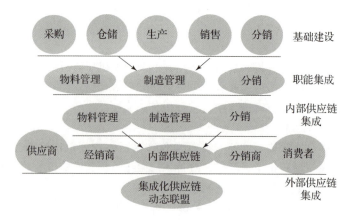

图 3-3-16 供应链集成

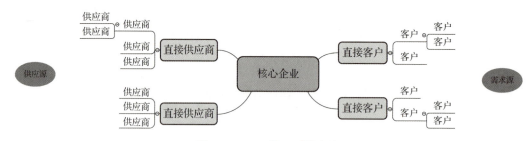

图 3-3-17 核心型供应链

按照供应链核心企业的类型,可将供应链分为以下三种:

1. 以制造商为核心企业构建的供应链

制造商处于主导地位的供应链一般是技术密集、资金密集、人才密集的产业,如汽车、飞机、计算机等。制造商掌握了该供应链的约束资源,比如技术、市场、原始资源、信息、市场占有率。制造商居于供应链中信息交换的中心,通过协调该供应链中的物流、信息流、资金流的流动,可决定供应链的组织结构、业务流程和效率。

制造商主导的供应链管理的主要内容包括预测与计划、产品设计、采购与生产、分销与售后。制造商通过采用 ERA(企业资源计划)系统,提高供应链的柔性和协同,通过延迟策略,提高供应链的个性化定制和规模化生产。

2. 以零售商为核心企业构建的供应链

零售商处于主导地位的供应链一般是零售商掌握了终端消费市场或者商品的流通渠道,如大型超市、连锁经营、网络零售平台等,沃尔玛主导的供应链如图 3-3-18 所示。零售商通过消费终端的市场分析和订单,驱动供应链的运转。

零售商主导的供应链管理,是以建立与供应商的战略伙伴关系为基础,以信息技术为支撑的供应链信息共享和交换系统,优化配送体系和库存管理,通过供应商的协同,提高供应链的有效性和快速反应性。

3. 以物流商为核心企业构建的供应链

物流商通过为供应链中的企业提供物流集成和整合服务,主导供应链的运转,如图 3-3-19 所示。以物流商为核心企业构建的供应链,因为供应链中的商品具有同质化的特点,供应链中的企业要依靠物流提供差异化的服务。物流商通过对商品的运输、配送、仓储、库存管理,降低企业的

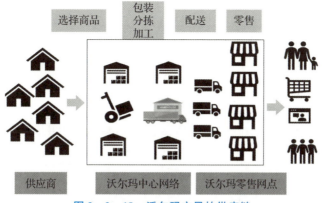

图 3-3-18 沃尔玛主导的供应链

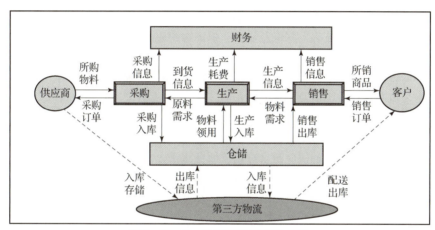

图 3-3-19 物流商主导的供应链

成本和供应链运转成本,提高客户反应能力和供应链的竞争力。物流商通过发挥第三方物流的监管作用,与金融企业合作,为供应链中的企业提供供应链金融增值服务,提高其在供应链中的核心主导地位。

物流商主导的供应链的管理,主要有联合采购、联合库存管理和JIT即时配送服务管理。

1. 供应链设计的步骤有哪些?
2. 制造商、零售商和物流商主导的供应链,其供应链管理有何不同?

四、供应链物流管理

供应链物流如何管理,才能提高客户满意度?

物流是供应链中产品流和服务流的主要载体。

在供应链中，物流的作用在于以最低的总成本移动库存，在规定的时间内把产品送往指定的地点，完成所有权的转移。为了实现供应链的目标，需要把供应链中的物流运作过程，包括订单处理、库存管理、运输管理、仓储、物料处理及包装管理、设施网络管理，进行一体化管理，如图 3-3-20 所示。

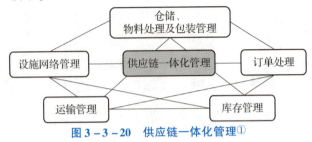

图 3-3-20　供应链一体化管理①

客户的需求以订单的形式进行传递，订单处理直接影响到供应链中物流的运作，比如采购、运输、仓储、配送、产品交付和客户服务水平等。及时、准确地传递和处理订单信息，能够平衡和优化供应链中物流的作业流程、降低总成本、提高客户服务水平。

库存管理的目标是在实现预期的客户服务水平的同时，通过尽可能地降低在库存上的投资，从而提高库存周转率和降低库存总成本。通过针对不同的客户制定不同的客户服务水平、对不同产品的成本与盈利进行分类管理，通过总仓与分仓在库存种类和数量上平衡、快速交货与安全库存以及总成本的平衡，实现库存管理的目标。

通过运输管理中对运输服务商的选择、对运输速度与运输成本的平衡，降低运输成本和库存总成本，提高或者维持一定的供应链客户物流服务水平。

通过仓储、物料处理及包装管理使供应链中货物的装卸操作、运送、储存、分拣、组装、包装尺寸和包装单元一体化，提高产品流通的速度，降低库存，降低总成本，提高或者维持一定的供应链客户物流服务水平。

通过对设施网络的数量、地理位置、设施中存储的产品种类和数量以及如何将库存分配给客户的管理，提高供应链物流运作效率，降低总成本，提高或者维持一定的供应链客户物流服务水平。

通过供应链中物流的一体化集成运作，降低库存闲置时间，提高供应链运作周期的稳定性、同步性，缩短运作周期，实现运作时间最小化，提高供应链运作速度，有利于降低库存风险，提高库存周转率，降低库存成本和总成本。闲置时间是指库存在闲置状态的时间与供应链中为实现某种目的货物流向指定位置所花的时间比值。运作周期是指从客户产生需求、下达订单、完成产品的配送直到客户能够使用这一系列过程所花的时间。

供应链中物流一体化整合的目标，通过体现客户需求订单的信息流、物流运作信息流、预测/计划信息流，集成供应链上的订单、运输、库存、仓储、配送和包装处理，以及网络设施布局和应用，提高客户订单的及时响应性，降低库存资金投入，提高库存周转，维持和提高客户服务水平，减少差异，提高系统的稳定性和效率，降低运输成本，保质保量地交付订单，提供从售后服务到逆向物流的产品生命全周期支持。

（一）供应链中的采购管理

传统采购管理一般局限于企业内部，在供应链环境下，采购是供应链中所有企业面对的任务。供应链中采购的特点是基于供应链合作基础上的订单驱动的采购，强调同步化运作，削减

---

① 《供应链物流管理》，[美] 唐纳德·J·鲍尔索克斯等著，马士华译，北京．机械工业出版社，2009 年。

不必要的环节,是一种供应商主动型采购和合作型采购。

订单驱动使供需双方围绕订单运作,有助于实现同步化,准时制采购是实现这种运作模式的方法和手段。准时制采购实现的流程是,建立准时制采购组织、制定计划、选择供应商、进行供应商培训、对合格供应商发放免检合格证书、通过准时化采购和生产实现准时化交货。

(二) 供应链中的库存管理

供应链中的库存,包括制造商原材料库存、制造商在制品库存、半成品库存、成品库存、在途库存、经销商和分销商库存等。

1. 多库存管理方法

在传统库存控制方法中,企业在各节点都是根据来自下游企业的信息进行市场需求预测,结合销售目标,确定自己的库存量和库存策略。

多库存管理方法(多库存补货方法)有平均库存分配法和DSP(需求方平台)库存分配法。

1)平均库存分配法

平均库存分配法就是为每一个分销库存,平均分配公共库存资源。

【例题3-3-1】 一个总仓库有300个商品,平均分配给三个仓库A、B、C。A库现有库存20个,日消耗库存5个,B库现有库存40个,日消耗库存10个,C库现有库存60个,日消耗库存15个。按照平均库存分配法,如何分配?

解:

现有库存的供货天数 = 库存总数/日消耗库存
$$= (300 + 20 + 40 + 60)/(5 + 10 + 15) = 14 \text{(天)}$$
$$A \text{库补充库存} = (14 - 20/5) \times 5 = 50 \text{(个)}$$
$$B \text{库补充库存} = (14 - 40/10) \times 10 = 100 \text{(个)}$$
$$C \text{库补充库存} = (14 - 60/15) \times 15 = 150 \text{(个)}$$

即通过给A、B、C三个仓库分别补充50个、100个、150个库存,维持14天的客户需求。

2)DSP库存分配法

DSP库存分配法就是计划、协调客户需求进度和库存水平,进行库存分配。

在多个库存补货系统中,通过对每一个仓库库存补货需求的预测,产生总的库存补货需求。每个仓库的每个SKU都有一个自身进度表,在整合了相同的SKU进度表之后,确定商品补货的总需求,发出采购订单。

比如一个总仓库负责两个仓库A、B的供货。

仓库A的客户需求、现有库存和库存控制进度表如表3-3-2所示。

表3-3-2 仓库A的客户需求、现有库存和库存控制进度表

时间/周	前期	1	2	3	4	5	6	7	8
客户需求		10	5	5	10	20	20	10	10
预计到货						30		30	
现有库存(周末)	60	50	45	40	30	40	20	40	30
安全库存10,订货量30,提前期2周									
计划发出订货量				30		30			

仓库 B 的客户需求、现有库存和库存控制进度表如表 3-3-3 所示。

表 3-3-3　仓库 B 的客户需求、现有库存和库存控制进度表

时间/周	前期	1	2	3	4	5	6	7	8
客户需求		10	15	15	10	20	10	5	10
预计到货						40			
现有库存(周末)	70	60	45	30	20	40	30	15	5
安全库存 5，订货量 40，提前期 1 周									
计划发出订货量					40				

总仓的库存补货控制进度表如表 3-3-4 所示。

表 3-3-4　总仓的库存补货控制进度表

时间/周	前期	1	2	3	4	5	6	7	8
总需求				30	40	30			
预计到货					200				
现有库存(周末)	100			70	230	200			
安全库存 50，订货量 200，提前期 3 周									
计划发出订货量		200							

该方法要求分仓准确预测需求，库存计划能够稳定地在各个仓库设施间流动，如果出现运输延误，需要频繁更新进度表。

2. 供应链库存管理

供应链库存管理的目标是，通过共享信息、协调运作，降低供应链总体的库存，缩短前置时间，及时对客户需求作出反应，提高供应链的效率和效益。

联合库存补货管理，是指供应链中的各企业共同制定库存计划，并实施库存控制的供应链库存管理方式。

联合库存补货管理能够降低供应链中的库存，降低供应链的成本。实现联合补货的方法有快速响应、供应商管理库存、协同计划、预测与补货。

1) 快速响应

通过供应链中的企业共享产品的供应、销售、库存信息，建立快速、可靠的响应机制，提高供货速度，确保合作企业及时获得所需的库存，提高库存周转率。

比如沃尔玛和宝洁建立的 QR (快速反应) 系统，通过共享 POS (销售点) 信息、库存信息，采取自动补货策略，制定连续补货计划，实现快速响应，增加企业的竞争力。

自动补货就是基于现代信息技术，快捷、准确地获取客户销售点的需求信息，预测未来商品需求，并据此持续补充库存的策略。

连续补货计划 (Continuous Replenishment Program，CRP) 就是利用及时准确的销售点信息确定已销售的商品数量，根据零售商或批发商的库存信息和预先规定的库存补充程序确定发货补充数量和配送时间的计划方法。

2）供应商管理库存

供应商管理库存（Vendor Managed Inventory，VMI）是指通过信息共享，由供应链的上游企业根据下游企业的销售信息和库存量，主动对下游企业的库存进行管理和控制的供应链库存管理方式。

VMI 仓库可以是双方选定的第三方物流商，也可以是在用户仓库中开辟的 VMI 专用区域。

在零售领域，供应商可以直接向商店分店、分仓补货。

在库存没有被消耗之前，商品的所有权仍然是供应商，供应商承担了库存的风险。因此，VMI 有时被认为是卖方寄存、买方实现零库存的策略。

3）协同计划、预测与补货

供应链中的企业通过协同计划、预测与补货（Collaborative Planning, Forecasting and Replenishment, CPFR），共同管理业务过程和共享信息，产生需求、制定补货计划，确定需求并实现供应、生产和需求的匹配。

供应链中的企业通过共享信息，协同计划，能够提高需求预测精度，缩短提前期，提高库存周转率，最终达到提高供应链效率、减少总库存和总成本、提高客户满意度的目的。

（三）供应链中的运输与配送管理

1. 运输的快速响应

1）构建运输网络

统一规划有关的运输任务，确定运输方式、运输路线，运配结合，联合规划设计运输方案，达到既能够满足运输服务需要，又使总运输费用最省的目的。选择合适的运输方式，比如直达运输、联合运输，提高运输的快速响应。

2）协同运输

通过信息共享，供应链中的运输作业参与者（发货人、承运人、收货人）协同合作，共同计划、预测、协调，消除无效的作业，优化运力、减少装卸时间、降低库存、降低费用，从而提高运输绩效。

2. 配送有效客户响应

1）物流技术

为了保证配送的有效响应，采用的物流技术主要有越库配送和配送资源计划等。

2）配送中心的作业流程

在供应链环境下，配送中心通过与上下游企业的合理衔接，优化配送中心的采购、供应商管理、收货作业、库存管理、拣货作业、出货和运输服务商管理，提高客户响应。

（四）供应链中的包装管理

包装影响所有物流活动的作业效率，包括从运输的装载、仓库和运输工具的空间利用率、仓库分拣的作业效率等。

通过优化商品包装的规格设计、单元化集成和包装信息设计，可提高供应链物流的作业效率。

1. 单元化集成

商品集装化又称为组合化或单元化，它是指将一定数量的散装或零星成件物组合在一起，在装卸、保管、运输等物流环节中作为一个整体，进行技术上和业务上的包装处理。这是使物流过程连贯而建立标准化体系的基点，它包括集装箱、集装托盘、集装袋等。

1）集装托盘

集装托盘的规格尺寸涉及集装单元货物尺寸。集装单元货物尺寸又涉及包装单元尺寸以及卡车车厢、铁路货车车厢、仓库通道及货架尺寸。甚至关系到物流的基础设施，如火车站、港口、码头等货物装卸搬运场所的构造结构、装卸搬运机具的标准尺寸。

ISO（国际标准化组织）在ISO6780《联运通用平托盘主要尺寸及公差》中采取兼容并包的态度，制定了6种托盘的规格，并已成为全球通用的国际标准，如表3-3-5所示。

表3-3-5 托盘的规格

规格尺寸	普遍使用地区	备注
1 200 mm×1 000 mm	欧洲	长方形
1 200 mm×800 mm	欧洲	长方形
1 140 mm×1 140 mm	澳洲	正方形
48 英寸×40 英寸	美国	长方形
1 100mm×1 100mm	日本、韩国	正方形

中国的托盘标准选的是1 000 mm×1 200 mm 和 1 100 mm×1 100 mm 这两种规格［适用于45英寸（1 143 mm）的海运集装箱］。

2）集装箱

集装箱的尺寸规格如表3-3-6所示。

表3-3-6 部分集装箱的规格

集装箱型号	内容积/m	配货毛重/t	体积/m³
20 尺柜	5.69×2.13×2.18	17.5	24~26
40 尺柜	11.8×2.13×2.18	22	54
40 尺高柜	11.8×2.13×2.72	22	68
45 尺高柜	3.58×2.34×2.71	29	86

2. 物流包装尺寸设计

物流包装尺寸设计，需要考虑到物流模数，提高物流集装的空间利用率。

物流模数是指物流设施与设备的尺寸基准。物流包装模数指以包装容器的长和宽为尺寸基数，设计商品包装单元的尺寸，如图3-3-21所示。

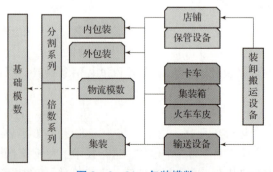

图3-3-21 包装模数

以托盘规格为例,托盘的长度为 L,托盘的宽度为 W,则物品包装的长度理论上应该是 L/2、L/3、L/4、L/5……,宽度理论上是 W/2、W/3、W/4、W/5……。托盘的物流单元的尺寸为 1 200 mm×1 000 mm 和 1 100 mm×1 100 mm。

以 1 200 mm×1 000 mm 的托盘为例,如果物流包装模数取 L/3,W/4。

$$L/3 = 1\ 200/3 = 400\ (mm)$$
$$W/4 = 1\ 000/4 = 250\ (mm)$$

那么物流包装的外形尺寸应取 400 mm×250 mm。

GB/T 4892—2008《硬质直方体运输包装尺寸系列》规定,运输包装件的平面尺寸,可通过用整数去除或乘包装模数尺寸求得。

如对卡车车厢壁宽和留有装卸货物的空隙综合考虑,车厢的物流模数为 1 100 mm×1 100 mm 和 1 200 mm×100 mm,运输包装件的包装模数尺寸为 600 mm×400 mm 和 550 mm×366 mm。

快递包装箱的设计,可以不考虑物流模数,各个公司可根据自身需要灵活设计。

比如,宜家 2.9 元的马克杯,如图 3-3-22 所示。从最早在一个集装箱货盘上放 864 个杯子,经过 3 次设计,缩短了杯的高度,重新设计把手,现在能放 2 024 个杯子,降低了物流成本,如图 3-3-23 所示。

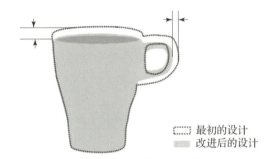

图 3-3-22 宜家的马克杯

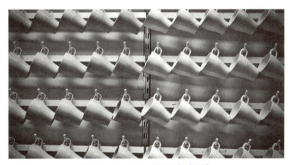

图 3-3-23 马可杯摆放

3. 包装信息设计

供应链统一的物流信息标示和快速、高效、准确的信息传递,能够在清点货物、跟踪货物、装卸搬运和运输货物时,提高供应链物流运作效率。

通过应用标准化的商品条码技术和 RFID 信息技术,以及信息管理系统,可方便商品物流信息的交互和跟踪。通过在包装合适的位置,印刷标准化的物流标示信息,可方便作业人员的搬运、堆放和存储操作等。

(五) 供应链中的物流网络建设管理

供应链中的网络由节点和线路构成,节点是产品生产、仓配和流通加工的场所,线路是节点间的运输和配送。

供应链管理面临的是设施的选址布局、产能、作用、成本以及为客户服务响应速度等要素之间的权衡,良好的供应链设计和运作,能够提高这些要素间的相互合作和协作,并通过适当的权衡,达到供应链管理的理想的获利水平和响应速度。

运输、库存的总成本和客户服务水平的权衡,决定了企业的仓库布局。

比如,构建全国性的运输网络,可以采取层级法,把节点分为一级、二级和三级。一级节点间,采用干线直线运输;一级和二级节点间,采用支线辐射式。某网络购物中心在全国设立7个一级仓储式物流中心,与其直线连接的省级行政区属于该中心的服务范围,为二级仓储中心。如果新建一个仓库,其仓库和本地的配送总成本,不高于直接运输给客户的成本,从运输成本的角度考虑,建立一个新仓库从经济上是可行的。

与仓库网络有关的库存有基本库存、在途库存和安全库存。维护成本、订购成本决定了补货的经济批量和基本库存。基本库存由生产和运输批量决定,基本库存和仓库的数量关系不大。在途库存是运输工具中的库存,增加仓库会缩短总的在途运输时间,同时也会降低在途库存。随着仓库数量的增加,增加了不确定性,需要通过增加安全库存解决。

吉客云分销渠道数字化解决方案

【例题 3-3-2】 某公司商品的需求量为 3 000 个,订购成本为每次 20 元,商品单位成本 12 元,库存持有成本为单位成本的 25%,当该商品的仓储地点为 1 个仓库和 2 个仓库时,试求其经济订货批量、年库存持有成本各为多少?

解:
(1) 保存为 1 个仓库时,经济订货批量、年库存持有成本分别为:

$$Q = \sqrt[2]{2SR/H} = \sqrt[2]{(2 \times 20 \times 3\,000)/(12 \times 0.25)} = 200 \text{ (个)}$$

$$\text{平均库存} = 200/2 = 100 \text{ (个)}$$

$$\text{订货频率} = 3\,000/200 = 15 \text{ (次)}$$

$$\text{年库存持有成本} = 12 \times 25\% \times 100 = 300 \text{ (元)}$$

吉客云 WMS 三方云仓解决方案

(2) 保存为 2 个仓库时,经济订货批量、年库存持有成本分别为:

$$Q = \sqrt[2]{2SR/H} = \sqrt[2]{(2 \times 20 \times 1\,500)/(12 \times 0.25)} = 141 \text{ (个)}$$

$$\text{平均库存} = 141/2 = 70 \text{ (个)}$$

$$\text{订货频率} = 1\,500/141 = 11 \text{ (次)}$$

$$\text{年库存持有成本} = 12 \times 25\% \times 70 + 12 \times 25\% \times 70 = 210 + 210 = 420 \text{ (元)}$$

吉客云产销一体化解决方案

(六) 供应链中的信息技术管理

信息贯穿于供应链的每一个环节,供应链中各个企业的日常运营离不开信息的支持。供应链中各个企业内的信息技术应用,如网络技术、EDI、RFID、ERP 等是供应链管理信息系统的基础。这些信息技术和管理方法的应用,为供应链的发展提供了技术支撑。如图 3-3-24 所示。

(五) 供应链金融

供应链金融(Supply Chain Finance,SCF),是商业银行信贷业务的一个专业领域(银行层面),也是企业尤其是中小企业的一种融资渠道(企业层面)。它是指银行向客户(核心企业)提供融资和其他结算、理财服务,同时向这些客户的供应商提供及时收到贷款的便利,或者向其分销商提供预付款代付及存货融资服务。

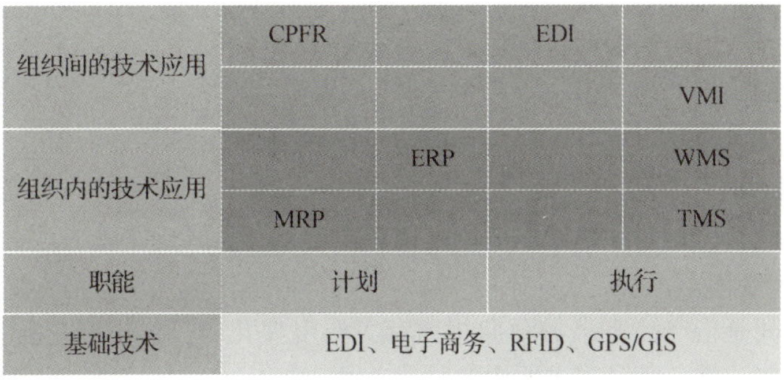

图 3-3-24 供应链中的信息技术和管理方法的应用

简单地说，就是银行将核心企业和上下游企业联系在一起，提供灵活运用的金融产品和服务的一种融资模式。

保理和货押只是简单的贸易融资产品，而供应链金融是核心企业与银行间达成的一种面向供应链中所有企业的系统性融资安排。

 考一考

1. 在供应链视角下，采购、库存、运输、配送、包装发生了哪些变化？
2. 什么是供应链金融？

五、供应链绩效评价

 想一想

如何评价供应链？

学一学

供应链绩效评价的指标应该基于供应链的整体运营状况和企业间的协作，而不是孤立地评价某一个节点企业的运营绩效。

（一）供应链绩效评价

供应链绩效评价的标准有现金转化周期、库存供应天数、闲置时间、商品现货可得性、供应链总成本和供应链响应时间等。

1. 现金转化周期

现金转化周期是指将花费在库存上的资金转化为销售收入需要的时间。该指标与物流、企业内部运作和销售有关。如果企业将商品销售出去并取得货款的时间与向供应商付款的时间相同，该企业的现金转化周期为零，即该企业实际库存投资为零。

2. 库存供应天数

库存供应天数是指供应链中所有地方的总库存，一般是制造商、批发商和零售商全部仓库所有的成品，满足最近销售活动的可供销售的天数。总库存也可以扩展到半成品和原材料。

3. 闲置时间

闲置时间能够提高资产利用率。闲置时间是指供应链资产闲置的时间，包括商品库存闲置时间和其他资产闲置时间等。库存闲置时间是指库存闲置不用的天数与库存有效利用或配置的天数的比例。其他资产闲置的时间，包括运输设备、仓库等的闲置时间，其中运输设备的闲置时间是指设备不用和空置的天数与装货物运输的天数的比例。

4. 商品现货可得性
消费者购买时，有商品可供其选择占总商品的百分比。

5. 供应链总成本
供应链总成本包括原材料采购成本、产品制造成本、商品的流通成本。

6. 供应链响应时间
供应链响应时间是指产品需求与预期相比有大幅度变化时，供应链企业从采购、生产到最终分销，重新计划和调整，满足需求所用的时间。

（二）供应链物流绩效评价

供应链物流绩效评价指标①如下：

1. 成本管理
总成本有订单处理成本、库存成本、运输成本、仓储作业成本、订单延误成本、物流设施成本等。

总成本要最低并且与服务水平相匹配。不同的客户服务水平，对应不同的客户服务总成本。

总成本要与客户服务水平相统筹考虑。比如，将库存集中在一个仓库并采取空运的方式，可以提供较为满意的客户服务，同时实现物流总成本最小化。

2. 客户服务
客户服务的评价要素包括可得性、运作绩效和服务可靠性。

（1）可得性包括缺货率、订单完成率、订单配送完成率。

（2）运作绩效与运作周期的速度、交货的稳定性，以及物流系统的一致性、柔性和弹性有关。运作周期的速度是指从客户产生需求、下达订单、完成产品的配送直到客户能够使用这一系列过程所花的时间。一致性是指实际运作周期符合计划的次数。柔性是指满足客户特殊需求或预期之外的需求的能力。弹性是指物流服务过程中出现故障和服务失误，尽快解决问题，保证供应链运转的能力。评价指标有平均订单周期、订单响应时间、订单周期一致性、订单准时交货率等。

（3）服务的可靠性与物流服务质量有关。评价指标包括货物是否完好无损（货物损毁率）、能否准确地送达目的地、产品的数量是否符合要求，也包括是否提供准确的物流运作信息、订单状态信息以及与货物相关单据的完整性和准确性。

客户服务的测量评价指标有零缺陷订单率、客户退货率和客户满意度等。零缺陷订单是指一个订单从订单输入、库存可用、准确地分拣、准时交付到正确地结算，即快速无误、无异常地处理完成订单。零缺陷订单占订单总数的比例，为零缺陷订单率。

3. 供应链中物流作业效率
其评价指标有订单处理效率、拣货作业效率、运输效率、订单配送作业效率等。

4. 资产管理
资产管理关注的是投资在物流设施和商品库存资产中的利用。与物流设施有关的评价指标有仓库利用率、仓库设备利用率、运输设备利用率等；与商品库存资产评价有关的指标有库存周转率、库存水平、库存周期、呆滞库存、投资回报率等。此外，还有总的服务周期和运营效率、

---

① 《供应链物流管理》，[美] 唐纳德·J·鲍尔索克斯等著，马士华译，北京：机械工业出版社，2009 年。

业务流程与协作等方面的指标。

供应链节点中的主导企业，其作用不同，评价指标也有所不同。比如，对于制造商的评价，更关注于新产品开发周期、产品制造成本和产品质量等；对于批发商、分销商的评价，更关注于市场占有率、销售增长率、库存周转率、顾客满意度、盈利能力等；对于物流服务商的评价，更关注于仓储成本、拣货作业效率、送货准时率、货物破损率等。

1. 制造商、经销商和物流服务商主导的供应链，其供应链物流绩效评价有何不同？
2. 供应链绩效评价指标有哪些？

做任务

一、任务指导书

在掌握电子商务供应链的规划与设计相关知识的基础上，按照表3-3-7所示的电子商务供应链的规划与设计任务单的要求，完成任务。

表3-3-7 电子商务供应链的规划与设计任务单

任务名称	电子商务供应链的规划与设计	任务编号	3.3
任务说明	一、任务要求 　　在掌握供应链和供应链管理的策略和方法的基础上，能够为拟选的企业分析商品价值链、产业链，分析供应链的结构，具备搭建和管理供应链的能力。 二、任务实施所需的知识 　　重点：供应链的概念、供应链的类型、涟漪效应、供应链管理、QR、ECR、供应链金融。 　　难点：供应链的管理和协调。 三、小组成员分工 　　按照收集资讯、计划、决策、实施、检查、评价的过程，完成每一个任务步骤			
任务内容	围绕拟选商品，了解该商品的生产工艺、价值增值过程，围绕该产品生产、流通和消费的产业链，绘制商品的供应链，分析其运作和管理模式			
任务资源	艾瑞咨询、罗戈网、易木科技			
任务实施	一、绘制价值链 提示：根据拟选产品，绘制产品的价值链			
	二、绘制供应链 提示：调查拟选产品的产业链，绘制其供应链			

续表

任务名称	电子商务供应链的规划与设计	任务编号	3.3
任务实施	三、分析供应链 提示：分析供应链的类型、核心企业和驱动力 四、分析供应链的运作与管理 提示：绘制供应链运作时序图，分析供应链的管理策略 五、供应链风险管理与优化 提示：供应链风险防范、管理策略优化和未来发展 		

二、任务评价

小组提交 Word 文档的任务单，以 PPT 汇报。

自我、组内、组间、教师，主要从团队协作、任务单完成的数量和质量、任务的逻辑性、专业知识的掌握和应用、方法和能力的提升几个方面进行评价，如表 3-3-8 所示。

表 3-3-8 任务考核表

任务名称：_____ 专业_____ 班级_____ 第____小组

小组成员（学号、姓名）：_____

成员分工	任务汇报			
任务评价	自我评价	组内评价	组间评价	教师评价
评价维度	评价内容		分值/分	得分/分
知识	产业链、价值链和供应链		5	
	供应链的结构		5	
	供应链的类型		10	
	供应链的管理		10	

续表

成员分工	任务汇报			
任务评价	自我评价	组内评价	组间评价	教师评价
评价维度	评价内容		分值/分	得分/分
能力	分析供应链的类型		5	
	分析供应链的构成		20	
	构建供应链		15	
	进行供应链管理		5	
	从供应链视角进行采购、物流作业与管理		5	
职业素养	团队协作		5	
	语言表达		5	
	工作态度		5	
	是否遵守课堂纪律、实训室规章制度		5	

知识巩固与拓展

一、知识巩固

1. 怎样分析供应链？

2. 请选择 3~5 个核心关键词，表达本任务的主要知识点。请以逻辑思维导图的形式，归纳整理本任务的知识体系。

3. 完成在线测试题。

在线测试题

二、拓展

1. 在电子商务下,有哪些新型的供应链?

2. 以逻辑思维导图的形式,归纳整理供应链的结构要素。

3. 梳理自己所掌握的知识体系,并与同学相互交流、研讨,以逻辑思维导图的形式,归纳整理分析、构建供应链的基本步骤和方法。

4. 作为一个网店,如何构建自己的供应链?

自我分析与总结

自我分析 学习中的难点和困惑点	总结提高 完成本任务需要掌握的核心知识点和技能点
	完成本任务的典型过程

继续深入学习提高
需要继续深入学习的知识
与技能内容清单

项目任务

为开展双十一大促活动的电商企业,从供应链视角,进一步完善和策划电子商务物流方案。

一、项目任务清单

1. 选择物流模式

大促期间,为实现物流功能各要素,确定自营和外包的内容。

2. 选择大促服务商

大促期间,为保证物流顺畅,选择和管理物流服务商。

3. 规划大促作业流程

制定大促期间的仓配作业流程。

4. 管理大促供应链

制定大促期间的供应链管理计划,加强商品供应商和物流服务商的合作,完成商品采购、分仓、入库、在库、出库和配送,保证大促活动的正常进行。

5. 制定大促物流评价指标

评价大促活动物流服务效果,为再一次开展大促活动奠定基础。

二、项目任务评价表

1. 评价方式

自我评价、任务小组组内评价、组间互评、教师评价。

2. 评价内容

团队协作、任务清单完成的数量和质量、任务的逻辑性、专业知识的掌握和应用、方法和能力的提升,如表 3-3-9 所示。

表 3–3–9 项目考核表

考核项目	评分项目	考核内容	评价方式	比重	得分/分
过程表现	纪律出勤	有无迟到、早退、旷课等现象；实训期间，能否做到安全、卫生，能否严谨细致地完成实训任务，是否养成良好的职业素养	组内教师	10	
	团队协作	能否积极参与小组任务，工作态度是否认真、团队协作能力如何，能否创新思考，能否提出建设性意见，是否积极发言		20	
学习成果	专业知识	是否掌握物流模式、物流服务商、采购、供应链、物流管理、物流成本、物流作业与管理等相关知识	自评组内组间教师	20	
	专业技能	是否具备为电商企业参加的大促活动策划物流方案、支持大促活动的能力		30	
	方法能力	是否具备策划活动方案的能力		20	
总分					

参 考 文 献

[1] [美] 唐纳德·鲍尔索克斯,等. 供应链物流管理 [M]. 马士华,黄爽,赵婷婷,译. 北京:机械工业出版社,2012.
[2] [英] 克里斯托弗. 物流与供应链管理 [M]. 何明珂,等,译. 北京:电子工业出版社,2010.
[3] 刘胜春,李严锋. 电子商务物流管理 [M]. 北京:科学出版社,2009.
[4] 陈修平. 电子商务物流管理(第2版)[M]. 北京:电子工业出版社,2011.
[5] 屈冠银. 电子商务物流管理 [M]. 北京:机械工业出版社,2012.
[6] 李红霞. 电子商务物流 [M]. 北京:中国铁道出版社,2012.
[7] 邵贵平,倪莉莉. 电子商务物流管理(第3版)[M]. 北京:人民邮电出版社,2018.
[8] 钱廷仙. 现代物流管理(第3版)[M]. 北京:高等教育出版社,2019.